몬테소리가 말하는
몬테소리 교육

100년 역사가 증명한 최고의 교육법

몬테소리가 말하는 몬테소리 교육

마리아 몬테소리 지음 | 오광일 옮김

유아이북스

일러두기

* 이 책은 1912년에 출간된《The Montessori Method》(Frederick A. Stokes Company)를 우리말로 번역한 것입니다.

* 이 책의 내용은 저자의 시대인 19세기 후반에서 20세기 초반의 시대적 상황 및 과학 발전 수준에 근거하고 있으므로, 현재의 상황에 맞지 않는 부분들이 다수 존재할 수 있습니다.

이 책이 나오기를 바라는 독자들이 많았습니다. 지난 시간 동안 대중의 관심을 이렇게 많이 받은 교육 서적은 없었을 거예요. 아마도 몬테소리 교육을 실천하고 경험해 본 교사들과 학부모들이 많아졌기 때문인 것 같습니다.

몬테소리 교육의 완벽함과 실용성은 다른 교육법에서는 찾아볼 수 없을 정도입니다. 여성적인 공감과 직관, 폭넓은 사회적 관점, 과학적인 훈련, 교육 문제들에 대한 집중적이고 오랜 연구뿐만 아니라 교육 지도자로서의 다양하고 독특한 경험들을 교육 원리 안에 녹여 냈다는 점에서 참으로 대단하지요. 또한 장애 아동을 위한 교육 방법과 도구들을 비장애 아동의 교육에 적용했다는 점에서도 놀랍고 중요한 의미가 있습니다. 몬테소리 교육은 감각, 운동, 정신적 능력을 높은 수준으로 훈련시키고 궁극적으로 아이들이 읽기, 쓰기 및 수 개념의 요소들을 쉽고 빠르면서도 충분히 익힐 수 있도록 유도합니다. 이론으로 끝나는 것이 아니라 실용적인 활동을 통해 아이들이 스스로 발전할 수 있게 하지요.

몬테소리는 아이가 활동할 수 있는 권리를 강조하고, 주변 환경을 탐구하고 내면을 발달시킬 수 있는 모든 관찰과 창의적 노력을 보장합니다. 교육은 활동을 안내하는 것이지 억압하는 것이 아니니까요. 몬테소리는 아이들의 활동을 간섭, 처방 또는 제한하는 것이 아니라 아이를 도와주고, 관찰하고, 격려하고, 안내함으로써 아이의 잠재된 능력을 밖으로 끌어내는 것이 교사의 임무라고 강조합니다.

몬테소리 교육 프로그램은 학교생활과 일상생활에서 할 수 있는 사회적 경험을 직접적으로 제공합니다. 일반적인 다른 유치원 교육에서는 이런 활동들을 상상을 통해 가르치고는 합니다. 하지만 몬테소리 학교의 아이들은 제약없이 자유롭게 모여서 이런 작업들을 하지요. 즉, 몬테소리 교육은 무제한적인 자유의 원칙을 강조합니다. 교구들은 감각을 직접적이고 공식적으로 훈련시키기 위해 사용되지요. 이러한 교구 중에는 순수하게 아이들의 신체적 발달을 도와주기 위해 만들어진 도구도 있습니다. 그리고 사회적인 활동은 몬테소리 교육의 중요한 특징인데, 몬테소리 박사는 첫 번째 학교의 경험담에서 사회성에 대해 잘 설명하고 있습니다. 사회성 훈련은 주로 실질적인 활동을 통해 이루어지고, 학교 교과목을 직접적으로 준비할 기회까지 제공합니다.

몬테소리 교육을 가정에서 활용하고자 하는 독자들을 위해 한두 가지만 언급하겠습니다. 우선 몬테소리 교구들을 집안에 두는 것만으로 기적적인 교육 효과가 생길 거라고 기대하지 않았으면 합니다. 몬테소리 교사들은 일반적인 '가르치기' 활동을 하지 않습니다. 대신에 아주 전문적이고 피곤한 노력이 필요한 일을 합니다. 아이들을 관찰하고, 도와주고, 영감을 불어넣고, 무언가를 제안하고, 안내하고, 설명하고, 수정하고, 억제해야 합니다. 몬테소리 교구를 집에 두는 것은 아무런 해가 되지 않지만, 교육적인 효과를 달성하기 위해서는 적합한 지도하에 사용되어야겠지요.

이 책을 통해서 독자들이 몬테소리 교육을 잘 이해할 수 있을 것이라고 믿습니다. 만약 어린아이를 키우는 부모라면 유아기 생활의 중요성과 이 시기 동안 해야 하는 활동의 필요성, 유아 표현 방식의 특징 그리고 유아기의 가능성과 이런 지식을 현명하게 적용하는 방법을 이 책에서 찾아보세요. 그러면 이 위대한 이탈리아 교육자는 충분히 기뻐할 것입니다.

1912년 2월 22일
헨리 와이먼 홈즈, 하버드 교육대학원 초대 학장
추천사 중에서

목차

3부
감각과 지식을 가르치다

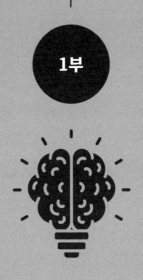

1부

과학적 교육의 탄생

과학의 눈으로 바라본 교육

이 책은 교육학에 관한 논문이 아닙니다. 지난 시간 동안 교육을 바꾸기 위해 새로운 원리들을 적용했고, 그 과정에서 얻은 깨달음을 나름대로 옮겨 놓은 책입니다.

시간이 흐르며 의학이 발전한 것처럼, 교육학에도 많은 변화가 있었습니다. 이러한 변화는 과학적인 실험 결과를 기초로 삼았어요. 베버Weber와 페흐너Fechner부터 분트Wundt 등에 의해 생리학적 심리학 또는 실험심리학이 등장하면서 교육과 과학이 접목되었습니다. 아동의 신체 연구에 적용된 형태학적 인류학도 새로운 교육학의 성장에 중요한 역할을 하지요. 그래서 등장한 게 과학적 교육학Scientific Pedagogy입니다.

과학적 교육학은 명확히 정의된 적이 없습니다. 무언가 애매모호하고, 어쩌면 실제로 존재하지 않는 것일 수도 있지요. 어찌 됐건, 이전까지 과학적 교육학은 암시적이었다고 말할 수 있습니다. 자욱한

안개와 구름 속에 가려져 있던 과학적 교육학은 19세기 과학의 발전으로 인해 서서히 그 모습을 드러냈습니다. 과학의 발전을 통해 새로운 세상을 만들었듯이, 인간은 새로운 교육을 통해 스스로 성장해야 합니다. 하지만 지금 이 모든 것을 설명할 수는 없어요.

한 유명한 의사가 이탈리아에 '과학적 교육학 학교'를 설립했습니다. 이 학교의 목표는 교육계에 나타나기 시작한 새로운 변화에 발맞춰 교사들을 가르치는 것이었지요. 이 학교는 2~3년 동안 엄청난 성공을 거둬 이탈리아 방방곡곡의 교사들이 몰려들었습니다. 밀라노시는 훌륭한 과학 장비를 학교에 기부하기도 했어요. 이 학교의 출발은 아주 순조로웠고, 아낌없는 도움의 손길이 이어졌습니다. '인간을 완성시키는 과학'을 확립할 수 있을 것이라는 기대가 생겨났습니다.

이 학교에 쏟아진 갈채는 유명 인류학자인 주세페 세르지Giuseppe Sergi의 따뜻한 지원 덕분이기도 했습니다. 세르지는 30년이 넘는 기간 동안 교육을 통한 새로운 문명화의 원리를 전파하기 위해 무척 애썼지요. 세르지는 "지금 우리는 교육 방법을 다시 만들어야 하는 절박한 상황에 놓여 있고, 이런 대의명분을 위해 싸우는 것이 인류의 재건을 위해 싸우는 것이다"라고 말했습니다. 또한 세르지는 이렇게 이야기했지요.

"저는 몇 년 동안 인간의 교육에 관하여 치열하게 고민했습니다. 교육에 대해 더 깊이 생각할수록 이런 고민은 더욱 적절하고 유용하게 느껴졌지요. 자연스럽고 합리적인 교육 방법을 세우기 위해서는 인간을 이성적으로 정확하게 관찰하는 것이 중요하다고 생각합니다. 특히 유아기가 중요한데, 교육과 문화의 기초가 놓이는 시기이기 때문입니다."

"머리, 키 등을 측정한다고 해서 실제로 우리가 어떤 교육 체계를 만들고 있다는 것을 의미하지는 않습니다. 어떤 사람을 교육하기 위해서는 그 사람에 대해 명확하고 직접적인 지식이 꼭 있어야 하기 때문입니다."

세르지의 의견에 따라, 사람을 분석하면 교육 방법도 자연스럽게 발전할 것이라는 확신이 생겼습니다. 하지만 가장 큰 문제는 아이들에 대한 실험적 연구와 진짜 교육을 구별하지 못하는 데에 있었어요. 사람들이 과학적 교육학이라고 이름 붙인 것은 사실 인류학이나 다름없었습니다. 과학적 교육학은 자연스럽고 이성적으로 발생해야 하는데, 그렇지 못했지요. 새로운 개념을 따르는 사람들은 '인생 차트Biographical Chart'라는 기치를 내걸었습니다. 이 깃발을 학교라고 하는 전쟁터에 단단하게 꽂으면 승리를 쟁취할 수 있다고 믿은 거예요. 따라서 소위 과학적 교육학 학교에서는 교사들에게 인체 측정법, 감각 측정 도구 사용법, 심리학적인 데이터 수집 방법을 가르쳤습니다. 과학적 교사라고 하는 새로운 집단도 생겨났지요.

프랑스, 영국, 특히 미국에서는 인류학과 심리학에 근거한 실험들이 초등학교에서 진행되었습니다. 인체 측정학과 심리 검사를 통해 학교를 재건하고자 하는 희망에서 말이지요. 이런 연구는 교사 대신

의사들이 진행하는 경우가 많았는데, 그들은 교육보다는 자신의 분야에서 성과를 내는 데 더 관심이 많았습니다.

의사들의 연구와 그에 따른 결과는 대개 교육학이 아닌 심리학이나 인류학의 발전으로 이어졌습니다. 상황을 요약하자면, 인류학과 심리학은 학교에서 아이들을 교육하는 문제에 대해서는 기여한 바가 전혀 없었던 거예요. 과학적으로 훈련된 교사들이 진정한 과학자의 수준에 다다른 적도 없었습니다.

학교의 실질적인 발전을 위해서는 '실천'과 '이론의 현대적 흐름'을 잘 융합하는 것이 필요합니다. 그렇게 되면 과학자들을 학교 현장으로 끌어들이는 동시에, 교사들의 수준도 끌어올릴 수 있지요. 이런 실용적인 목표를 위해 크레다로Credaro가 설립한 교육대학은 분명한 역할을 하고 있었습니다. 이 학교는 철학의 하위 분과로 여겨졌던 교육학의 위치를 광범위한 비교 연구 분야를 포괄하는 과학의 지위로 끌어올리려고 했어요. 의학처럼 말이지요.

롬브로소Lombroso, 데-지오바니De-Giovanni, 세르지의 나라인 이탈리아는 이러한 움직임에 탁월한 기여를 했습니다. 이 세 과학자는 인류학에 있어서 새로운 흐름을 만들어 낸 사람들입니다. 롬브로소는 범죄 인류학을, 데-지오바니는 의학적 인류학을, 세르지는 교육학적 인류학을 이끌었지요. 세 사람 모두 특별한 사상적 지도자로서 인정받았습니다. 과학계에서는 열정적인 추종자들을 낳았을 뿐 아니라, 그들이 추구했던 새로운 과학을 대중들에게 각인시켰지요.

이탈리아의 다양한 도시에서 과학적 교육학 학교와 인류학 연구소들이 생겨났습니다. 설립도 되기 전에 포기한 곳들도 있었지만, 그럼에도 불구하고 이런 학교와 연구소들은 큰 가치를 남겼습니다. 사람들에게 영감을 주고, 사람들이 생각할 수 있는 문을 열어 주었으니까요.

이러한 시도들은 새로운 과학에 대한 얕은 이해에서 생겨났다는 것은 말할 필요가 없습니다. 위대한 의지는 반복되는 실패와 불완전한 성공에서 탄생합니다. 아시시Assisi의 성 프란치스코St. Francis는 환상 속에서 "프란치스코, 나의 교회를 다시 세워라!"라는 신의 명령을 받았습니다. 자신이 무릎 꿇고 있는 작은 교회를 가리키는 것이라고 믿었던 그는 무너진 벽을 다시 세울 돌들을 어깨에 짊어지고 나르면서 과업에 착수했습니다. 그의 사명이 가톨릭 교회를 새롭게 하는 것이라는 사실은 나중에야 깨달았지요. 하지만 아주 순수하게 돌을 날랐던 성 프란치스코와 추종자들은 결국 승리하게 됩니다. 성 프란치스코와 마찬가지로 우리도 딱딱한 돌을 옮기다 보면 학교를 재건할 수 있을 것이라 믿었어요. 우리는 물질적이고 기계적인 과학이 주는 도움들을 희망으로 바라보았습니다. 마치 성 프란치스코가 어깨에 돌덩이들을 짊어지고 느꼈던 것과 같은 심정으로 말이지요.

실험과학의 방법으로 교사들을 길러 내는 일은 쉽지 않습니다. 단순히 인체 측정법이나 심리 검사법 등을 훈련시키는 것은 쓸모 없는 기계를 만드는 것과 같아요. 이런 식으로 교사를 양성한다면 우리는 영원히 이론에만 머무르게 될 것입니다.

그렇다면, 과학자란 무엇일까요? 모든 실험 도구의 조작법을 알고 있다고 해서, 다양한 화학 반응을 능숙하게 다룬다고 해서, 현미경 용 표본을 준비할 수 있다고 해서 진정한 과학자는 아닙니다. '실험' 을 삶의 진리를 탐구하도록 안내하는 수단으로 여기는 사람, 그리고 자연의 신비에 대한 애정이 가득하며 스스로에 대한 생각을 망각할 만큼 열정적인 사람이어야 진정한 과학자라고 할 수 있습니다. 한마 디로 실험 도구를 능수능란하게 다루는 사람이 아니라, 자연을 열 렬하게 숭배하는 사람이라는 뜻이지요. 먹고 입는 것에 대해 관심을 두지 않고 오로지 실험실에서만 지내는 사람들, 눈이 멀 정도로 현 미경을 들여다보는 사람들, 과학에 대한 열정으로 결핵균을 자기 몸 에 접종하는 사람들, 콜레라가 전이되는 매개체를 알기 위해 콜레라 환자의 배설물을 연구하는 사람들, 생명의 위험을 무릅쓰고 폭발 위 험이 있는 화학물질을 실험하는 사람들이야말로 진정한 과학자라고 할 수 있을 거예요.

과학자에게 있어 기술보다 훨씬 더 중요한 것은 정신입니다. 정신 이 기계적 방법에 승리했을 때, 성취의 절정을 누릴 수 있지요. 과학 자가 이런 경지에 다다르면 자연의 새로운 비밀들을 알게 될 뿐 아니 라, 철학과의 결합까지 가능하게 됩니다. 결국 우리가 교사들의 마음 속에 심어 주어야 하는 것은 과학자의 정신입니다. 과학 정신은 교 사들에게 더 넓고 더 큰 가능성의 문을 열어 줄 수 있습니다. 다시 말해, 교사들의 마음속에 자연 현상에 대한 관심을 일깨우고자 합니다. 자연을 사랑하며, 실험을 준비하고 그 결과를 기다리는 사람의 간절함을 이해할 수 있는 마음을 키워 주는 것입니다.

자연을 이해하려면 물론 도구를 사용하는 방법도 알아야 합니다. 실험 도구들은 어떤 것을 표현하는 글자와 같습니다. 책은 저자의 위대한 생각을 담고 있지요. 그 안에 담긴 글자는 기호나 단어들을 조합하는 수단입니다. 자연은 실험이라는 수단을 통하여 자신의 비밀을 우리에게 알려 줍니다. 단어의 철자를 기계적으로 배운 사람은 셰익스피어 희곡에 쓰인 단어들을 단순히 읽을 수는 있지만, 그 의미를 느낄 수는 없습니다. 우리가 교사들에게 기술만 가르친다면 교사들은 그런 수준에 머물겠지요.

그래서 교사들은 진정으로 자연을 사랑하고 이해하는 사람이어야 합니다. 글자만 읽을 수 있는 수준이 아니라, 기호 뒤에 숨어 있는 작가의 생각을 읽을 수 있어야 합니다. 실제로 그 차이는 어마어마하고, 우리가 가야 할 길은 참으로 멀지요.

철자를 익힌 아이가 책을 소리 내어 읽을 때, 아이는 마치 책을 이해한 것 같은 착각에 빠집니다. 실제로 아이는 눈에 보이는 단어들을 읽을 수 있지요. 아이가 도서관에 갔다고 생각해 볼까요? 아이는 눈에 보이는 모든 책의 의미를 안다고 착각할 수 있지만, 기계적으로 읽는 방법을 아는 것은 아무것도 아니라는 사실을 곧 깨닫습니다. 마찬가지로, 인체 측정법과 심리 검사법을 안다고 해서 과학적인 교육이 준비된 교사라고 할 수 없어요. 교사들은 글자를 겨우 익힌 아이들과 같습니다.

과학적인 교육학을 교사에게 가르치는 어려움은 옆으로 살짝 밀어 놓겠습니다. 여기서 다룰 만한 것이 아니거든요. 다만 진정한 과학적 능력을 기르기 위해 길고 지루한 훈련을 마친 교사들이 있다고 가정해 봅시다. 호기심만 생기면 오밤중에도 일어나서 숲과 들판으로 달려가는 자연과학자의 경지에 이르렀다고 해 보지요. 이들은 피곤하고 졸린 몸을 이끌고 아주 조심스럽게 움직일 것입니다. 온몸에 진흙과 먼지가 덕지덕지 묻고 습기로 몸이 젖거나, 햇빛에 몸이 그을려도 모를 정도일 거예요. 곤충들에게 들키면 곤충들의 활동을 관찰할 수 없을 테니까요.

　교사들이 과학자처럼 반쯤 눈을 감은 채로도 현미경을 통해 아주 작은 곤충들의 자연스러운 움직임을 관찰할 수 있는 수준이라고 가정해 봅시다. 그들 눈에 곤충들은 서로 부딪치지 않고 먹이를 찾는 것처럼 보입니다. 마치 약간의 지능이 있는 것처럼 보일 수 있지요. 이때 이 곤충들에게 전기 자극을 주거나, 빛 자극으로 추가 실험을 해 볼 수도 있어요. 빛을 향해 달려드는 곤충은 물론, 반대로 도망가는 곤충들도 보일 거예요. 이제 교사는 이런 현상들도 연구해야 합니다. 다음과 같은 질문을 가지고 말이지요.

　자극에서 도망가는 것 또는 자극을 향해 가는 것은 서로 부딪치지 않기 위해 피하는 움직임 또는 먹이를 찾는 움직임과 똑같은 성질인가? 즉, 그러한 특성이 자석처럼 물리적인 끌어당김(인력) 또는 밀어냄(척력) 때문이 아니라, 선택의 결과이자 아주 희미한 인지 능력 때문인가?

일반적으로 교사에게는 아주 특별한 사명이 있습니다. 곤충이나 박테리아를 관찰하는 차원이 아니라, 아이를 잘 관찰해야 하는 일이 니까요. 교사는 단순히 매일 아이의 신체적 습관을 연구하는 사람이 아닙니다.

우리는 교사가 인간성에 대해 관심을 갖도록 하고자 합니다. 인간성에 대한 관심은 관찰하는 사람과 관찰되는 사람 사이에 친밀한 관계가 있어야 하지요. 동물학이나 식물학을 공부하는 사람과 그가 연구하는 자연 사이에는 그런 관계가 존재하지 않습니다. 인간에 대한 인간의 사랑은 훨씬 더 부드럽고 보편적입니다. 이러한 사랑은 지식인 계급의 특권이 아니라 모든 사람의 마음속에 자리잡고 있어요.

예를 들면, 나비를 연구하는 어느 교수의 연구실에 들어가 볼까요? 그의 방에는 유리 케이스에 담긴 나비들이 보일 거예요. 아름다운 나비들이 날개를 활짝 편 채로 움직이지 못하게 핀으로 고정되어 있지요. 과학적으로 준비된 교사라는 개념을 무작정 학교에 적용한다면 상황이 비슷해집니다. 아이들은 유리 케이스에 고정된 곤충처럼, 자신의 개성을 마음껏 표현하지 못합니다. 마치 박제된 것처럼 각자의 자리, 책상에 묶여 있을 거예요. 그런 학교에서 배운 지식은 쓸모 없이 펼쳐져 있는 나비의 날개처럼 무의미하지요.

그렇기 때문에 교사들에게 과학 정신을 심어 주는 것만으로는 충분하지 않습니다. 교사들이 아이들을 잘 가르칠 수 있게 학교 또한 준비해야만 합니다. 과학적인 교육이 학교 안에서 꽃 피우려면 아이들이 자신의 개성을 자연스럽게 표현할 수 있도록 허용해야 합니다.

이것이 본질적인 개혁이지요.

  루소Rousseau와 같은 일부 교육 지도자들이 아이들의 자유에 대해 모호한 목소리를 낸 것은 사실입니다. 하지만, 자유에 대한 진정한 개념이 어떠한 것인지 교육자들조차 구체적으로 모르는 경우가 많습니다. 마치 노예에게 움직일 수 있는 자유를 주는 것과 같다고 생각할 수도 있어요. 하지만 교육학에 영감을 주는 자유의 개념은 이보다 보편적입니다. 19세기 생물학이 발달하면서 우리가 생명을 연구할 수 있게 되었을 때, 노예적인 자유에서 벗어난 보편적인 자유에 대해 생각할 수 있게 되었어요. 과거의 교육학은 아이의 능력이 자유롭게 발현되는 원리를 막연하게 그렸지만, 이제 우리는 아이들의 능력을 직접 관찰할 수 있게 되었습니다. 실험과학의 발달 덕분입니다.

  노예제 원칙은 여전히 교육에 널리 퍼져 있고, 학교도 마찬가지입니다. 잘못된 열정과 에너지가 넘쳐 났으니까요. 처음에는 교실에 긴 의자들이 있었고, 아이들이 의자에 모여 앉았습니다. 그런데 과학이 그 의자를 더 완벽하게 만들었어요. 아이들의 나이와 신체 발달을 고려하여 좌석을 적절한 높이에 배치했습니다. 그리고 아이들의 허리가 다치지 않도록 의자와 책상의 거리를 아주 세심하게 계산했어요. 그러나 아이들의 자리는 서로 멀리 떨어져 있었고 의자의 폭은 아주 좁아서 아이들이 겨우 앉을 정도였지요. 몸을 쭉 뻗고 옆으로 움직이는 것은 불가능했습니다. 이렇게 아이들을 서로 떼어 놓으면 교실에서 나쁜 행동을 하지 못할 것이라고 믿었겠지요. 좌석, 발판, 책상은 아이가 수업 중에 절대 일어설 수 없도록 배치되고, 아이에게는 꼿꼿한 자세로 앉을 수밖에 없는 공간만 남습니다. 교실 책상과 의자의 구조는 그런 식으로 '완벽'을 향해 나아갔습니다. 이른바 과학적 교육학의 숭배자들이 과학적인 책상을 설계한 거예요.

이런 책걸상을 만드는 데 과학적 근거가 많이 있다는 것은 분명하지요. 인류학은 신체 측정과 나이를 판별하는 데에 활용되었고, 생리학은 근육의 움직임에 관한 연구에 활용되었어요. 심리학은 본능에 관한 연구에 기여했고, 특히 위생학은 척추가 뒤틀리는 것을 예방하는 노력을 했습니다. 이 책상들은 실제로 과학적이었어요. 어린이에 대한 인류학적 연구를 따르고 있었거든요. 과학은 이렇게 아이들을 속박하기 위해 이용되기도 합니다.

사회적 자유를 향한 흐름은 모든 면에서 분명하게 나타납니다. 지도자들은 사회적 자유를 자신들의 슬로건으로 내세웁니다. 노동자들은 자유를 소리쳐 외칩니다. 과학 및 사회 출판도 같은 움직임이지요. 굶주린 노동자들은 영양 실조를 막을 수 있는 더 나은 경제적 해결책을 원합니다. 오랜 시간 구부정한 자세로 가랑이가 찢어지도록 일하는 광부가 바라는 것은 보호대가 아니라 노동 시간 단축과 더 나은 노동 환경입니다. 그래야 다른 사람들처럼 건강하게 살 수 있으니까요. 그리고 이런 사회적 분위기와 마찬가지로, 우리의 아이들도 정상적인 발달을 할 수 없는 환경에 놓여있습니다. 이처럼 형편없는 상황에 대한 우리의 대응은 정형외과적인 의자였어요. 이는 마치 우리가 광부에게 보호대를 주는 것과 같습니다.

학교가 필요로 하는 자유는 의자 장치 따위로 이뤄지는 게 아닙니다. 고정식 좌석이 아이의 몸에 도움이 될 수도 있지만, 여전히 위험할 뿐 아니라 비위생적인 요소가 되기도 하지요. 가구를 옮길 수 없으면 교실 청소를 깨끗하게 할 수 없으니까요. 오늘날 가정에서 쓰는 가구만 해도 더 가볍고 단순해져서 이동과 청소가 쉽지요. 그런데 학교는 이러한 사회 환경의 변화에 눈을 감은 것이나 다름없었습니다.

우리 앞에 놓인 문제가 아이들을 교육시키는 것이라면, 우리는 무엇을 말해야 할까요? 우리는 획일화된 정보를 아이들에게 전해야 하는 교사의 딱한 모습을 너무 자주 봐 왔습니다. 이 쓸쓸한 작업을 성공적으로 해내기 위해, 교사는 아이들의 움직임을 제한하고 주의를 강제할 필요가 있다는 것을 알게 되지요. 상과 벌은 교사에게 주어진 효과적인 수단입니다. 또한 영혼을 구속하는 의자이자 영혼을 노예화하는 도구라고 말하고 싶습니다. 기수는 말의 안장에 올라타기 전에 말에게 설탕 한 조각을 건네어 줍니다. 마부는 고삐로 말을 조종하면서 채찍질을 합니다. 하지만 기수의 말도, 마부의 말도 들판에서 자유롭게 달리는 말처럼 멋지게 달리지 못합니다.

교육이라는 이름으로 인간이 인간을 억압하는 게 올바른 것일까요? 사회적인 사람이란, 대개 사회적 멍에를 쓰고 있는 자연인이라고 말합니다. 그러나 우리가 사회의 도덕적 진보를 폭넓게 살펴보면, 그 멍에가 조금씩 가벼워지고 있음을 알 수 있습니다. 다시 말해 우리의 삶은 점차 승리를 향해 나아가고 있어요. 노예는 하인으로, 하인은 노동자로 바뀌어 왔지요. 모든 형태의 피지배는 점차 약화되며 사라지고 있습니다. 문명의 역사는 정복과 해방의 역사입니다. 우리는 스스로에게 상과 벌의 효과가 우리의 진보에 필요한지 물어야 합니다.

사회에도 학교에서 일어나는 것과 비슷한 상황이 존재합니다. 정부에 고용된 수많은 사람들 사이의 관계 안에서 말이지요. 이 사람들은 국가의 공익을 위해 날마다 일하지만, 자신이 하고 있는 일의 중요성을 느끼지 못합니다. 즉, 자신들의 노동으로 인해 국가가 유지된다는 사실을 깨닫지 못하는 거예요. 그들에게 즉각적인 보상은 승진입니다. 승진을 하지 못하는 것에 대한 두려움은 사람들이 직장을 떠날 수 없게 하지요.

아이들에게도 같은 방식으로 상과 벌을 줍니다. 잘못하면 상급반으로 올라갈 수 없다는 두려움을 이용해서 아이들을 몰아붙이지요. 교사의 질책은 직장 상사의 꾸지람과 비슷해요. 또한 교사가 학생의 형편없는 작문에 나쁜 점수를 매기는 것은 잘못 진행된 업무를 교정하는 것과 같지요. 거의 완벽한 평행이론이라고 할 수 있겠네요.

만약 나라의 행정이 올바르게 돌아가지 않는다면, 부패가 너무 쉽게 행해진다면, 그것은 일하는 사람들이 사소하고 즉각적인 상벌만 바라보게 만든 결과입니다. 세상을 앞으로 나아가게 하는 것은 개인적이면서도 보편적인 삶의 힘입니다. 즉, 영혼 안에 잠재되어 있는 힘이지요. 정말로 위대한 일을 하는 사람은 상이라는 하찮은 매력이나 벌이라는 사소한 악에 영향을 받지 않아요. 모든 인간적인 승리와 진보는 내적인 힘에 근거합니다. 따라서, 어린 학생이 의학 자체에 대한 사랑으로 의사가 되고자 한다면 훌륭한 의사가 될 수 있습니다. 하지만 결혼을 잘하기 위해서 혹은 어떤 물질적 이익을 먼저 원한다면 결코 진정한 의사가 될 수 없을 거예요. 결국 세상은 앞으로 전진하지 못하겠지요. 그러한 자극이 필요한 사람은 의사가 되지 않는 것이 훨씬 낫습니다.

일반적인 사람의 영혼은 확장을 통해 완벽해집니다. 우리가 강도질을 하지 않고 사람을 죽이지 않는 이유는 평화를 사랑하기 때문이고, 우리가 앞으로 나아가도록 삶이 자연스레 이끌기 때문입니다. 절대다수의 시민들은 법과 상관없이 정직하지요. 일반적인 사람들에게 진정한 형벌은 삶의 원천인 개인의 힘과 위대함을 인식하지 못하게 되는 것입니다. 사람들은 자신을 위협하는 진정한 형벌을 보지 못하는 경우가 너무 많아요. 그래서 교육이 필요합니다. 오늘날 우리는 아이들을 학교에 가두고, 몸과 마음을 망가뜨리는 물질적인 보상과 처벌로 아이들을 제한하고 있어요. 우리는 아이들을 제한하는 도구들을 줄이고 끝까지 인도해야 합니다. 학교 교육 과정의 지식을 아이들에게 쏟아붓듯이 아이들을 교육하는 것은 진정한 교육이 아닙니다. 아이들 안에서 자라고 있는 생명을 무시하기 전에 우리는 부끄러움에 머리를 조아리고, 우리의 죄 많은 얼굴을 손으로 가려야 합니다.

Chapter

2

몬테소리가 걸어온 길

교육학을 새롭게 발전시키려면, 지금까지와는 매우 다른 노선을 따라야 합니다. 교사의 준비에 맞게 학교도 변화해야 해요. 교사가 학교에서 학생들을 관찰하고 실험할 수 있도록 해야 하기 때문입니다. 과학적인 교육학의 기본 전제는 학생의 자유여야 합니다. 이러한 자유는 아이의 자립적인 발달을 돕지요. 개인에 대한 연구에서부터 새로운 교육학이 시작된다면, 자유로운 아이들을 관찰하는 일부터 집중해야 합니다.

실험과학의 모든 분야는 다양한 방법을 시도하면서 성장했어요. 세균학은 미생물의 분리 및 배양 방법 덕분에 발전했고 범죄 인류학, 의학적 인류학, 교육학적 인류학의 발전은 범죄자, 정신 질환자를 비롯한 환자, 학자 등 다양한 부류의 사람들에게 인류학적 방법을 적용한 덕분입니다.

실험과학의 특징 중 하나는 최종 결과에 대한 어떤 선입견도 없이 실험을 진행하는 것입니다. 예를 들어, 다양한 수준의 지적 능력과 두뇌의 발달에 관한 관찰을 한다고 가정해 볼게요. 이때 지켜야 할 실험 조건 중 하나는 가장 뛰어난 측정값과 가장 뒤처지는 측정값을 무시하는 것입니다. 가장 지능이 높은 사람은 두뇌가 더 발달할 것이라는 선입견이 연구 결과를 달라지게 하기 때문이에요. 만약 우리가 실험심리학의 방법을 이용하고자 한다면, 이전의 모든 신념을 버리고 진리 탐구를 위한 방법으로 진행하는 것이 가장 필요해요. 예를 들어 아동심리학이라는 주제에 대해 연구한다면, 어떤 독단적인 생각을 버리고 아이에게 완전한 자유를 허용할 수 있는 방법으로 진행해야 합니다. 아주 놀랍고 예상치 못한 가능성을 발견하게 될 거예요.

이 연구는 제가 '어린이의 집'에서 2년 동안 겪은 경험의 산물입니다. 여기서는 교육 방법의 도입부만 소개하고 있는데, 3세에서 6세 사이의 아이들에게 적용한 내용이에요. 이 실험적인 교육 방법들은 놀라운 결과를 보여 주었습니다. 다소 실험적인 내용이라도, 우리가 해야 할 일을 이어 나가는 데 영감을 주는 계기가 될 것이라고 믿습니다. 우리의 교육 방법은 경험으로 그 우수성을 증명했지만, 아직 완전하지는 않지요. 그럼에도 불구하고 어린아이들을 돌보는 모든 기관들과 초등학교 1학년 교실에서 충분히 실용적으로 쓰일 수 있는 내용으로 구성되어 있습니다. 이 책에 담긴 모든 것들이 가능할 거라고 생각하지는 않지만요.

이 책이 2년 간의 경험에서 나온 것이라고 말하는 것은 정확하지 않을 수도 있어요. 어린이의 집에서 사용되는 교육법은 훨씬 오래된 과거의 일에서 영감을 받았으니까요. 비장애아들과의 경험은 다소 짧다고 볼 수도 있겠지만, 장애아들과의 경험에서 오래되고 사려 깊은 노력이 있었음을 말하고 싶습니다.

약 15년 전, 로마 대학의 정신과에서 의사로 근무하는 동안 정신병원에서 환자를 연구할 기회가 있었어요. 그러면서 그 당시 일반 정신병원에 입원해 있던 아이들에게 관심을 갖게 되었지요. 당시에는 갑상선 치료법이 한창 발전 중이었고, 의사들은 장애가 있는 어린이 환자들에게 관심을 갖기 시작했어요. 하루의 업무를 마치고 나면 제 신경은 모두 소아 질환 연구에 쏠려 있었지요. 그러던 중 에드워드 세갱Edward Séguin이 아픈 아이들을 위해 고안한 특별한 교육 방법을 접하게 되었습니다.

당시 의사들 사이에 널리 퍼지기 시작한 연구가 있었는데 난청, 마비, 지적 장애, 구루병 등과 같이 다양한 질병을 위한 교육적 치료의 효능에 관한 연구였지요. 질병 치료에서 교육학이 의학과 결합되어야 한다는 사실은 놀라운 주장이었어요. 이러한 경향으로 인해 체조로 질병을 치료하는 방법이 폭넓은 인기를 얻고 있었지만, 제 생각은 달랐습니다. 정신적인 장애는 의학적인 문제라기보다는 주로 교육적인 문제라고 생각했거든요. 지적 장애인들을 치료하고 교육하는 의학적·교육학적 방법에 대해 많은 토론이 있었습니다. 저는 1898년

토리노에서 열린 교육학 회의Pedagogical Congress에서 도덕 교육 Moral Education에 관하여 주장했어요. 제 주장은 많은 관심을 불러 일으키며 순식간에 퍼졌습니다.

위대한 교육부 장관이자 저의 스승이었던 귀도 바첼리Guido Baccelli로부터 로마의 교사들에게 지적 장애 아동들의 교육에 관한 강의를 해 달라는 요청을 받았습니다. 이 과정은 곧 주립 마음치료 학교로 발전했고, 그곳에서 2년 이상 지도했습니다. 이 학교에서는 기존의 초등학교가 감당할 수 없었던 아이들을 모아 종일 학급을 운영했어요. 나중에는 한 자선 단체의 도움을 받아 의학교육학 연구 소가 설립되었지요. 이곳에는 공립 학교 아이들뿐만 아니라, 로마의 정신병원에 입원해 있던 지적 장애 아동들까지 모두 모였습니다.

동료들의 도움으로, 로마의 교사들에게 지적 장애 아이들을 관찰 하고 교육하는 방법을 가르치면서 2년의 시간을 보냈어요. 저는 교 사를 양성했을 뿐만 아니라, 런던과 파리에서 지적 장애인들의 교육 을 위한 실질적 방법을 공부한 후에 실제로 아이들을 가르치는 일에 도 전념했지요. 동시에 연구소에 있던 다른 교사들도 지도했습니다.

저는 아침 8시부터 저녁 7시까지 직접 아이들을 가르쳤습니다. 그 리고 지적 장애 아동을 가르치기 시작하면서 이 교육이 특별히 지 적 장애 아동만을 위한 것은 아니라고 느꼈어요. 이 교육 방법은 실 제 사용되는 것보다 훨씬 더 합리적이었고, 그 방법을 통해 아이들 의 정신이 성장할 수 있을 것으로 보였어요. 이런 느낌은 마음속 깊이 내재화되었고, 학교를 떠난 후에도 저를 지배하는 생각이 되었습니다. 유사한 교육 방법을 비장애 아동들에게 적용하면 아주 놀라운 방식으로 아이들을 발달시키고 자유롭게 할 수 있을 것이라는 확신이 조금씩 생겼지요. 치료교육학을 진심으로 연구하기 시작한 것은 바로 그때부터였습니다. 그리고 일반적인 교육학의 원리들에 대하여 연구하고 싶은 마음에 대학교에 철학과 학생으로 등록했습니다. 제 생각이 옳다는 것을 증명할 수 있을지 확실하지 않았어요. 그럼에도 불구하고 저의 신념을 더 깊고 넓게 하기 위해 다른 모든 직업을 포기했습니다. 마치 미지의 임무를 준비하는 것 같았습니다.

장애 아동들을 위한 교육 방법은 프랑스 혁명 당시 한 의사로부터 시작됐어요. 이타르Itard의 업적은 의학사에서 중요한 위치를 차지합니다. 오늘날 이(耳)치료학이라고 알려진 의학 분야의 창시자였거든요. 그는 최초로 체계적인 청각 교육을 시도한 사람이었습니다. 그는 페레르Pereire가 파리에 설립했던 청각 장애인을 위한 연구소에서 여러 실험들을 했고, 실제로 가벼운 청각 장애를 앓는 사람이 소리를 명확하게 들을 수 있도록 하는 데 성공했어요. 그 후 그는 8년 동안 '아베롱의 야수'로 알려진 소년을 치료하면서, 청각 치료에 탁월한 효과를 보인 교육 방법을 다른 모든 감각의 치료에까지 확장했습니다. 피넬Pinel의 제자였던 이타르는 신경계 질환으로 고통받는 환자를 관찰하는 방식으로 아이들을 관찰한 최초의 교육자였습니다.

이타르는 교육적 노력과 경험에 대해 흥미롭고 상세하게 설명합니다. 이타르의 교육 방법이 실험심리학에 대한 실질적인 첫 번째 시도였다는 것은 공공연한 사실이지요. 하지만 장애아를 위한 진정한 교육 체계를 완성한 사람은 교사이자 의사였던 에드워드 세갱이었습니다. 그는 이타르의 경험을 출발점으로 삼아 이러한 방법들을 적용했어요. 정신병원에 있던 아이들을 파리의 루 피갈레Rue Pigalle에 있는 작은 학교로 데려왔어요. 이 방법은 1846년 파리에서 《지적 장애 아동에 대한 도덕적 대우, 위생 및 교육Traitement Moral, Hygiène et Education des Idiots》이라는 제목으로 출판되었습니다. 무려 600페이지가 넘는 책입니다. 이후 세갱은 미국으로 이주하여 장애 아동들을 위해 많은 기관을 설립했어요. 그리고 20년 후에 《지적 장애와 생리학적 방법에 의한 치료Idiocy and its Treatment by the Physiological Method》라는 두 번째 책을 냈어요. 이 책은 1886년 뉴욕에서 출판되었으며, 세갱은 자신의 교육 방법을 생리학적 방법이라고 부르면서 교육 방법에 대해 진지한 정의를 내렸습니다. 지적 장애를 생리학적인 방법으로 치료한다는 말이지요.

제가 정신과에서 근무하고 있을 때, 세갱의 프랑스어판 책을 아주 흥미롭게 읽었어요. 20년 후 뉴욕에서 출판된 영어판은 부르느뷰Bourneville의 특수교육에 관한 저서에 인용되었지만, 어느 도서관에서도 찾아볼 수 없었습니다. 저는 이 책을 구하기 위해 많은 노력을 했어요. 장애 아동들에게 특별히 관심이 있다고 알려졌거나 특수학교에서 근무하는 거의 모든 영국인 의사들을 찾아갔지요. 이 책이

영어로 출판되었음에도 불구하고 영국에서 알려지지 않았다는 사실은 누구도 세갱의 교육 방법을 결코 이해할 수 없었던 것이라는 생각이 들었습니다. 사실 세갱의 교육 방법은 장애 아동을 다루는 책에 지속적으로 인용되었지만, 실제 교육에서는 잘 이용되지 않았습니다. 거의 모든 곳에서 비장애 아동을 교육하는 방법을 장애아에게도 똑같이 사용했어요. 특히, 독일에 있던 제 친구는 특수교육에 관한 자료들이 다수 있음에도 불구하고 거의 활용되지 않는다는 사실을 알아차렸습니다. 실제로 독일 교육자들은 비장애 아이들을 가르치는 방식을 장애아들에게 알맞게 적용하는 것이 좋다고 생각했습니다.

비세트르Bicêtre 병원에서 일하면서 세갱의 교육 방법보다 세갱의 교구가 훨씬 더 많이 이용되고 있었다는 것을 알게 되었습니다. 비세트르 병원에서의 가르침은 아주 기계적이었고, 각 교사는 규칙을 따를 뿐이었습니다. 자신의 방법으로 지적 장애 아동을 교육할 수 있다는 세갱의 주장은 착각에 불과했던 거예요.

저는 유럽 전역에서 사용되는 방법에 대하여 연구한 후, 2년에 걸쳐서 아이들을 가르쳤어요. 세갱의 책을 따랐고, 이타르의 놀라운 실험에서도 많은 영감을 받았습니다. 그리고 두 사람의 업적에서 아이디어를 얻어 다양한 교구를 만들었습니다. 이 교구들은 활용할 줄 아는 사람의 손 안에서만 가장 놀랍고 효율적인 도구가 되었습니다. 올바르게 제시되어야만 장애 아동들의 관심을 끌 수 있었지요. 저는 지적 장애 아동들과 일하는 사람들의 좌절감을 이해할 수 있었습니다. 교육자가 교육 대상과 같은 수준에 있어야 한다는 편견은 장애 아동의 교사를 무심하게 만듭니다. 교사는 자신이 열등한 아이를 가르치고 있다고 인식하고, 바로 그 이유로 성공하지 못한다고 느끼지요. 그러면서 우스꽝스러운 놀이를 통해 스스로를 아이의 수준에 놓으려고 합니다.

아이들의 영혼을 깨우고, 아이들이 교구를 사용하게 하고, 스스로를 교육시키는 것은 교구가 아니라 그들을 부르는 저의 목소리라는 것을 직감적으로 깨달았습니다. 세갱의 생각도 비슷했지요. 그의 인내심 있는 시도들을 읽다 보니, 그가 사용한 최초의 교구가 영적인 것임을 분명하게 알 수 있었어요. 실제로 프랑스어판으로 출판된 책의 마지막 부분에서는 자신이 했던 활동들을 정리하며 '교사들이 준비되어 있지 않다면 자신이 이루어 낸 모든 것들이 사라지거나 쓸모없어질 것'이라고 다소 슬프게 말하고 있습니다. 그는 교사들의 준비에 관해 다소 독창적인 견해를 가지고 있습니다. 교사들이 유쾌한 목소리를 내고, 외모에 신경 쓰고, 매력적으로 보이기를 원했어요. 연약하고 지친 아이들의 영혼을 깨우고, 아이들이 삶의 아름다움과 건강함을 붙잡도록 인도하는 것이 교사의 임무이니까요.

교사가 아이의 영혼에 닿아야 한다는 이 믿음은 일종의 비밀 열쇠와 같은 역할을 했어요. 그리고, 세갱이 훌륭하게 분석한 일련의 실험들이 제 앞에 펼쳐졌지요. 제대로 이해할 경우, 지적 장애 아동의 교육에 가장 효과적인 것들이었습니다. 저 또한 이런 내용을 적용하면서 아주 놀라운 결과들을 얻었어요. 저의 노력으로 아이들이 인지적인 발전을 보이기도 했지요. 하지만, 솔직히 말하면 어떤 이상한 피로감 때문에 몸을 가누지 못할 정도였습니다. 마치 제 안에 있는 생명력이 아이들에게로 옮겨가는 느낌이었어요. 우리가 격려, 위안, 사랑, 존경이라고 부르는 것들은 인간의 영혼에서 나오지요. 이를 더 많이 베풀수록 우리 주변의 삶은 더 새로워지고 활력이 생깁니다. 그러한 영감이 없으면 아주 명백하게 보이는 것도 보지 못한 채로 지나칠 수 있습니다.

이렇게 준비하여 저는 스스로 새로운 실험을 진행할 수 있었습니다. 그러나 이 책은 그 실험들을 보고하기 위한 것이 아닙니다. 아이들에게 읽기와 쓰기를 가르치기 위해 시도한 독창적인 방법을 말하고 싶을 뿐이지요. 읽기와 쓰기는 이타르와 세갱의 유아 교육법에서 가장 불완전하게 다루어진 부분입니다. 정신병원에서 지적 장애 아동들에게 읽기와 쓰기를 가르치는 데 성공한 후, 공립 학교에서 비장애 아이들에게도 시험해 보았습니다. 아이들은 모두 시험을 성공적으로 통과했지요. 이런 결과는 사람들에게 거의 기적처럼 보였습니다. 정신병원에 있던 아이들이 다른 방식으로 교육받았기 때문에 비장애 아이들과 경쟁할 수 있게 된 것입니다. 모두가 지적 장애 아동들의 발전에 감탄하고 있었지만, 저는 평범한 학교에 있는 행복하고 건강한 아이들이 불행한 아이들과 같은 수준에 머무르는 이유를 찾고 있었습니다.

세갱은 아이들을 식물적 존재에서 인지적 생명체로 이끌었습니다. 일반적인 개념의 감각 교육에서부터 추상적 사고의 교육으로, 추상적 사고에서 도덕 교육까지 이어졌습니다. 이런 놀라운 성과를 거둔 이후, 자세한 생리학적 분석과 교육 방법의 점진적인 발전을 통해 지적 장애 아동이 온전한 사람이 되었습니다. 하지만 아이는 친구들 사이에서 여전히 열등한 존재입니다. 사회적 환경에 완전히 적응할 수 없으니까요. 이것이 세갱의 지루한 교육법이 자주 중단되는 또 다른 이유입니다. 방법이 어렵다는 것은 목적을 정당화하지 못했지요. 모두 이렇게 느끼고, 많은 사람들이 말했습니다. "아직 평범한 아이들을 위해 할 일이 너무 많다!"

실제 경험을 통해 세갱의 교육 방법에 대한 믿음을 확인한 후, 저는 장애 아동들을 가르치는 활동을 중지하고 이타르와 세갱의 업적들을 더 철저하게 연구하기 시작했습니다. 전에 하지 않았던 일을 했어요. 저는 이타르와 세갱의 글들을 직접 이탈리아어로 번역했습니다. 인쇄술이 보급되기 전에 수도사들이 했던 것처럼 처음부터 끝까지 혼자 힘으로 책을 만들었지요. 각 단어의 의미를 느끼고, 저자의 정신을 진정으로 읽기 위해 이 일을 손으로 하기로 했던 것입니다. 600쪽 분량 정도의 프랑스어판을 막 끝마쳤을 때, 1866년에 출판된 영어판이 뉴욕에서 도착했습니다. 이 낡은 책은 뉴욕 어느 의사의 개인 서재에서 발견되었지요. 저는 영국인 친구의 도움을 받아 번역할 수 있었어요. 새로운 교육적 실험이 많이 추가되지는 않았지만, 첫 번째 책에서 설명한 경험들의 철학적 내용을 다룬 책이었습니다.

30년 동안 장애 아동을 연구해 온 세갱은 생리학적인 방법이 비장애 아동들에게도 적용되어야 한다고 말했습니다. 생리학적 방법은 아이들에 대한 개별적인 연구와 생리학적이고 심리학적인 현상들에 대한 분석을 바탕으로 구성되어 있습니다. 세갱의 목소리는 마치 광야에서 외치는 선구자의 목소리 같았어요. 학교와 교육을 개혁하는 것이 얼마나 위대한 일인지 깨달았습니다. 당시 저는 대학교에서 철학과 실험심리학을 공부하기 시작했습니다. 토리노, 로마, 나폴리에 있는 대학교에서 실험심리학을 배울 수 있게 된 것은 비교적 최근의 일이었어요. 동시에 초등학교에서 교육 인류학에 대한 연구를 했고, 아이들을 가르치기 위한 교육 방법을 연구했습니다. 이런 연구 활동을 거쳐 로마 대학교에서 교육 인류학을 가르칠 수 있었지요.

비장애 아동들을 가르치는 초등학교 1학년 교실에서 장애 아동들을 위한 교육 방법을 실험해 보고 싶었지만, 아이들을 보살피는 가정이나 기관을 이용하자는 생각을 해 본 적은 없었어요. 이런 생각이 마음속에 떠오른 것은 순전히 우연이었습니다. 1906년이 끝나갈 무렵, 밀라노에서 막 돌아왔을 때 로마 건축 협회The Roman Association for Good Building의 사무총장이었던 에도아르도 탈라모 Edoardo Talamo의 초대를 받은 것은 정말 대단한 기회였습니다. 이 단체는 공동 주택에 유아를 위한 학교를 짓는 일을 하고 있었거든요. 이 주택에 사는 3세에서 7세 사이의 어린아이들을 모두 넓은 방에 모으자는 탈라모의 생각은 기발했습니다. 아이들의 놀이와 교육은 이 공동 주택 단지에 거주하는 교사가 맡는 것으로 정해졌지요. 집과 학교를 함께 짓는 것이나 다름없었습니다. 협회는 로마에 이미 400채 이상의 공동 주택을 보유하고 있었기 때문에 실현 가능성이 정말로 커 보였어요. 1907년 1월에 첫 번째 학교가 산 로렌조San Lorenzo 지역에 있는 넓은 공동 주택 안에 세워졌어요. 협회는 동일한 지역에 이미 58개의 건물을 소유하고 있었지요. 탈라모의 계획에 따르면 '집 안의 학교' 16군데를 곧 열 수 있을 것 같았어요.

탈라모와 저의 친구였던 올가 로디Olga Lodi는 이 새로운 종류의 학교에 '어린이의 집Casa dei Bambini'이라는 행운의 이름을 붙였어요. 이 이름으로 첫 번째 학교가 1907년 1월 6일 비아 데이 마시Via dei Masi 58번지에 문을 열었습니다. 이 학교는 저의 지도하에 칸디다 누치텔리Candida Nuccitelli에게 맡겨졌어요. 같은 해 4월 7일에 두 번째 어린이의 집이 산 로렌조San Lorenzo 지역에 개원했고, 1908년 10월 18일에 인도주의 협회Humanitarian Society가 밀라노에 또 다른 학교를 열었습니다. 이곳은 노동자들이 많이 거주하는 곳이었어요. 같은 지역에 있는 작업장에서 우리가 사용하는 교구들을 만들기도 했습니다. 11월 4일에는 세 번째 어린이의 집이 로마에 생겼습니다. 이때는 노동자들의 거주지가 아니라 중산층을 위한 현대식 건물에 학교가 들어섰지요. 1909년 1월, 이탈리아계 스위스인들은 프뢰벨의 교육법을 고수하던 고아원과 유치원들을 우리의 교육법과 교구를 도입한 어린이의 집으로 전환하기 시작했습니다.

어린이의 집에는 두 가지 중요성이 있어요. 주택단지에 있는 학교라는 특별함이 주는 사회적 중요성과 아주 어린 아이들을 가르치면서 얻은 교육학적 중요성입니다. 앞서 이야기한 대로 탈라모의 초대는 엄청난 기회였습니다. 장애 아동들에게 활용했던 교육법을 비장애 아이들에게 적용해 볼 수 있었으니까요. 그것도 초등학생이 아니라 유아기에 있는 아이들에게 말이지요. 장애아와 비장애아가 유사한 시기가 있다면 초기 유아기 동안입니다. 발달할 힘이 없는 아이와 아직 발달하지 못한 아이는 비슷한 면이 많거든요.

아주 어린 아이는 아직 근육을 안정적으로 조절하지 못합니다. 따라서 불완전하게 걸을 수밖에 없고, 옷을 입고 벗는 것과 같은 일상적인 활동을 제대로 할 수 없어요. 눈을 움직이는 것 같은 감각 기관의 활동 또한 미숙합니다. 어린아이의 말에서 오류를 쉽게 찾아볼 수 있듯, 언어의 발달도 원시적이지요. 주의가 산만한 것과 전반적으로 불안정한 것은 비장애 아동과 장애 아동의 공통점입니다. 프라이어Preyer는 아동심리학 연구에서 병으로 인한 언어적 결함과 발달 과정에 있는 비장애 아동의 언어적 결함 사이의 유사점을 설명하려고도 했어요.

발달 과정의 아이들이 언어 장애처럼 영구적인 장애를 얻는 경우가 종종 있습니다. 3세에서 6세 사이는 주요 기능이 형성되고 확립되는 중요한 시기로, 이때 방치되면 장애를 습득하기도 하지요. 어린이의 집에서 진행한 교육학적 실험의 중요성이 여기에 있습니다. 장애 아동들을 위해 사용한 교육법을 어린아이들에게 적용하면서 진행한 실험들의 결과를 모았습니다. 세갱의 교육법을 본 사람이라면 누구나 알 수 있듯, 저의 교육법은 세갱의 교육법을 아이들에게 단순히 적용한 것은 아닙니다. 그럼에도 불구하고, 이 2년 간의 시도는 프랑스 혁명의 시대까지 거슬러 올라가 이타르와 세갱이 진행한 일생일대의 실험에 기초를 두고 있습니다.

10년 동안 그들의 교육법에 따라 실용적인 실험을 했을 뿐만 아니라, 이 고귀한 사람들의 업적을 온전히 받아들였지요. 따라서 제가 10년간 해 온 일은 어떤 면에서 이타르와 세갱이 40년 동안 남긴 업적의 요약이라고 볼 수도 있어요. 앞선 50년 동안의 활발한 연구는 겨우 2년간의 짧은 시도를 위한 준비였던 것이지요. 세 명의 의사가 이어서 수행한 과업으로, 이타르부터 저까지 정신 의학의 길을 따라가는 첫 단계를 보여 준 것이나 다름없습니다.

인류문명의 분명한 요소로서 어린이의 집은 별책으로 정리할 만큼 의미가 있습니다. 사실 어린이의 집은 사회 및 교육학적인 문제들의 많은 부분을 이상적인 방식으로 해결했어요. 또, 이러한 방식으로 사회적 문제의 가장 중요한 측면인 가정 생활에 직접적으로 접근하고 있습니다. 그런 의미에서 로마에 두 번째 '어린이의 집'을 열었을 때의 취임사와, 탈라모의 뜻에 따라 마련한 규칙과 규정을 소개하겠습니다.

Chapter

3

어린이의 집 취임 연설

오늘 여기에는 심각한 가난을 겪어 본 적이 없는 분들도 계실 것입니다. 그렇지만 책을 통해 가난이 얼마나 비참한 것인지 느꼈을 수도 있고, 재능 있는 배우의 연기가 여러분의 영혼에 강한 떨림을 주었을 수도 있습니다. 그 순간 어떤 목소리가 여러분에게 이렇게 외친다고 상상해 봅시다.

"이 비참하고 가장 암담한 빈곤의 집을 보세요. 공포와 고통으로 가득 차 있습니다. 가난한 사람들에게도 자신들의 이상적인 집이 있어야 합니다. 가난과 범죄가 지배하던 지역에서 도덕적 구원의 사업이 진행되고 있고, 사람들의 영혼은 범죄와 무지의 그림자로부터 자유로워지고 있습니다. 그렇기에 이제 어린아이들도 자신들의 '집'을 갖게 되었습니다. 새로운 세대는 더 이상 비참함이 존재하지 않는 새 시대로 나아가야 합니다. 어두운 범죄와 비참함은 과거의 일이 되고 삶에서 흔적도 없이 사라지는 시대를 맞이할 것입니다."

이것이 우리가 경험해야 할 변화입니다. 얼마나 더 서둘러야 할까요? 꿈과 별의 인도를 받은 현자들이 베들레헴을 향해 서둘러 갔듯이 서둘러야 합니다.

저는 여러분이 이 누추한 집이 갖는 커다란 의미와 진정한 아름다움을 잘 알아주셨으면 합니다. 이곳은 낙후된 산 로렌조San Lorenzo 지역에 두 번째로 세워진 어린이의 집이고, 아이들의 행복을 위해 어머니가 마련한 작은 공간과도 같습니다. 산 로렌조 지역의 신문에는 거의 매일 불행한 사건들의 소식들로 가득하지만, 이 지역의 기원에 대해 잘 모르는 사람들이 많습니다. 이곳은 원래 주택을 지으려고 했던 곳이 아닙니다. 실제로 산 로렌조는 중산층이 사는 지역이 아니라 가난한 사람들의 지역입니다. 산업 시설이 없는 도시에서 흔히 볼 수 있듯이, 이 지역에는 저임금 노동자들과 실업자들이 거주하고 있습니다. 수감 생활을 마치고 감시 기간 중에 있는 사람들이 사는 곳이기도 합니다.

산 로렌조 지역은 1884년에서 1888년 사이, 건축 열풍이 불던 시기에 생겨났습니다. 새 건물을 위한 어떤 사회적 또는 위생적인 기준이 존재하지 않았지요. 무계획적으로 세운 벽들이 땅 위를 촘촘히 뒤덮었을 뿐입니다. 더 많은 공간을 덮을수록 은행과 기업들은 더 많은 이익을 챙겼습니다. 그들은 비참한 미래를 전혀 고려하지 않았고, 건물의 안정성에 대해 신경 쓰지도 않았습니다. 1888년에서 1890년 사이에 건설업에 불황이 닥치면서, 이 불행한 집들은 오랫동안 세입자가 없는 상태로 남게 되었지요. 그러다가 주거 공간이 필요해지면서 이렇게 건물들에 가난한 사람들이 살기 시작했습니다. 불행히도 투기꾼들은 건물을 개선하기 위한 투자를 하고 싶어 하지 않았어요. 그래서 처음부터 모든 위생법을 무시하고 세워진 건물들이 임시 거주지로 사용되면서 그 상태가 더 안 좋아졌지요. 결국에는 이 도시에서 가장 가난한 사람들이 모여들게 되었습니다.

방이 다섯 개에서 일곱 개나 되는 이 아파트들은 너무 넓었어요. 크기에 비하면 아주 낮은 가격에 임대되었지만, 여전히 가난한 사람들에게는 비싼 가격이었지요. 그렇다 보니 재임대의 악순환이 생기게 되었습니다. 방이 여섯 개인 아파트를 월 8달러에 임차한 사람이 방 하나에 월 1.5달러 또는 2달러를 지불할 수 있는 사람들에게 임대하고, 방 귀퉁이나 복도는 더 가난한 사람에게 임대해서 자신의 지불한 임대료보다도 더 많은 수입을 챙깁니다. 이 사람에게 생존의 문제는 상당 부분 해결되었다는 것을 의미합니다. 고리대금업을 통해 수입을 늘리는 경우도 많았습니다. 빈곤한 임차인들에게 임대업을 하는 사람은 일반적으로 2달러의 대출에 대해 주당 20센트에 해당하는 이자율로 소액 대출을 했는데, 이는 연간 500퍼센트에 해당하는 이자율이지요.

우리는 가난한 사람이 더 가난한 사람에게 행하는 가장 잔혹한 형태의 고리대금업의 상황에 처해 있습니다. 여기에 비좁은 주거 환경, 난잡함, 부도덕, 범죄라는 악까지 더해집니다. 남자아이들과 여자아이들이 한 방에서 함께 자야 하는 대가족의 현실, 외부인이 방의 한쪽 구석을 차지하고 있고 있는 현실, 그리고 밤마다 남자들을 받아들이는 여자에 대한 기사를 신문을 통해 접할 수 있어요. 이러한 현실이 아이들 눈앞에 펼쳐져 있습니다. 사악한 욕정이 불타올라 우리 눈앞에서 범죄로 이어지고, 비참함의 덩어리에 대한 작은 조각들이 세상에 드러나지요.

이 아파트에 처음 들어가는 사람은 누구라도 놀라움과 공포에 휩싸일 거예요. 가장 먼저 맞닥뜨리는 것은 암흑입니다. 대낮에도 방안에 있는 것들이 하나도 보이지 않을 정도이지요. 눈이 어둠에 익숙해지면 침대의 윤곽이 보이기 시작하고, 그 위에 아픈 사람이 웅크린 채로 누워있는 것이 보입니다. 만약 지원금을 받는다면, 돈을 세고 영수증에 서명하기 전에 먼저 촛불을 밝혀야만 할 거예요. 우리는 사회 문제에 대해 이야기할 때 상상에 의존하여 종종 모호하게 말하고는 합니다. 사실과 상황을 조사하여 현명하게 판단하기 위한 준비를 하지는 않습니다.

우리는 학교에 다니는 아이들의 가정 학습 문제에 대해 진지하게 논의하고, 가난한 사람들이 집에서 공부할 수 있도록 도서관을 만들고자 합니다. 책은 삶의 수준을 높이는 데 영향을 줄 수 있지요. 우리는 가난한 이들에게 책을 보낼 계획을 세우며, 그들이 책을 통해 위생, 도덕, 문화에 대해 배울 수 있기를 바랍니다. 하지만 이런 계획은 그들의 절박한 현실을 너무도 모르고 있다는 것을 보여 줍니다. 그들 대부분은 책을 밝힐 수 있는 불조차도 없으니까요!

오늘날의 사회 운동가 앞에는 가난한 사람들의 지적 능력을 향상시키는 것보다 더 심각한 문제가 놓여 있습니다. 그것은 바로 생존의 문제입니다. 이런 곳에서 태어난 아이들에 관해 이야기할 때에는 관습적인 표현이라도 바꿔야 합니다. 왜냐하면 그들은 '빛을 보지' 않고, 어둠의 세상으로 들어오기 때문입니다. 아이들은 건강하지 못한 그림자에 둘러싸인 채로 자랍니다. 이 아이들의 몸은 더러울 수밖에 없습니다. 또한 이 아파트는 원래 3~4명을 정원으로 만들어졌고, 물의 공급도 그에 맞춰져 있습니다. 수십 명이 산다면 당연히 마실 물도 부족하겠지요.

우리 이탈리아인들은 'casa'라는 단어를 영어 단어 'home'처럼 거의 신성한 의미로 격상시켰습니다. 가정은 사랑으로 가득한 예배당 같은 곳이고, 사랑하는 사람들만 접근할 수 있는 곳이지요. 하지만 집이 없는 사람들에게 이런 개념은 머나먼 이야기입니다. 인간의 가장 원초적인 행위들로 물들어 버린 암울한 벽만 남았습니다. 여기에는 사생활도, 겸손도, 부끄러움도 없습니다. 게다가 빛도, 공기도, 물도 없는 경우가 많지요. 이곳에서 가정에 대한 우리의 생각을 소개하는 것은 잔인한 조롱으로 보입니다. 만일 그렇게 한다면 우리는 실질적인 개혁가가 아니라 망상에 사로잡힌 시인이 될 테지요.

이런 주거 환경이라면 아이들과 거리로 나가서 사는 것이 더 위생적일 것입니다. 그러나 이 거리는 싸움과 비열한 광경이 상상을 초월

할 만큼 넘쳐나는 곳입니다. 신문에는 술 취한 남편에게 쫓기고 살해 된 여성들에 관한 이야기들로 가득합니다. 여자아이들을 때리는 거리의 남자들 때문에 어린 여자아이들은 죽음보다 더 무서운 공포에 떨고 있습니다. 차마 말할 수 없는 일들이 벌어지고 있지요. 여자를 착취하려는 술 취한 남자들이 가련한 여자를 시궁창으로 던지면 동네 아이들이 먹잇감을 찾아 쓰레기 더미를 뒤지는 동물들처럼 주변으로 모여듭니다. 그리고 시궁창에 누워 있는 여자의 몸을 발로 차고, 만신창이가 된 여자를 보고 소리 지르며 웃습니다. 이처럼 잔혹한 광경이 문명의 어머니이자 예술의 중심지로 세계적 인정을 받는 이 도시에서 펼쳐지고 있습니다. 지난 수 세기동안 빈곤층은 고립되었고, 우리는 이 사실을 애써 외면해 왔습니다.

중세 시대에 한센병 환자들은 격리되었습니다. 가톨릭교도들은 히브리인들을 게토Ghetto에 고립시켰습니다. 그러나 빈곤은 격리해야 할 정도로 큰 위험이나 악행으로 여겨지지는 않았어요. 가난한 사람들의 집은 부자들의 집 사이에 흩어져 있었고 이 대조적인 모습은 우리 시대까지 흔하게 볼 수 있었지요. 실제로 제가 어렸을 때 선생님들은 도덕 교육을 위해 가난한 사람들에게 도움을 주는 친절한 왕자나 아픈 이웃에게 음식을 가져다주는 착한 아이들이 그려진 삽화를 자주 보여 주셨습니다.

지금은 이 모든 것이 동화처럼 비현실적이고 인위적인 것으로 보입니다. 가난한 사람들은 더 이상 예의 바르고 가정교육을 잘 받은 부유한 이웃으로부터 배우지 못할 수도 있어요. 절실하게 도움이 필요한 경우에도 도움을 받을 희망이 없을지도 몰라요. 우리는 그들을 우리에게서 더 멀리 떨어뜨려 놓았습니다. 벽도 없는 거리에서 야만과 악행의 고통스러운 교훈을 서로 배우게 방치했습니다. 모든 것이 아름답게 빛나기를 바라면서, 추해 보이거나 병들어 보이는 것들은 무엇이든 밀쳐 냈습니다.

제가 이 거리를 처음 지날 때, 마치 엄청난 재앙이 닥친 도시에 있는 것 같았습니다. 사람들의 얼굴은 창백하고 공포로 차 있었습니다. 거리는 단절되고 부서진 공동체의 삶을 상징하는 듯 조용했지요. 마차도, 노점상들의 유쾌한 목소리도, 몇 푼을 바라고 연주하는 손풍금 소리도 이곳에는 없었습니다. 슬프고 무거운 고요함만이 있었습니다. 깊은 구덩이와 부서진 문간의 계단을 바라보면 거대한 홍수가 땅을 휩쓸고 지나간 것으로 착각할 정도입니다. 하지만 장식이 모두 떨어져 나간 집들과 부서진 벽을 바라보면 아마 지진을 겪은 것이라고 생각할 수도 있어요. 더 자세히 살펴보면 사람들이 빽빽하게 정착한 이 동네에 상점이 보이지 않는다는 사실을 알게 됩니다. 지역 자체가 너무 가난해서 필요한 물건을 사고 파는 시장이 생길 수 없었던 것입니다. 그저 악취를 풍기는 작은 와인 가게만 있을 뿐이지요. 이 모든 것을 보고 나면 사람들에게 고통을 준 재앙은 자연재해가 아니라 '가난'이라는 것을 깨닫게 됩니다.

가난은 범죄라는 동반자와 떼어 낼 수 없습니다. 신문에 보도되는 폭력과 비윤리적인 범죄는 사람들의 시선을 끌고, 자선 활동을 하기 위해 모인 사람들의 마음과 양심을 휘젓습니다. 사람들은 각각의 집에 위생 규칙을 소개하고, 탁아소, 어린이의 집, 진료소를 세우는 등 모든 것이 준비되었다고 말할지도 모릅니다.

그러나 과연 자선이란 무엇인가요? 슬픔의 표현일 뿐이고 행동으로 옮겨진 연민입니다. 이런 자선 활동의 혜택은 크지 않습니다. 지속 가능한 수입이 없고 시설이 부족하다면 혜택은 소수의 사람들에게만 한정될 뿐입니다. 거대하고 만연한 위험으로부터 지역사회 전체를 구원하기 위해서는 광범위하고 포괄적인 작업이 필요합니다. 이 절박한 필요성을 충족시키기 위해 로마 건축 협회는 임무를 시작했습니다. 이 과업이 선진적이고 현대적인 방식으로 진행되는 것은 협회 사무총장인 에도아르도 탈라모 덕분입니다. 그의 계획은 아주 독창적이고 포괄적이면서도 실용적이어서 이탈리아뿐만 아니라, 다른 나라에서도 견줄 만한 것이 없습니다.

협회는 도시의 주택을 개조하여 생산적인 상태로 만들고, 화목한 가정의 아버지처럼 관리할 계획입니다. 첫 번째로 인수한 부동산은 산 로렌조 지역의 상당 부분을 차지했습니다. 이곳에서 협회는 58채의 주택을 소유하고 있습니다. 면적으로는 약 3만 제곱미터에 다다르지요. 1층을 제외하고 1600개의 작은 아파트를 포함하고 있습니다. 수천 명의 사람들이 이러한 방식으로 협회의 혜택을 받게 될 것입니다. 그뿐 아니라, 협회는 낡은 집들을 가장 현대적인 기준에 맞게 개조하는 작업에 착수했습니다. 건물과 관련된 문제인 만큼 위생 및 도덕성과 관련된 사항들에 신경을 많이 썼지요. 건물 구조의 변화는 부동산에 지속적인 가치를 만들었습니다. 이런 개조 작업을 통해 사용자의 생활 편의를 개선하고, 아파트의 임대료를 더 확실한 자산으로 만들 것입니다.

로마 건축 협회는 이상적인 목표를 차차 달성할 수 있는 프로그램을 확정했습니다. 이 사업은 천천히 진행해야 합니다. 주택이 많지 않은 상황에서 아파트를 일시에 비우는 것이 쉽지 않기 때문입니다. 그리고 전체 사업을 지배하는 인도주의적 원칙 때문에 이 재생 사업을 더 빠르게 진행하는 것은 불가능합니다. 그래서 협회는 현재까지 산 로렌조 지역에 단 세 채의 주택만을 개조했습니다. 이 재생 사업의 계획은 다음과 같습니다.

1. 가정집을 만들 목적으로 건설된 것이 아니라 순수하게 상업적으로 지어진 구조의 모든 부분을 철거합니다. 다시 말해, 개조 작업은 중앙 공간을 방해하는 건물의 일부를 허물어 어둡고 환기가 잘 되지 않는 아파트 단지에 공기와 빛이 통하게 합니다. 넓고 통풍이 잘 되는 중앙 공간은 부족한 공기와 햇빛의 문제를 해결하고, 나머지 아파트들을 더 가치 있고 멋지게 만들 것입니다.

2. 계단의 수를 늘리고 방의 공간을 좀 더 실용적으로 분할합니다. 방이 여섯 개 또는 일곱 개인 대형 스위트룸은 방이 한두 개 또는 세 개에 주방을 갖춘 작은 아파트로 개조합니다. 이러한 변화의 중요성은 임차

인의 도덕적, 물질적 복지의 관점뿐만 아니라, 임대인의 경제적인 관점도 고려하였습니다. 세입자는 건물을 청결하게 사용하는 습관과 질서의 습관을 습득할 거예요. 그뿐 아니라, 거주민들이 불필요하게 접촉하는 기회를 줄일 것입니다. 특히, 야간에 말이지요. 윤리적인 측면에서 아주 큰 발전입니다.

큰 건물을 작은 아파트로 나누는 것은 도덕성을 살리는 데 많은 기여를 했습니다. 각각의 가족은 서로 분리되고, 진정한 가정이 되었습니다. 과밀화와 비윤리적인 문제들을 만들었던 재임대의 폐해는 근본적으로 해결되었지요. 한편으로는 임차인의 부담은 줄고, 부동산 소유자의 수입은 늘어나게 됩니다. 재임대에 의한 불법적인 이득이 소유자에게로 돌아갈 테니까요. 방이 여섯 개인 하나의 집을 방한 개와 주방으로 구성된 세 개의 작은 집으로 만들면 임대 수입은 증가할 수밖에 없지요.

이번 개조 사업은 도덕성 회복을 위해 대단히 중요합니다. 난잡한 접촉의 폐해와 기회 상실의 문제를 없앨 뿐 아니라, 사람들 사이에 생기를 불어넣기 때문입니다. 또한 각 가정에서는 서로 간의 친밀함을 느낄 수 있고, 마음속에 따뜻한 감정이 생길 것입니다. 그러나 협회의 사업 목표는 도덕성 회복 그 이상입니다. 임차인에게 제공하는 집은 햇볕이 잘 들고 바람이 잘 통할 뿐만 아니라 완벽하게 정돈되고 수리되어 빛이 날 정도입니다. 마치 순수함과 생기로 가득한 공간과도 같습니다. 그러나 좋은 것에는 항상 책임이 따릅니다. 그것을 누리고자 한다면 말이지요. 거주민은 보살핌과 선의라는 세금을 부담해야 합니다. 깨끗한 집을 받는 세입자는 집을 청결하게 유지해야 하며, 아파트 단지나 내부의 벽을 훼손해서는 안 됩니다. 집을 좋은 상태로 유지하는 사람은 세입자로서 인정과 배려를 받습니다. 따라서 모든 세입자는 위생적인 삶을 위한 고귀한 전쟁에 함께하는 것입니다. 이 전쟁의 목표는 이미 완벽한 상태인 것을 그대로 유지하는 단순한 일이에요.

실제로 새로운 소식이 하나 있습니다. 대략 100명 정도의 관리 직원들이 각 집의 유지 보수를 관리할 것입니다. 거의 완벽한 보살핌이지요. 주민들은 단 하나의 흠집도 없이 집을 완벽한 상태로 유지할 수 있어요. 2년간 건물은 오직 세입자의 보호 아래 있었고, 관리의 책임도 전적으로 세입자의 몫이었지요. 이제 우리들의 집은 이전의 집과 비교할 수 없을 만큼 깨끗하고 생기가 넘칩니다.

실험의 결과는 아주 놀라웠지요. 주민들은 청결에 대한 지식과 함께 가정을 꾸리는 것에 대한 지식을 습득했습니다. 집을 아름답게 꾸미고 싶어 했어요. 협회는 복도와 마당에 식물과 나무를 심는 방식으로 주민들을 도왔습니다. 생산적인 경쟁에 의해서 지역사회에 대한 주민들의 자부심이 싹트기 시작했고, 관리가 잘 된 건물에서 거주하고 생활 수준이 올라가면서 문명인으로서의 자부심도 생깁니다. 사람들은 집에 사는 것뿐만 아니라 거주하는 집을 존중하는 법도 배우게 됩니다. 이런 자극은 다른 개혁으로 이어졌어요. 깨끗한 가정에서 개인의 청결도가 올라간 것입니다. 깨끗한 집에서 더러운 가구는 용납될 수 없지요. 깨끗한 집에서 사는 사람들은 개인적으로도 청결한 삶을 추구하게 됩니다.

협회의 가장 중요한 위생 개혁 중 하나는 욕실의 위생이었어요. 개조된 각각의 아파트 단지에는 냉온수가 나오는 욕실이 있습니다. 모든 세입자들은 이 욕실을 사용할 수 있고, 순서에 따라 마당에 있는 분수대에서 빨래를 할 수도 있지요. 냉온수가 나오는 욕실이 있다는 것은 일반적인 공중목욕탕에 비하면 엄청난 발전입니다. 이렇게 해서 우리는 사람들에게 건강과 품위를 동시에 제공할 수 있었지요. 한때 추한 빈곤의 동굴과 같았던 어두운 주거지에 햇빛과 발전의 문을 열어 준 것입니다.

건물을 반 무상으로 유지한다는 이상을 실현하기 위해 노력하던 협회는 미취학 아동들에 관한 의외의 어려움에 직면했어요. 아이들은 부모가 일하는 동안 하루 종일 혼자 있어야 했습니다. 그들은 집을 잘 관리해야 하는 이유를 모르기에 종종 벽과 계단을 훼손하고는 했지요. 어린이의 집은 주택을 유지 보수하는 비용을 아낄 수 있게 합니다. 오로지 미취학 아이들을 위한 곳이기에 일하는 어머니들이 자녀들을 안전한 곳에 맡길 수 있게 되었어요. 그러나 이런 혜택은 최소한의 보살핌과 선의가 없다면 받을 수 없습니다. 벽에는 이런 규칙이 게시되었어요.

어머니들은 아이들을 청결한 상태로 어린이의 집에 보내야 하고, 교사와 함께 교육 활동에 협조해야 할 의무가 있습니다.

즉, 자신의 자녀를 신체적, 도덕적으로 보살펴야 하는 두 가지 의무입니다. 만약 아이가 집에서 배운 태도가 학교의 교육을 방해하고 있다고 판단되면, 아이는 집으로 다시 보내질 것입니다. 부모에게 어떻게 좋은 기회를 활용해야 하는지 알려 주기 위해서입니다. 다시 말해서, 부모는 어린 자녀를 위한 학교의 혜택을 받을 자격이 있다는 것을 증명해야 합니다.

이런 혜택을 받을 수 있는 자격을 증명하는 것은 협회의 요구를 충족시키고자 하는 '의지'만 있다면 충분해요. 교사는 부모들을 가르칠 준비가 되어 있습니다. 규정에 따르면 어머니는 적어도 일주일에 한 번은 교사에게 아이에 대해 직접 설명하고, 상담을 받고, 교사가 제공하는 조언을 받아들여야 합니다. 이러한 조언이 아이의 건강과 교육에 가장 큰 도움이 될 것이라는 것은 의심할 여지가 없지요. 어린이의 집에는 교사뿐만 아니라 담당 의사도 배정되니까요. 교사는 항상 어머니와 같은 역할을 합니다. 교육을 받았으며 교양이 있는 사람이고, 아파트 단지에 함께 거주하기 때문에 언제나 주민들에게 본보기가 됩니다. 이는 엄청나게 중요한 사실입니다. 교사는 아이들을 가르칠 뿐 아니라 주민들이 사는 삶을 함께하기 위해 이곳에 왔고, 교양인이자 교육 전문가로서 사람들을 돕는 데 자신의 시간과 삶을 헌신하고 있지요.

이 집은 진정으로 새롭습니다. 실현 불가능한 꿈처럼 보였지만, 시도한 적은 있습니다. 인도주의적 사람들이 가난한 사람들과 생활하며 교화시키려는 시도가 이전에도 있었지요. 그러나 가난한 사람들의 집이 위생적이지 않다면, 현실적이지 않은 방법은 성공할 수 없습니다. 또한 더 나은 삶을 위한 공동의 이익이 세입자 모두를 하나로 만들 수 있어야만 했어요.

이 주거 지역은 어린이의 집이라는 교육기관이 있기 때문에 새롭습니다. 이곳은 수용소처럼 단순히 아이들을 데리고 있는 곳이 아니라, 아이들의 교육을 위한 진정한 학교입니다. 과학적인 교육 원리에 따라 아이들을 가르치지요. 아동의 신체 발달에 따라서 언어 연습, 체계적인 감각 훈련, 실생활에 직접적으로 적용할 수 있는 교육 활동이 제공됩니다. 다양한 교구를 이용해 아이들을 과학적으로 가르칠 것입니다. 이 모든 것을 자세히 이야기할 수는 없지만, 욕실에서의 활동이 학교와 관련 있다는 것은 꼭 말하고 싶습니다. 아이들은 욕실에서 냉수와 온수를 사용하여 손, 얼굴, 목, 귀를 씻는 법을 배울 거예요. 협회는 아이들이 공동으로 채소를 키울 수 있는 땅도 제공해 주었습니다.

하나의 교육기관으로서 어린이의 집이 달성한 교육학적 진보에 대해서도 말하고 싶어요. 학교의 주요 문제에 정통한 사람들은 실현 가능성이 거의 없는 대원칙에 관심이 많습니다. 즉, 교육의 목적으로서 가정과 학교의 결합이지요. 가정은 항상 학교와는 멀리 떨어져 있었습니다. 거의 언제나 학교의 이상에 저항하는 것처럼 보였지요. 가정은 학교가 절대 손댈 수 없는 유령과 같았고, 교육의 진보뿐만 아니라 종종 사회의 진보에도 닫혀 있었어요. 하지만 이제 처음으로, 오랫동안 이야기해 온 이상적 교육의 실현이 눈앞에 보입니다. 우리는 집 안에 학교를 두었지만, 이것이 전부는 아니에요. 우리는 학교를 공동체의 재산에 포함시켰고, 부모는 교사의 활동을 직접 눈으로 볼 수 있습니다.

학교를 이렇게 공동체 안에서 소유하는 것은 신선하고 훌륭하며 교육적으로도 아주 유용합니다. 부모는 어린이의 집이 자신들의 공유 자산이며 임대료의 일부로 유지된다는 것을 알고 있습니다. 어머니들은 하루 중 언제라도 학교 생활을 볼 수 있어요. 부모의 이런 활동은 모든 면에서 반복적인 자극이며 아이들에게는 축복입니다. 어머니들은 어린이의 집과 교사에 깊은 애정을 가지고 있어요. 어린 자녀들의 교사에게 섬세하고 사려 깊은 관심을 보여 주고 있거든요. 어머니들은 종종 조용히 학교 창턱에 사탕이나 꽃을 두고 가기도 합니다.

이렇게 3년간의 수련 기간이 지나면 아이들은 학교에 입학하지요. 아이들은 학교 생활을 잘할 수 있도록 준비될 것입니다. 어머니들은 스스로의 노력을 통해서 아이들을 교육시킨 것에 자랑스러워할 만합니다. 교육기관으로서 어린이의 집이 이룬 업적은 과학적인 교육학과 관련이 있고, 새로운 교육학은 교육을 근본적으로 변화시키는 몇 가지 긍정적인 문제를 다루고 있어요.

인간은 생물학적인 존재일 뿐만 아니라 사회적인 존재입니다. 교육 과정에서 개인들의 사회적 환경은 가정이지요. 그래서 가정의 사회화는 중요합니다. 과학적 교육학이 새로운 세대가 성장하는 환경을 개선할 수 없다면, 새로운 세대를 발전시키는 노력은 헛수고가 되겠지요. 집을 새로운 진리의 빛과 문명의 진보에 개방함으로써 새로운 세대의 환경을 직접적으로 개선할 수 있었습니다. 과학적 교육학의 기본적인 원리들을 실용적으로 적용할 수 있었다고 믿습니다. 아이들을 한 지붕 아래에 둘 수 있다는 것은 안전할 뿐만 아니라 편리합니다. 집에는 모든 필요한 것들이 다 있으니까요. 그리고, 주택단지의 모든 어머니들은 편안한 마음으로 일터로 나갈 수 있다는 특권을 누린다는 점을 기억해야 합니다. 여태껏 사회에서 오직 한 계층만이 이러한 이점을 누릴 수 있었지요. 부유한 여성들은 아이들을 보모나 가정교사에게 맡겨 두고 다양한 활동을 할 수 있었습니다. 이제 우리의 어머니들은 이렇게 말할 수 있습니다. "아이는 교사에게 맡기고 왔어요"라고 말이지요. 이뿐만이 아닙니다. "주치의가 아이들이 잘 자라는지 살펴보며 지도하고 있지요"라고 한마디 더 할 수 있어요. 아울러 영국과 미국의 상류층 어머니들처럼 아이들의 생활기록부를 제공받습니다. 생활기록부는 교사와 의사가 학부모를 위해 작성하고, 아이의 성장과 상태에 관한 가장 실질적인 정보를 제공합니다.

우리 모두는 일반적인 환경을 공동체적으로 변화시키면 생기는 보편적인 장점에 대해 잘 알고 있습니다. 예를 들어, 철도 객차, 가로등, 전화의 공동 사용은 모두 큰 장점이 있지요. 산업화는 유용한 물건들을 대량 생산할 수 있게 했어요. 모두가 깨끗한 옷, 카펫, 커튼, 다양한 요리, 좋은 식기 등을 이용할 수 있게 되었지요. 이러한 혜택은 일반적으로 사회적 계급을 평준화하는 경향이 있어요. 우리는 이 모든 것을 현실에서 보았습니다. 그러나 사람을 공유하는 것은 전에 본 적이 없지요. 종업원, 간호사, 교사의 서비스로부터 혜택을 받는 것이야말로 현대적인 이상입니다.

어린이의 집은 이탈리아에서 유일하게 이 이상을 실천했습니다. 이 일이 의미가 있는 것은 시대의 요구에 부합하기 때문이지요. 아이를 보살피고 교육하는 일은 가장 중요한 자연적, 사회적 의무입니다. 이제 더 이상 이렇게 중요한 의무를 소홀히 하지 않아도 됩니다. 오늘날 사회 경제적 발전이 여성에게도 노동할 것을 요구하면서, 여성의 가장 소중한 의무를 강제로 빼앗아 가고 있어요. 아이들을 방치하는 것은 어머니에게는 큰 고통입니다. 어린이의 집과 같은 교육 기관이 제공하는 혜택은 노동 계급에 국한되지 않고 일반 중산층으로 확장될 것입니다. 실제로 어린이의 집이 처음 발표된 후 이러한 유용한 제도를 확장해달라는 요구가 쇄도했어요.

우리는 가정 내에서 여성의 의무인 '어머니의 역할'을 공유하고 있어요. 여기에서 우리는 해결이 불가능해 보였던 여성의 고충이 실천적인 운동을 통해 해결되는 것을 볼 수 있습니다. "여성이 가정을 떠나면, 가정은 어떻게 됩니까?"라고 묻는 사람이 있을 것입니다. 가정은 변형되어 여성의 역할을 맡을 것입니다. 나는 미래 사회에는 다른 형태의 공동체적인 삶이 등장할 것이라고 믿어요. 예를 들면, 여성은 가정에서 소중한 사람들을 위한 간호사의 역할도 맡습니다. 하지만 요즘에는 여성들이 아픈 가족을 두고 일하러 가야 하는 경우가 많지요. 경쟁은 치열합니다. 일자리를 비우는 것은 가족을 부양하기 위해 필요한 일자리를 위협합니다. 공동의 진료소에 아픈 가족을 둘 수 있고, 편한 시간에 와서 볼 수 있으며, 밤에 돌볼 수 있다면 여성들에게 큰 도움이 될 것이 분명하지요. 그리고 가정 위생 문제에 있어서 큰 발전을 이루었습니다. 한 아이가 전염병에 걸려서 다른 아이들과 격리해야 할 때 가난한 가정의 어려움을 모르는 사람이 있나요? 친척이나 친구가 없는 사람은 누구에게 아이들을 맡겨야 할까요? 공동 주방은 멀리 떨어져 있지만 접근이 불가능하지는 않습니다. 아침에 주문한 저녁 식사가 적합한 시간에 소형 승강기를 이용하여 집으로 보내집니다. 이런 개혁은 중산층 가정에 가장 큰 혜택이 될 것입니다. 현재로서는 그러한 경우에 유일한 대안은 카페에서 외식을 하는 것뿐이지요.

여성이 임금 노동자가 되면서 가정에는 여성의 공백이 발생합니다. 개조된 주택은 이 공백을 메우는 역할을 합니다. 또한 그동안 필요했던 것들, 예를 들면 학교, 공중목욕탕, 병원의 역할도 하게 됩니다. 따라서 비행과 위험의 장소로 여겨지던 공동 주택이 교육, 교양, 안락함의 중심지로 바뀔 것입니다. 아이들을 위한 학교뿐만 아니라 유쾌

하고 점잖게 저녁 시간을 보내고 싶은 거주민을 위한 모임과 독서실까지 생긴다면 도움이 되겠지요. 주택 단지 내 모임은 모든 사회 계층에 유용할 거예요. 도박장과 술집이 사라지면 도덕적으로도 좋습니다. 협회는 산 로렌조 지역의 공동 주택 단지 내에 이런 모임들을 만들 예정입니다. 주민들은 신문과 책을 읽거나 쉽고 유용한 강좌를 들을 수도 있지요. 그러면, 우리는 여성의 변화된 사회적 경제적 조건 때문에 발생할 수 있는 가정의 해체를 걱정하지 않아도 됩니다. 가정은 그 자체로 어머니의 부드러운 여성적 속성을 가지고 있어요. 이제 세입자는 집주인에게 일정 금액을 주는 대가로 삶의 안락함을 위해 필요한 것은 무엇이든 받을 수 있는 날이 올 것입니다. 다시 말해, 행정은 가족을 위한 관리자가 될 것입니다.

그렇게 생각하면 집은 '가정'이라는 표현을 뛰어넘은 의미로 진화합니다. 집은 벽으로만 이루어져 있지 않아요. 물론 벽이 가족의 친밀함을 지켜 주기는 하지만, 가정은 그 이상이에요. 가정은 살아있고, 영혼이 있어요. 부드러운 여성의 팔로 가족들을 안고 있는 것과 같습니다. 가정은 도덕적 삶과 축복을 제공합니다. 어린아이들에게 보살핌과 교육과 음식을 주지요. 피곤한 노동자는 휴식을 취하고 삶의 새로움을 찾게 됩니다. 가족의 친밀함과 행복을 느낄 것입니다. 여성은 남성과 마찬가지로 개별적인 존재이고, 자유로운 인간이며 사회적 노동자가 될 것입니다. 여성도 남성처럼 가정 안에서 축복을 구하고 휴식을 취할 것입니다.

'어린이의 집'의 규칙

1. 로마 건축 연합은 공동 주택 안에 어린이의 집을 설립합니다. 세입자 가정에 있는 모든 미취학 아동이 함께 모입니다.

2. 어린이의 집의 주요 목적은 일 때문에 집을 비워야 하는 부모의 자녀에게 부모가 줄 수 없는 개인적인 보살핌을 무료로 제공하는 것입니다.

3. 어린이의 집에서는 아이들의 교육, 건강, 신체적, 도덕적 발달에 주의를 기울입니다. 이 활동은 아이들의 나이에 맞는 방식으로 진행됩니다.

4. 어린이의 집에는 교사, 의사 및 관리인이 있습니다.

5. 어린이의 집에서 제공하는 프로그램과 시간은 교사가 정합니다.

6. 어린이의 집은 공동 주택에 거주하는 3세에서 7세 사이의 모든 아이들에게 허용됩니다.

7. 어린이의 집에서 제공하는 혜택을 받으려는 부모는 비용을 지불하지 않습니다. 그러나 다음과 같은 의무를 반드시 지켜야 합니다.

- 아이들의 몸과 옷을 청결히 하고 정해진 시간에 아이들을 보내야 합니다. 아이들이 사용할 앞치마를 준비해서 아이와 함께 보내야 합니다.

- 교사 및 어린이의 집과 관련된 모든 사람들을 최대한 존중해야 하며, 아이의 교육에 있어 교사와 협력합니다. 적어도 일주일에 한 번, 어머니는 교사와 상담하여야 하며 자녀의 가정생활에 관한 정보를 제공하고 도움이 되는 조언을 받을 수 있습니다.

8. 아래의 경우 어린이의 집에서 추방될 것입니다.

- 씻지 않았거나 더러워진 옷을 입고 있는 아이들

- 교정이 불가능할 정도로 구제불능인 행동을 하는 사람

- 어린이의 집 관계자에게 해를 끼치는 부모, 또는 교육 활동을 부정한

  행위로 방해하는 사람

Chapter
4

어린이의 집에서
이루어지는 교육

아이들을 가르칠 학급이 생긴다는 것을 알았을 때, 이곳에서 과학적인 교육 원리와 아동심리학을 적용해 아이들을 가르치고 싶었습니다. 저는 실험과 관찰을 중시한 분트Wundt의 관점에서 시작했습니다. 프라이어Preyer, 볼드윈Baldwin의 연구와 같은 아동기에 관한 실험적 연구는 두세 명 이하의 아이들을 대상으로 진행되었고, 이들은 대개 연구자의 자녀들이었지요.

심리 검사의 도구는 아이들에게 사용하기 전에 크게 수정하고 단순화시켜야 합니다. 아이들은 수동적으로 실험의 대상이 되지 않거든요. 아동심리학은 외부 관찰의 방법을 통해서만 가능합니다. 내적인 상태를 기록하겠다는 생각은 애초에 버려야 합니다. 내적 상태는 오직 실험 대상자 자신의 성찰에 의해서만 드러날 수 있으니까요. 교육학에 적용되는 심리 검사 도구는 지금까지 감각을 측정하는 단계에 머물러 있을 뿐입니다.

저는 다른 연구자들의 연구를 계속 참고하는 동시에, 어떠한 종류의 선입견도 없이 이전 연구와는 독립적인 연구를 하고자 하였습니다. 분트는 "실험심리학의 모든 방법은 하나로 모아진다. 즉, 실험 대상을 주의 깊게 관찰하고 기록하는 것이다"라고 정의했습니다. 이 정의만큼은 꼭 지키려고 했지요. 또한 어린이를 연구할 때 반드시 고려해야 하는 부분이 바로 발달에 대한 연구입니다. 저는 여기에서도 동일한 기준을 유지했습니다. 아동의 연령별 활동에 관하여 어떠한 원칙에도 집착하지 않았어요.

인류학적인 관점에서의 고려 사항

신체 발달과 관련해서는 인체 측정학적인 관찰법을 정하는 것과 가장 중요하게 관찰해야 하는 요소를 선택하는 것이 중요했습니다. 저는 미터법을 따르는 인체 측정기를 고안했는데, 0.5미터에서 1.5미터 사이에 눈금이 있습니다. 앉은키를 측정하기 위해 높이 30센티미터의 작은 의자를 인체 측정기의 바닥에 놓을 수 있지요. 인체 측정기를 지지하는 기둥의 양쪽 옆에 받침대를 붙이면 좋습니다. 한쪽에서는 전체 키를 측정하고 다른 한쪽에서는 앉은키를 측정할 수 있거든요. 그리고 의자의 높이와 일치하는 30센티미터 높이에 0으로 표시합니다. 의자는 고정되어야 해요. 수직 기둥의 눈금은 반대편에 있는 눈금과 다른 것이기 때문에 동시에 2명의 키를 측정할 수 있습니다. 이렇게 하면 좌석을 이리저리 움직여야 하는 불편함과 시간 낭비가 없고, 눈금의 차이를 계산해야 하는 번거로움도 사라지지요.

이와 같이 연구 방법을 용이하게 만들고 나서 아이들의 키와 앉은키를 매월 측정하기로 결정했어요. 이처럼 발달과 관련된 측정들을 가능한 정확하게 통제하고, 교사의 연구에 규칙성을 부여하기 위해 아이의 생일을 기준으로 한 달마다 측정하는 규칙을 만들었어요. 이런 목적으로 아래와 같이 정리된 측정 기록표를 만들었습니다. 각 숫자의 맞은편에 있는 공백에는 그 달의 날짜에 태어난 아이의 이름을 기록합니다. 따라서 교사는 달력에 표시된 날짜에 어느 아이를 측정해야 하는지 알게 되고, 아이가 태어난 달에 측정값을 기입해요. 이런 식으로 하면 교사는 부담이나 피곤함을 느끼지 않고 가장 정확하게 기록할 수 있어요.

일	9월		10월	
	신장		신장	
	선키	앉은키	선키	앉은키
1				
2				
3				
4				
기타				

아이의 체중은 탈의실에 있는 체중계로 매주 측정하도록 했습니다. 태어난 날에 따라 월요일, 화요일, 수요일 등 목욕할 준비가 되었을 때 측정합니다. 따라서 아이들의 목욕은 7일로 세분화되며, 매일 세 명에서 다섯 명씩 목욕을 하게 됩니다. 한 반에 50명이라고 생각하면 목욕은 결코 간단한 문제가 아닙니다. 이론적으로는 매일 목욕

하는 것이 바람직하지만, 이렇게 하려면 많은 아이들이 한 번에 목욕할 수 있는 큰 목욕탕이나 여러 개의 작은 목욕탕이 필요해요. 일주일에 한 번 목욕하는 것조차 어려움이 따르며, 때로는 하지 못할 때도 있지요. 어쨌든 정기적으로 목욕을 하도록 정해진 순서대로 체중을 측정하도록 했어요. 여기에 제공된 양식은 아이들의 체중을 적는 기록부입니다. 기록부의 모든 페이지는 한 달에 해당합니다. 방금 설명한 것들은 교사가 직접 측정하고 기록해야 하는 유일한 것들입니다. 그러므로 반드시 학교 안에서 측정해야 하는 것이지요. 다른 것들은 의사가 수행해야 한다는 것이 제 계획입니다. 그 동안에는 제가 직접 할 것입니다.

	9월			
	1주	2주	3주	4주
월요일				
화요일				
수요일				
기타				

의사가 실시하는 검사는 분명히 복잡한 것들일 수밖에 없어요. 이러한 측정을 용이하게 하고 규칙화하기 위해 아래와 같이 차트를 만들어서 인쇄했습니다. 앞으로 알게 되겠지만 이 차트는 매우 간단합니다. 의사와 교사가 자유롭고 독립적으로 사용할 수 있기를 원했기 때문에 그렇게 만들었습니다.

번호 _____ 날짜 _____
이름 _____ 나이 _____
부모 이름 _____ 어머니 나이 ____ 아버지 나이 ____
직업 _____
가족력 _____
_____
_____
_____

개인 병력 _____
_____
_____
_____
_____

신체 측정 기록

신장	몸무게	가슴둘레	앉은키	신장지수	비만지수	머리			
						둘레	이마 -뒤통수 길이	머리 폭 길이	두개 계수

체격 _____
근육 상태 _____
피부색 _____
모발색 _____

기록

_____
_____
_____
_____

- 신장지수는 앉은키와 선키를 조합하여 구함
- 비만지수는 신장과 몸무게를 조합하여 구함

이런 방식으로 하면 인체 측정 기록이 일목요연하게 정리가 됩니다. 단순 명료하게 기록하면 기본적으로 해야 하는 관찰을 잘할 수 있게 도와주지요. 의사의 차트를 참고하여 가슴둘레, 머리의 가로 세로 비율, 비만도 지수, 신장을 1년에 한 번씩 측정하게 합니다. 의사는 해당 아동의 나이가 1년을 채우게 되는 그 주week 또는 그 달 month 안에 이러한 측정을 마쳐야 해요. 가능하다면 생일에 하도록 합니다. 이러한 규칙성은 의사의 과업을 더 쉽게 만들지요. 우리 학교에는 많아야 50명 정도의 아이들이 있어요. 아이들의 생일은 365일에 걸쳐 분산되어 있으므로 의사의 업무 부담을 줄일 수 있습니다. 아이들의 생일을 의사에게 알려 주는 것은 교사의 일이지요. 이렇게 아이들의 신체를 측정하는 것은 교육적인 측면도 있습니다. 아이들은 어린이의 집을 떠날 때 다음 질문에 명확하고 확실하게 대답할 수 있게 됩니다.

무슨 요일에 태어났습니까?
몇 월 며칠에 태어났습니까?
당신의 생일은 언제입니까?

그리고 이 모든 것을 통해 아이들은 질서의 습관을 가지게 될 것이며, 무엇보다도 그들은 스스로를 관찰하는 습관을 가지게 됩니다. 실제로, 아이들은 이런 측정을 재미있어 합니다. 교사가 '키'라는 단어를 말하면 아이들은 바로 신발을 벗기 시작해요. 소리 내어 웃으면서 인체 측정기의 받침대 위로 뛰어올라갑니다. 교사가 눈금을 읽고 기록만 하면 될 정도로 아이는 아주 완벽하게 딱 맞게 섭니다.

의사는 일상적인 측정 이외에도 아이의 피부색, 근육 상태, 림프샘 상태, 혈액 상태 등을 관찰합니다. 의사는 모든 기형들을 관찰하고 병리학적 상태를 주의 깊게 상세히 기록합니다. 예를 들면 구루병, 마비, 시력 장애 등을 앓을 위험이 있는지 설명하지요. 아동에 대한 이런 객관적인 연구는 의사가 아이의 상태에 관해 부모와 상담할 때 지침이 됩니다. 그런 다음, 필요하면 가정의 위생 상태를 철저하게 검사하고 처방을 내립니다. 주택 단지 내에 진료소가 있으면 이런 후속 활동에 큰 도움이 되고, 직접적인 치료와 지속적인 관찰이 가능해집니다.

진료소에 오는 부모에게 하는 질문들이 학교에서 사용하기에는 적합하지 않다는 것을 깨달았습니다. 왜냐면 가족들의 건강은 대부분 정상이니까요. 그래서 교사는 부모와의 대화에서 좀 더 실질적인 정보를 수집해야 합니다. 교사는 부모의 교육, 습관, 수입, 생활비 등을 스스로 알아내고, 르 플레이Le Play가 사용하는 순서대로 정리합니다. 물론, 이 방법은 교사가 아이들의 가족들 가까이에 거주하는 경우에만 가능합니다. 하지만, 위생에 관한 일반적인 지시 사항뿐만 아니라 개별적인 아이의 위생 관리에 관한 의사의 조언은 부모에게 큰 도움이 될 거예요. 교사는 이러한 문제에서 중재자 역할을 해야 합니다. 부모들은 교사를 신뢰하고, 교사가 그런 조언을 하는 것은 아주 자연스러우니까요.

교실의 환경

관찰 방법은 당연히 아이들의 신체 성장에 대한 체계적인 관찰을 포함해야 합니다. 다만 이런 요소가 필수적으로 들어가더라도, 특정한 종류의 관찰법만을 사용하는 것은 아니라고 다시 한번 말하고 싶습니다. 관찰법의 근본적인 원리는 자발적인 표현에 있어서 아이들의 자유이지요. 이런 관점에서 교실 환경 문제에 먼저 관심을 돌렸어요. 물론 여기에는 교실의 가구들도 포함됩니다. 저는 어떤 새로운 것 대신, 정원을 위한 공간이 있는 넓은 운동장을 고려하였습니다. 정원은 학교의 환경에서 중요한 부분을 차지하는 요소이니까요. 교실과의 직접 소통이 가능하다는 면에서 열린 공간을 사용하고자 한 생각은 참신했던 것 같습니다. 아이들이 온종일 원하는 대로 자유롭게 오고 갈 수 있으니까요. 이에 대해서는 나중에 더 자세히 이야기하겠습니다.

학교 가구 문제에 있어서 변화의 핵심은 책상과 고정 의자를 없애는 일입니다. 탁자의 다리는 팔각형으로, 탁자를 단단하게 지탱하는 방식으로 넓게 펼쳐져 있지요. 그리고 아주 가벼워서 네 살짜리 아이 둘이서도 쉽게 나를 수 있을 정도예요. 탁자는 직사각형이고 긴 쪽에서 아이 둘이 자리를 차지할 수 있는 정도로 충분히 넓습니다. 바짝 당겨서 앉으면 세 명도 가능합니다. 아이가 혼자 작업할 수 있는 작은 탁자와 의자들도 만들었어요. 의자의 경우, 처음에는 대나무나 갈대로 만들었는데 앉는 자리가 너무 잘 해어져서 전체를 나무로 만들었지요. 이 의자들은 아주 가볍고 모양도 예쁩니다. 여기에, 각 교실마다 편안한 안락의자도 여러 개 가져다 놓았어요. 나무로 된 것들도 있고 고리버들로 만든 의자도 있습니다.

화장실의 세면대는 세 살 된 아이도 사용할 수 있을 정도로 높이가 낮아요. 흰색 에나멜을 칠한 대야와 주전자를 보관하는 넓은 선반 옆에는 작은 선반들도 있습니다. 비누 접시와 손톱 솔, 수건 등을 놓는 곳이에요. 가능하다면 아이들이 비누, 손톱 솔, 칫솔 등을 보관할 수 있는 작은 수납장도 제공합니다.

각 교실에는 교구를 보관하는 길고 낮은 수납장이 제공됩니다. 이 수납장의 문은 쉽게 잘 열리며, 교구의 관리는 아이들에게 맡깁니다. 수납장의 상단은 화분, 어항 또는 아이들이 자유롭게 가지고 놀 수 있는 다양한 장난감들을 두는 공간입니다. 칠판을 위한 공간도 충분해요. 칠판은 가장 키가 작은 아이도 쉽게 사용할 수 있는 높이에 매달려 있습니다. 각 칠판에는 분필을 보관할 수 있는 작은 상자와 흰색 천이 함께 제공됩니다.

칠판 위에는 아이들이 자연스럽게 관심을 가질 만한 매력적인 그림들이 엄선되어 걸려 있습니다. 로마에 있는 어린이의 집에는 라파엘Raphael의 〈의자에 앉은 성모 마리아Madonna della Seggiola〉를 걸었습니다. 어린이의 집을 상징적으로 잘 보여 주기에 선택한 그림이지요. 어린이의 집은 사회적 진보뿐만 아니라 인류의 진보를 나타내고, 모성애, 여성의 발전 및 육아와 밀접하게 관련되어 있습니다. 이런 아름다운 관점에서 라파엘은 위대한 아기를 품에 안고 있는 신성한 어머니로서의 성모 마리아를 우리에게 보여 주었을 뿐만 아니라, 인간애를 대표하는 성 요한의 모습도 함께 보여 줍니다. 이 아름다운 상징성과 더불어 이 그림은 이탈리아의 위대한 예술 작품들 중 하나라는 가치를 가지고 있지요. 그리고 어린이의 집이 전 세계에 생기는 날이 오면 라파엘의 이 그림이 각 학교에 걸리고, 이 학교가 시작된 나라를 감동적으로 알려 주었으면 하는 것이 우리의 바람입니다. 물론 아이들은 〈의자에 앉은 성모 마리아〉가 상징하는 의미를 이해할 수 없습니다. 하지만, 평범한 그림들을 보고 느끼는 것보다 더 아름다운 무엇인가를 볼 수 있을 거예요. 이것이 우리가 교육할 아이들을 위해 만든 환경입니다.

과거의 훈육 방법에 익숙한 사람들이 첫 번째로 내세우는 반대 의견을 알고 있습니다. 아이들이 돌아다니면서 작은 탁자와 의자를 요란하게 뒤집으며 엉망진창으로 만들 것이라고 생각하겠지요. 이것은 아이들을 대하는 사람들이 오랫동안 마음속에 가지고 있는 편견이지만, 실제로는 아무런 근거가 없어요. 포대기는 수백 년 동안 갓난아기에게 꼭 필요한 것으로 여겨져 왔지요. 걷는 법을 배우는 아이에게는 보행 의자가 필요합니다. 그래서 학교에서는 여전히 무거운 책상과 의자를 바닥에 고정해야 한다고 믿고 있지요. 아이는 움직임이 없는 상태에서 자라야 한다는 생각과, 어떤 교육적인 활동을 하기 위해 몸을 특별한 자세로 유지해야 한다는 이상한 편견에 근거하고 있어요. 마치 기도할 때 특별한 자세를 취해야 한다고 믿는 것과 같습니다.

어린이의 집 아이들이 사용하는 탁자와 의자들은 작고 가벼워서 쉽게 옮길 수 있어요. 아이들은 스스로 가장 편안한 자세로 앉아서 작업합니다. 만약 아이가 어색하게 움직여서 의자가 뒤집어지고 바닥에 시끄럽게 쓰러지면, 아이는 자신의 부족함을 똑똑히 알게 됩니다. 만약 고정된 의자였다면 아이는 자신의 부족함을 알아채지 못하고 지나쳤을 거예요. 따라서 아이는 스스로를 고칠 수 있는 어떤 수단을 갖게 됩니다. 아이는 스스로 움직임을 통제하는 법을 배웠다는 것을 분명히 알 수 있어요. 낡은 교육 방법에서 훈육의 증거는 이와는 완전히 반대되는 사실에 있습니다. 즉, 아이는 움직이지 않고 조용히 가만히 있어야 한다는 것이죠.

아이의 움직임을 제한하고 조용히 있게 한다면, 아이는 우아하고 분별력 있게 움직이는 방법을 배우지 못합니다. 훈련되지 되지 않았기 때문에 아이는 가벼운 가구들을 넘어뜨리면서 움직일 수밖에 없었지요. 어린이의 집에서 아이는 우아하고 적절하게 움직이는 법을 배울 뿐만 아니라 그러한 움직임의 이유를 이해할 수 있어요. 여기에서 습득한 이동 능력은 평생토록 유용할 것입니다. 아직 어린아이이지만 스스로 바르게 행동하고 자유롭게 움직일 수 있어요. 밀라노 어린이의 집에 있는 교사는 창문 아래에 길고 좁은 선반을 설치했어요. 그 선반 위에 작은 탁자들을 세워 놓고, 첫 수업 시간에 사용한 기하학적 금속 도형들을 그 위에 두었지요. 선반의 폭은 아주 좁았어요. 아이들이 사용하고 싶은 도형 조각들을 고를 때 작은 탁자가 바닥에 떨어지는 일이 종종 생겼습니다. 탁자와 금속 도형 조각들이 시끄러운 소리를 내면서 바닥에 떨어질 수밖에 없었지요. 교사는 선반을 바꾸려고 했지만 목수가 오지 않아서 고치지 못하고 있었습니다. 그런데 목수가 오기를 기다리는 동안, 아이들은 이 물건들을 조심스럽게 다루는 방법을 배우게 되었어요. 선반이 좁고 기울어져 있어도 작은 탁자들은 더 이상 바닥에 떨어지지 않았습니다. 아이들은 조심스럽게 동작을 조절하면서 이 가구의 결함을 극복한 것입니다. 외부 세계에 있는 물건들이 단순하고 불완전하면 아이들의 움직임과 손재주를 발달시키는 데에 도움이 됩니다. 이 모든 것은 아주 논리적으로 보입니다.

2부

어린이를 위한 교육 방법

Chapter
1

훈육

관찰은 아동의 자유에 근거를 두고 있고, 자유는 활동입니다. 훈육은 자유를 통해 이루어져야 합니다. 자유로운 분위기 속에서 어떻게 훈육이 이루어질 수 있을까요? 확실히 우리의 교육 방법 속 훈육은 일반적으로 받아들여지는 개념과는 매우 다릅니다. 자유를 기초로 한 훈육은 반드시 능동적이어야 해요. 한 개인이 음소거가 된 것처럼 인위적으로 조용해지고, 마비된 듯 움직이지 않는다면 그 사람은 훈육된 것이 아니라 소멸된 것입니다. 스스로가 주인이 되고, 삶의 규칙을 따라 행동하며 자신의 행동을 통제할 수 있을 때 훈육된 사람이라고 할 수 있지요. 이러한 능동적 훈육의 개념은 이해하기도, 적용하기도 쉽지 않습니다.

이런 개념은 확실히 교육적인 대원칙을 포함합니다. 과거의 절대적인 강제성의 원칙과는 완전히 달라요. 이러한 훈육의 길로 아이를 이끌고자 하는 교사에게는 특별한 기술이 필요해요. 아이가 스스로 바로잡으며 살 수 있도록 도와주려면 말이지요. 아이는 가만히 앉아 있는 것이 아니라 움직이면서 배웁니다. 습관과 연습을 통해 사회 또는 공동체 생활의 간단한 행동 규칙들을 쉽고 정확하게 수행할 수 있게 되지요. 아이의 습관이 된 훈육은 학교라는 환경에 한정되지 않고 사회까지 확장됩니다.

아동의 자유는 집단적 이익을 해치지 않는 선에서 이루어져야 바른 교육이 될 수 있습니다. 아이의 행동이 다른 사람의 기분을 상하게 하거나, 거칠고 무례하지 않은지 확인해야 합니다. 그렇지 않다면 어떤 표현이든 허용되어야 하고, 교사는 아이들의 행동을 관찰해야 합니다. 여기에 핵심이 있습니다. 교사는 과학적 준비를 통해 현상을 관찰할 수 있는 능력뿐 아니라 열망도 갖추고 있어야 합니다. 또한 능동적이기보다는 수동적이어야 하고, 과학적 호기심과 관찰하고자 하는 현상에 대한 절대적인 존경심이 있어야 합니다. 교사는 관찰자로서의 자신의 위치를 이해하고 그 현상 안에 스며들어야 합니다.

어린아이들을 돌보는 학교에는 자유라는 원칙이 꼭 필요합니다. 아이가 막 활동을 시작할 때 자발적인 행동을 억압하면 어떠한 결과가 생길지 알 수 없어요. 아마도 삶 그 자체를 질식시킬지도 모릅니다. 인간성은 이처럼 연약한 시기 동안에 엄청난 모습을 보여 줍니다. 마치 태양이 새벽을 밝히며 떠오르면 꽃이 피어나는 것과 같습니다. 우리는 이러한 개성이 처음으로 모습을 드러내는 것에 대해 경건한 마음으로 존중해야 합니다. 효과적인 교육 활동은 삶의 개화를 완성하는 방향으로 도움을 주어야 해요. 이와 같이 도움이 되기 위해서는 자발적인 움직임을 구속하지 말아야 하며, 무언가를 강제로 시키지 않아야 합니다. 물론 쓸모없거나 위험한 행위에 대해 말하는 것이 아닙니다. 이러한 행위들은 허용되어서는 안 되니까요.

과학적 관찰에 대한 준비가 되어 있지 않은 교사들에게는 적합한 훈련과 실습이 필요합니다. 특히, 일반 학교의 구식 교육 방법에 익숙한 사람들은 더욱 그렇습니다. 학교에서 교사를 훈련시키면서 우리의 교육 방법과 과거의 교육 방법 사이에는 엄청난 차이가 있다는 것을 확신하게 되었어요. 교육 원리를 잘 이해한 교사조차도 실제로 적용하는 것은 많이 힘들어 합니다. 자신의 새로운 임무가 망원경 앞에 앉아서 우주를 관찰하는 천문학자처럼 수동적이라는 것을 이해하지 못하지요. 생명체는 스스로 행동합니다. 생명체의 비밀을 밝히려면 간섭 없이 관찰하고 이해해야 하지요. 이 개념을 실천에 옮기는 것은 매우 어렵습니다.

교사는 아이들을 자유롭게 억압해 왔습니다. 사실상 아이들의 활동을 억압하는 것이 오랜 시간 교사의 의무였지요. 어린이의 집에서 처음 시작하는 교사는 아이들이 질서를 유지하지 않고 조용하지 않을 때 매우 당황합니다. 첫 순간의 무질서는 어쩔 수 없는 것이라고 반복해서 말해 주었지만, 별로 도움이 되지 못했어요. 아무것도 하지 않고 지켜보기만 한다면 더 이상 교사가 아니니 일을 그만두는 게 낫지 않겠냐고 되묻습니다.

아이를 방해하는 행위와 관찰하는 행위를 구별하는 것이 자신의 일이라는 것을 깨닫기 시작하면 교사는 큰 내적 공허함을 느낍니다. 그리고 자신의 능력이 주어진 일에 비해 모자란 것은 아닌지 의심하기 시작하지요. 사실 준비되지 않은 교사는 오랫동안 창피함과 무기력함을 느낍니다. 하지만, 과학과 실험심리학적 경험의 폭이 넓어질수록 관찰에 한 발 더 가까워질 수 있습니다.

노타리Notari는 자신의 소설《나의 백만장자 아저씨My Millionaire Uncle》에서 근대 관습에 대하여 아주 생생하게 비판합니다. 낡은 훈육 방식을 가감 없이 보여 주고 있지요.

말썽을 많이 부려서 온 마을을 시끄럽게 만든 한 아이가 학교에 갑니다. 푸푸Fufu라고 불리는 그 아이는 자신의 첫 번째 소원을 경험합니다. 아이의 소원은 친절해지는 것이었어요. 아이는 예쁘고 작은 푸페타Fufetta의 근처에 있을 때 자신의 영혼이 움직이는 것을 처음으로 느낍니다. 푸페타가 점심을 먹지 않아 배가 고프다는 것을 알게 된 푸푸는 주변을 살펴보고 푸페타를 바라보았습니다. 그리고 자신의 작은 점심 바구니를 한마디 말도 없이 푸페타의 무릎 위에 올려놓은 뒤, 멀리 물러섰습니다. 푸푸는 자신이 왜 그랬는지 잘 모르지만 머리를 숙이고 눈물을 터뜨렸습니다. 푸푸는 자신의 두 눈에 슬픈 눈물이 고인 것을 처음으로 보았고, 마음속에서 뭉클함을 느꼈습니다. 동시에 엄청난 부끄러움이 몰려왔습니다. 먹을 것이 없는 사람 옆에서 밥을 먹은 것이 너무 부끄러웠습니다. 푸푸는 심장이 뛰는 것을 어떻게 표현해야 할지 몰랐습니다. 또, 바구니를 건넬 때 무슨 말을 해야 할지, 점심 바구니를 푸페타에게 주는 것을 정당화할 핑계를 어떻게 찾아야 할지도 몰랐지요.

혼란스러웠던 푸페타는 푸푸에게로 빠르게 달려가서 얼굴을 가리고 있던 그의 팔을 아주 조심스럽게 끌어당겼습니다. "울지 마, 푸푸." 푸페타는 아주 간절하게 작은 목소리로 속삭였습니다. 사랑하는 헝겊 인형에게 말하는 모습과도 같았지요. 작은 얼굴은 어머니 같았고, 행동에는 부드러운 힘이 있었습니다.

푸페타는 푸푸에게 입을 맞추었습니다. 푸푸는 그의 마음을 가득 채운 힘에 굴복하였습니다. 푸페타의 목에 팔을 두르고, 여전히 조용히 흐느끼면서 입맞추었지요. 마침내 한숨을 깊게 내쉬며 얼굴과 눈에 묻은 촉촉한 감정의 흔적을 닦아 낸 후 다시 미소 지었습니다. 안뜰의 다른 쪽 끝에서 거친 목소리가 들렸습니다.

"거기 아래 두 사람, 서둘러. 거기 안쪽에 너희들 말이야!"

선생님이었습니다. 작은 영혼에 처음으로 생긴 부드러운 감정의 소용돌이가 맹목적으로 잔인하게 짓밟혔습니다. 학교로 돌아갈 시간이었습니다. 모든 사람은 규칙에 복종해야 하니까요.

어린이의 집에서의 첫날, 저는 교사들의 행동을 지켜보았습니다. 그들은 자신도 모르는 사이에 아이들의 움직임을 구속하고 있었습니다. 아이들의 행동이 어떤 성격을 띠는지 관찰하거나 구별하지도 않았습니다. 예를 들어, 어린 여자아이가 친구들을 자기 주위로 불러 모은 다음 어떤 몸짓을 하기 시작했습니다. 교사는 즉시 아이에게 달려가 팔을 잡고 가만히 있으라고 말했지요. 하지만 제가 보기에 그 아이는 역할놀이를 하고 있는 것으로 보였습니다. 아침 기도 혹은 성인에 대한 기도를 하거나 성호를 그리는 등의 동작을 하고 있었거든요. 아이는 스스로 이미 교사가 되어 있었습니다.

무질서한 움직임을 계속하여 비정상적으로 보이는 또 다른 아이가 있었어요. 어느 날 아이는 인상적인 표정으로 탁자들을 움직이기 시작했습니다. 시끄러운 소리가 나자, 교사들은 즉각적으로 아이를 저지했습니다. 하지만, 그 행동은 아이에게는 유용한 목적을 가진 첫 번째 움직임이었습니다. 존중되었어야 하는 행동이지요.

또한 교사가 다양한 교구들을 상자에 정리하는 동안, 아이가 가까이 와서 물건들을 집어 올리는 경우가 종종 있습니다. 이는 선생님을 따라하고 싶어서 하는 행동이지요. 이런 행동을 통해 아이는 도움이 되고자 하는 욕구를 표현한 것입니다. 아이와 함께 교훈을 얻을 시간이 무르익습니다.

어느 날, 아이들은 장난감이 물위에 떠다니는 것을 보기 위해 물동이 주변에 둥글게 모여서 웃고 떠들고 있었습니다. 당시 학교에는 태어난 지 2년 6개월 밖에 되지 않은 어린아이가 있었습니다. 아이는 원 밖에 떨어져 있었고, 얼굴은 호기심으로 가득 차 있었지요. 멀리 떨어져서 그 아이를 유심히 지켜보았습니다. 처음에는 아이들 가까이 다가가서 그들 안으로 들어가려고 했지만 그러기에는 힘이 부족했어요. 그러다가 아이는 멈추어 서서 주변을 바라보았습니다. 아이의 작은 얼굴에 담긴 표정이 아주 흥미로웠습니다. 사진기가 없어서 사진을 찍지 못한 게 너무 아쉬울 정도였지요. 아이의 눈이 작은 의자로 향했습니다. 의자를 아이들 뒤에 놓고, 그 위로 올라서기로 결심한 것 같았습니다. 아이는 의자를 향해 움직였습니다. 얼굴에는 희망의 빛이 가득했어요. 하지만 그 순간 교사는 아이의 팔을 붙들고 다른 아이들의 머리 위로 번쩍 들어올렸습니다. "이것 봐. 이제 너도 볼 수 있어!" 물 위에 떠다니는 장난감들을 보기는 했지만, 아이는 스스로의 힘으로 장애물을 극복하는 즐거움을 경험하지 못했습니다. 장난감들을 보는 것은 아이에게 이득이 될 수 없었겠지만, 지적인intelligent 노력은 아이 내부에 있는 힘을 발달시켰을 것입니다. 교사는 어떤 보상도 주지 않고 아이를 방해했습니다. 아이는 스스로 배우는 기회를 빼앗긴 것이지요. 그 작은 친구는 자신이 정복자가될 거라고 생각했겠지만, 두 팔 안에 갇힌 채로 무력감을 느꼈을 거예요. 제가 관심 있게 지켜보고 있었던 기쁨, 불안, 희망의 표정이 아이의 얼굴에서 사라졌습니다. 대신에 아이의 얼굴에는 자신의 일을 빼앗길 것을 안다는 듯한 무력한 표정이 남았습니다.

교사들은 관찰에 지쳤을 때 아이들이 원하는 것은 무엇이든 하도록 허용하기 시작했습니다. 탁자 위에 발을 올려놓거나, 코에 손가락을 대고 있는 아이들이 보였지만 아무도 아이들을 바로잡지 않았습니다. 친구를 밀치는 등 폭력이 발생해도 교사는 아주 작은 관심도 보이지 않았습니다. 그래서 저는 아이들이 좋은 행동과 나쁜 행동을 분명히 구별하게 해야 한다는 것을 단호하게 보여 주기 위해 개입할 수밖에 없었어요. 훈육이 계속되려면 이와 같이 기초를 놓아야 하며, 처음에는 교사에게 힘든 시간이 될 것입니다.

교육자는 아이가 움직이지 않는 것이 좋은 행동이라고 가르쳐서는 안 됩니다. 가만히 있는 것을 좋게 여기고 움직이는 것을 나쁘게 여기는 것은 낡은 시대의 교육입니다. 우리의 목표는 아이가 능동적으로 활동하며 해야 할 일을 하고 좋은 행동을 하게 하는 것입니다. 훈육은 활동과 과업, 선을 위한 것이지 아이들을 움직이지 못하게 하고 굴복시키는 것이 아닙니다.

모든 아이들이 거칠거나 무례한 행동을 하지 않고, 바람직하고 지능적이며 자발적으로 움직이는 곳이 올바른 훈육이 이루어진 교실일 것입니다. 가끔은 연주회나 강의에 참석할 때처럼 조용히 앉아 있어야 할 때가 있습니다. 이는 성인에게도 참기 힘든 일이라는 것을 알고 있지요. 아이들이 질서를 지키는 것이 바람직하다는 생각을 이해하면서 각자의 자리에 앉게 된다면, 이는 강요가 아닌 교육의 결과입니다. 강제적이지 않으면서 아이들이 공공질서의 원리에 동화되게 하는 것이 중요합니다. 아이들이 이 개념을 이해한 후에는 일어서고, 말하고, 다른 자리로 바꾸는 활동들을 더 이상 아무 생각없이 하지는 않습니다. 즉, 안정되고 질서가 있는 상태, 금지된 행동이 있다는 것을 잘 이해한 상태에서 일어서고 말하는 것은 자발적인 행위를 하기 위해서예요.

질서 상태에서 아이들의 움직임은 갈수록 더 완벽해집니다. 아이들은 자신의 행동을 반성하는 법을 배웁니다. 만약 아이들이 질서의 개념을 이해한 상태라면, 이제 교사는 아이들이 무질서한 움직임에서 자발적이고 질서 있는 움직임으로 넘어가는 방식을 관찰합니다. 그러다 보면 아주 놀랍게도 개별적인 차이들이 나타나는데, 아이들은 각자 인지적이고 자유로운 방식으로 스스로를 드러냅니다. 자기 자리에 조용히 앉아 있거나 냉담하거나 조는 아이들도 있고, 자기 자리를 떠나 다투거나 싸우거나 각종 블록과 장난감을 휘젓는 아이들도 있어요. 분명하고 계획적인 행동을 하는 아이들도 있습니다. 예를 들면 의자를 특정 장소로 옮긴 후 그 자리에 앉기도 하고, 사용하지 않는 테이블 중 하나를 옮겨서 하고 싶은 놀이를 준비하는 행동들이지요.

아이들을 위한 자유의 개념은 식물이나 곤충을 관찰할 때 적용하는 그런 단순한 개념의 자유가 될 수 없지요. 아이들은 아무것도 할 수 없는 상태로 태어났지만, 사회적인 존재입니다. 그래서 아이들은 자신의 활동을 제한하는 속박들에 둘러싸이지요. 자유를 기본으로 하는 교육 방법은 아이가 다양한 어려움을 극복할 수 있도록 개입해야 합니다. 다시 말해서, 교육은 아이가 자신의 행동을 제한하는 사회적 속박들을 이성적인 방식으로 줄여 나갈 수 있도록 도와주어야 합니다. 아이는 그런 환경에서 조금씩 성장합니다. 아이의 자발적인 표현은 자신의 본성을 드러내는 것이니까요.

독립성 가르치기

독립적이지 않으면 어느 누구도 자유로울 수 없어요. 자유를 적극적으로 표현하기 위해서 아이는 독립적인 활동을 먼저 해야 합니다. 젖을 뗀다는 것은 무슨 의미일까요? 현실에서는 아이가 엄마의 품으로부터 독립하는 것입니다. 아이는 엄마의 젖이라는 하나의 영양원 대신에 다양한 종류의 음식을 찾게 됩니다. 생존의 수단도 늘어나지요. 그럼에도 불구하고 아이는 여전히 의존적입니다. 아직 걷지 못하고, 혼자 씻거나 옷을 입을 수도 없으니까요. 게다가 분명하고 알아듣기 쉬운 말로 원하는 것을 요구하지도 못합니다. 아이는 이 기간 동안 아직 노예에 가까운 상태입니다. 하지만 세 살 정도가 되면 아이는 상당히 독립적이고 자유롭게 움직일 수 있습니다.

우리가 독립성이라는 용어의 개념을 완전히 이해하지 못하는 것은 우리 삶의 형태가 여전히 노예적이기 때문입니다. 문명의 시대에도 여전히 하인이 존재하고 있는 것을 보면 독립성이라는 개념은 아직 뿌리를 내릴 수 없거나 자유롭게 성장하지 못한 것이지요. 우리의 하인들은 우리에게 의존하는 사람들이 아닙니다. 오히려 우리가 그들에게 의존하고 있지요. 우리는 종종 스스로가 독립적이라고 믿습니다. 아무도 우리에게 명령을 내리지 않고 우리가 다른 사람들에게 명령하니까요. 하지만 하인의 도움을 받아야 하는 귀족은 의존적인 사람입니다. 병 때문에 자신의 신발도 제대로 벗을 수 없는 환자와 사회적인 이유로 감히 신발을 벗지 못하는 왕자는 사실상 같은 상태라고 볼 수 있지요. 우리는 예의, 고상함, 자선처럼 좋은 말을 붙이면서 노예적 봉사에 자신을 내맡기고 있지요. 실제로 봉사를 받는 사람은 독립성이 제한됩니다. 이 개념은 미래의 인간을 위한 존엄성의 기초가 될 것입니다. "저는 봉사를 받고 싶지 않습니다. 무능력한 사람이 아니거든요." 스스로를 진정으로 자유롭다고 느끼기 전에 이런 생각을 할 수 있어야 합니다.

훈육의 효과를 보려면 교육적 활동이 아이들로 하여금 독립의 길로 나아가도록 도울 수 있어야 합니다. 아이들이 도움 없이 걷기, 뛰기, 계단 오르내리기, 떨어진 물건 줍기, 옷 입고 벗기, 목욕하기, 또렷하게 말하기, 필요한 것을 명확하게 표현하는 법 등을 배울 수 있게 도와야 합니다. 아이들이 자기 자신의 개인적인 목표와 욕구를 충족시킬 수 있도록 도움을 주어야 하고, 이 모든 것은 독립을 위한 교육의 일부입니다.

우리는 습관적으로 아이들의 뒤치다꺼리를 합니다. 이는 아이들에 대한 노예적 행위이며, 위험한 결과를 낳을 수 있습니다. 아이들의 유용하고 자발적인 활동을 막는 경향이 있으니까요. 우리는 아이들을 꼭두각시처럼 생각하는 경향이 있으며, 아이들이 인형이라도 된 듯이 씻겨 주고 먹여 줍니다. 우리는 아이를 하지 못하는(또는 할 줄 모르는) 존재라고 생각하지만, 아이들은 이런 것들을 해야만 합니다. 자연은 아이들이 다양한 일을 해낼 수 있도록 신체적인 능력과 지적 능력을 제공하였습니다. 우리가 아이들을 위해 해야 할 일은 자연의 의도에 따라 아이들이 유용한 활동들을 스스로 해낼 수 있도록 돕는 것입니다. 엄마는 아이에게 숟가락 쥐는 법을 알려 주어야 합니다. 밥을 먹여 주기만 한다면 좋은 엄마가 아니지요. 아이의 근본적인 존엄성을 훼손한 것입니다. 아이를 인형처럼 다루는 것이나 마찬가지예요.

아이가 스스로 먹고 혼자 씻고 옷을 입도록 가르치는 것은 아주 지루하고 힘든 일이라는 것을 누가 모를까요? 먹이고 씻겨 주고 옷을 입혀 주는 것보다 훨씬 더 큰 인내심이 필요하지요. 전자는 교육자의 일이고, 후자는 하인이 하는 쉽고 열등한 일입니다. 후자의 경우, 엄마에게는 더 쉽지만 아이에게는 아주 위험한 일이지요. 이제 발달하고 있는 인생의 길에 장애물을 놓는 것과 같으니까요. 부모의 이런 태도는 실제로 심각한 결과를 낳을 수도 있어요. 하인을 너무 많이 거느린 부자는 하인들에게 점점 더 의존하게 될 뿐 아니라 결국에는 근육의 기능도 약해질 것입니다. 하인의 노예가 되는 것이지요. 필요한 것을 위해 일하지 않고 다른 사람에게 명령하여 얻는 사람의 마음은 점점 무거워지고 둔해집니다. 그런 사람이 어느 날 자신의 열등함을 깨닫고 다시 한번 자신의 독립성을 되찾고자 할 때에는 더 이상 그렇게 할 힘이 없을 것입니다. 불필요한 도움은 자연적인 능력이 발달하는 것을 방해하거든요.

여성은 움직이지 않는 기술을 더 많이 배우는 경향이 있습니다. 그로 인해 남자는 여자를 위해 움직이게 되고, 여성은 타고난 힘을 낭비하면서 노예적인 생활을 하게 되지요. 여성은 봉사의 대상이 되고, 인간 존재의 권리인 개성도 점점 사라집니다. 생명을 지키기 위해 필요한 모든 능력과 자원이 부족해질 수밖에 없습니다. 예를 들어 설명해 볼까요?

아버지, 어머니 그리고 아이를 태운 마차가 시골길을 가고 있습니다. 그때 무장한 강도가 마차를 세우고 "돈을 내놓든가 아니면 목숨을 내놔!"라고 외치며 위협합니다. 이런 상황에서 세 사람의 행동은 아주 다릅니다. 훈련된 명사수인 남자는 재빠르게 총을 꺼내어 강도를 겨눕니다. 가볍고 자유로운 발을 가진 아이는 소리지르며 달아나려 합니다. 하지만 여자는 인공적이든 자연적이든 아무런 무장이 되어 있지 않고, 아무런 훈련도 받은 적이 없습니다. 게다가 치마는 움직임을 방해하지요. 여성은 겁에 질린 숨을 내쉬면서 의식을 잃고 맙니다.

이렇게 반응이 다른 것은 각자의 자유와 독립성의 상태와 관련이 있어요. 기절한 여성은 세심한 시종의 시중을 받던 사람입니다. 시종은 여자 주인의 망토가 바닥에 쓸리지 않게 하고, 물건이 떨어지면 재빠르게 집어 올렸겠지요.

노예성과 의존성은 인생을 쓸모없이 허비하게 할 뿐 아니라, 개성을 무너뜨리고 결국에는 무능력한 사람을 만듭니다. 우리가 잘 알고 있는 폭압적인 행동으로 예를 들고자 해요. 폭력성은 무기력한 감정과 함께 자라고, 폭압적 습관은 다른 사람의 희생으로 살아가는 사람들이 외부에 드러내는 신호입니다. 그래서 종종 주인은 하인을 난폭하게 대하는데, 여기서 바로 주인의 영혼이 드러나지요.

영리하고 유능한 일꾼을 상상해 봅시다. 이 사람은 능력이 출중하고 일처리도 완벽합니다. 자신이 일하는 환경을 통제하고 지도할 수 있는 능력이 있어서 직장에 도움이 되는 조언도 할 수 있습니다. 환경의 주인이 되는 사람은 다른 사람들의 분노 앞에서 미소 지을 수 있으며, 자신을 스스로 지배할 수 있는 능력을 보여 주지요. 자신이 그 일을 할 수 있다는 자각에서 비롯되는 것입니다. 하지만, 이 사람이 집에서 음식이 입맛에 맞지 않거나 식사가 늦어지면 아내에게 화를 내기도 한다는 것은 놀랄 일이 아닙니다. 집에서 그는 더 이상 유능한 일꾼이 아니니까요. 집에서는 아내가 유능한 일꾼이고, 아내는 남편에게 음식을 제공합니다. 일터에서 이 남자는 조용하고 유쾌한 사람이지만, 집에서는 폭군이 될 수도 있어요. 아마도 요리를 할 줄 알면 완벽한 사람이 되겠지요. 자신의 안락과 인생의 발전을 위해 필요한 모든 일을 스스로의 노력으로 할 수 있는 사람은 자기자신을 극복할 수 있습니다. 그렇게 함으로써 자신이 할 수 있는 것들이 많아지고 스스로를 완성할 수 있지요. 우리는 미래 세대를 능력 있는 사람으로 키워야 해요. 우리 아이들은 독립적이고 자유로운 사람이 되어야 합니다.

눈에 보이는 상벌을 없애기

이런 교육 원리들을 수용하고 확립했다면 눈에 보이는 상벌을 없애는 것은 자연스러운 일이지요. 자유를 통해서 교육받은 사람은 참되고 유일한 보상을 바랍니다. 그런 상은 결코 스스로를 하찮게 만들거나 실망시키지 않습니다. 인간의 힘과 자유는 내면에서 솟아나니까요. 이 사실은 정말로 놀랍습니다.

어린이의 집의 교사들은 처음 몇 달 동안 자율에 의한 교육 원리를 실천하는 법을 이해하지 못했습니다. 그중 한 교사는 제가 없는 동안 자신이 익숙한 방법을 쓰느라 바빴지요. 어느 날, 가장 똑똑한 아이의 목에 하얀 리본으로 묶은 은 십자가가 걸려 있었습니다. 또 다른 아이는 방 한가운데에 놓여 있던 안락의자에 앉아 있었습니다. 첫 번째 아이는 보상을 받았고, 두 번째 아이는 벌을 받고 있었지요. 적어도 제가 있는 동안 교사는 어떤 식으로도 간섭하지 않았고, 상황은 그대로 유지되었습니다. 저는 조용히 관찰할 수 있는 곳에 자리 잡았어요. 십자가를 받은 아이는 자기가 작업하던 물건들을 가지고 앞뒤로 움직이기도 하고, 교사한테 가기도 하고, 다른 물건들을 가져오기도 합니다. 아이는 분주하고 즐거워 보였지요. 아이는 여기저기 왔다 갔다 하면서 벌을 받고 있는 아이의 안락의자를 지나칩니다. 목에 걸려 있던 은 십자가가 바닥에 떨어지자, 의자에 앉아 있던 아이가 그것을 주웠어요. 십자가를 하얀 리본에 맨 후에 그것을 보면서 친구에게 이렇게 말합니다. "무엇을 떨어뜨렸는지 알아?" 아이는 돌아서서 무관심한 표정으로 장신구를 바라보며 "방해하지

마. 상관없어"라고 말합니다. 벌을 받고 있던 아이는 조용하게 "정말로 괜찮아?"라고 묻더니 "그럼 내가 가질게"라고 말합니다. 그러자 아이는 "어, 그래. 네가 해"라고 말하고 나서 "그럼 이제 날 그냥 둬!"라고 한마디 더 합니다. 안락의자에 앉은 아이는 리본을 조심스럽게 정리하여 십자가를 자신의 분홍색 앞치마 위에 놓았습니다. 아이는 반짝반짝 빛나는 십자가가 마음에 드는 것 같아 보입니다. 그러더니 작은 의자에 더 편하게 앉고 팔걸이에 팔을 아주 편안한 자세로 올려 놓네요. 달랑거리는 십자가에 만족하는 사람은 활동적으로 움직이고 있는 아이가 아니라 벌을 받고 있던 아이였습니다. 활동적으로 움직이는 아이는 자기의 과업에 만족하고 즐거워했어요.

하루는 또 다른 어린이의 집을 방문했습니다. 아이들을 칭찬하던 한 아주머니는 자기가 가져온 상자를 열더니 빨간 리본으로 묶은 반짝거리는 메달을 아이들에게 보여 주면서 이렇게 말했습니다. "원장님이 가장 똑똑한 아이에게 이 메달들을 목에 걸어 주실 거란다." 이 방문객에게 제 교육 방법을 가르칠 의무는 없었기 때문에 저는 아무 말도 하지 않았고, 교사가 그 상자를 가져갔어요. 그 순간 조용히 앉아 있던 작은 아이가 저항의 표시로 얼굴을 찌푸리며 크게 울부짖었습니다. "쟤네들한테 주면 안 돼, 안 돼!" 참 놀라운 일이지요! 이 작은 아이는 자신이 이 학급에서 가장 똑똑하고 강한 아이들에 둘러싸여 있다는 것을 벌써 알고 있었습니다. 어느 누구도 그 사실을 아이에게 말한 적이 없었는데도 말이지요. 이 아이는 상 때문에 상처받고 싶지 않았던 것입니다. 자신의 존엄성을 지키는 방법을 몰랐기 때문에 공격적인 성향을 드러냈지요.

다른 아이들을 방해한 아이들은 일단 의사의 검사를 받습니다. 아이가 정상이라고 판명되면 방 한구석에 작은 탁자 하나를 놓습니다. 아이를 분리시킨 다음, 작은 의자에 앉아서 다른 아이들의 활동을 보게 합니다. 그리고 아이가 가장 좋아했던 장난감을 주지요. 이러한 분리법은 아이를 진정시키는 데 항상 성공적입니다. 아이는 자기 자리에서 모든 친구들을 볼 수 있습니다. 친구들이 움직이는 모습을 직접 보는 것은 교사의 어떤 말보다 훨씬 더 효과적인 교육이 되지요. 아이는 눈앞에서 바쁘게 움직이는 친구들 사이에 섞이고 싶다는 생각을 하게 됩니다. 그리고 실제로 돌아가서 다른 아이들처럼 하고 싶어합니다. 분리된 아이는 항상 특별한 보살핌의 대상입니다. 마치 환자와 같지요. 교실에 들어서면 분리되어 있는 아이에게로 먼저 다가갑니다. 우리는 훈육이 필요하다고 생각되는 아이들의 영혼에 무슨 일이 생겼는지 모릅니다. 그러나 아이들을 이끄는 가르침은 항상 완전하고 지속적이어야 해요. 아이들은 활동하는 법과 올바르게 행동하는 법을 배우는 것을 대단히 자랑스러워합니다.

생물학적 개념으로 본 자유

유아 교육에서 '자유'를 확립하기 위해서는 아이의 개성을 발달시키기 위한 성장 조건들이 필요합니다. 아이의 몸은 생리적으로 성장하고 마음은 정신적으로 성장하지요. 이 둘은 아이의 삶을 담는 그 릇입니다. 우리는 이 두 가지 성장에 담긴 신비한 힘을 손상시키거나 억압해서는 안 되며, 두 성장이 서로 연결되어 나타날 수 있도록 기 다려야 합니다.

환경은 우리 삶에서 의심할 필요없이 2차적인 요소입니다. 현대 진화 이론은 생물의 종과 개체 변형에 있어서 내적인 요인을 필수적 인 힘으로 간주합니다. 진화나 발달의 뿌리가 내부에 존재한다는 것 이지요. 아이는 영양을 섭취하기 때문에, 숨을 쉬기 때문에, 또는 적 절한 온도 때문에 성장하는 것이 아닙니다. 내부에 잠재된 생명력 이 스스로 발현되기 때문에, 그리고 새싹이 자라듯 생물학적 운명 에 따라서 발달하기 때문이지요. 청소년기가 오는 건 아이가 웃거 나, 춤을 추거나, 운동을 하거나, 영양이 풍부해서가 아니라 아이가 특정한 생리적 상태에 도달했기 때문입니다. 생명은 환경이 만들어 놓은 장애물들을 극복하며 앞으로 전진합니다. 내부에 잠재되어 있 는 강력하고 신비로운 생명력은 승리를 향하여 계속 전진할 것입니 다. 특히 문명화된 사회에서 교육은 중요하고 필수적인 문제임이 분 명합니다. 인간의 생명은 교육을 통해 배양될 수 있으니까요. 그리 고 그것을 가능하게 하는 것이 교육자의 의무입니다.

Chapter

2

수업은 어떻게 진행되어야 할까

자유를 통해 아이들은 타고난 성향을 표현할 수 있습니다. 이런 관점에서 아이들이 활동에 이용할 수 있는 재료를 준비합니다. 교사의 활동은 관찰에 머무르지 말고 실험의 단계로 진행되어야 합니다.

우리의 교육 방법에서 수업은 실험과 같습니다. 교사가 실험심리학에 익숙할수록 수업 방법을 더 잘 이해할 수 있지요. 실제로 교육방법을 제대로 적용하려면 특별한 기술이 필요해요. 교사는 훈련을 통해 교육 방법의 기본 원리에 대한 지식을 습득하고 적용하는 법을 이해해야 합니다. 이 훈련에서 가장 어려운 부분은 훈육을 위한 방법을 익히는 것입니다.

개학 후, 처음 며칠 동안 아이들은 집단 질서의 개념을 배우지 않아요. 좋은 행동과 나쁜 행동을 구별하는 법을 배우면서 자연스럽게 습득할 수 있기 때문입니다. 교사가 처음부터 단체 수업을 하면 안 된다는 것은 분명하고, 실제로 그런 수업은 아주 드물어요. 자유로운 존재인 아이들은 교사의 말을 경청할 준비를 하거나 교사의 활동을 보기 위해 조용한 곳에 가만히 있어야 할 의무가 없습니다. 단체 수업은 부차적인 것이라서 그런 수업은 거의 폐지되었지요.

간결하고, 단순하고, 객관적으로

수업은 개별적이어야 하고, 간결함이 주요 특징 중 하나입니다. 쓸모없는 말들을 잘라 내 버릴수록 수업은 더 완벽해질 거예요. 교사는 자신이 하는 말의 가치를 잘 생각해야 합니다. 수업 준비를 하면서 이 점에 특히 주의해야 하지요.

단순함은 어린이의 집에서 하는 수업의 또 다른 특징입니다. 절대적 진리가 아닌 것들은 모두 벗어던져야 해요. 교사는 헛된 말 안에서 스스로를 잃어버리면 안 됩니다. 그래서 간결함이 첫 번째 항목이고, 이는 두 번째 특징인 단순함과 밀접하게 관련이 있지요. 조심스럽게 선택한 말들 또한 간단해야 합니다. 그래야 이해가 쉽지요. 세 번째는 객관성입니다. 수업은 교사의 개성이 드러나지 않는 방식으로 진행되어야 해요. 아이들이 주목해야 할 대상만이 남아 있어야 합니다. 아이들이 이용하는 물건과 그 물건의 용도를 설명하는 것이 간결하고 단순한 수업입니다.

이런 수업을 할 때 관찰 방법은 기본적인 사항이며, 교사는 아이의 자유를 이해하여야 합니다. 교사는 아이의 표정 하나까지 살피면서 아이가 대상에 관심을 갖고 있는지, 얼마나 관심을 갖고 있는지,

관심이 얼마나 지속되는지 관찰해야 합니다. 그러면서도 자유의 원칙을 어기지 않도록 조심해야 해요. 아이가 부자연스러운 노력을 하도록 자극한다면 교사는 아이의 자발적인 행위가 무엇인지 모르고 있는 것입니다. 간결성, 단순성 그리고 객관성을 갖추지 못한다면 아이는 그 대상에 대한 설명을 이해하지도 받아들이지도 않을 것입니다. 그러므로, 교사는 두 가지를 명심해야 합니다. 첫째, 수업 내용을 반복하여 강요해서는 안 됩니다. 둘째, 아이가 자신이 실수하거나 이해받지 못한다는 느낌을 받게 해서는 안 됩니다. 그러면 아이의 자연적인 상태에 대한 심리적인 관찰을 할 수 없게 됩니다. 이 점을 설명할 수 있는 몇 가지 예를 들어 볼까요?

아이에게 빨간색과 파란색의 두 가지 색상을 가르치고자 합니다. 교사는 아이의 관심을 색깔 카드로 끌어오기 위해 "이것을 보세요", "이것은 빨간색이에요"라고 말합니다. 그리고 목소리를 조금 높여 "이것은 빨간색이에요"라고 다시 말합니다. 그러고는 '빨간색'이라는 단어를 느리고 분명하게 발음합니다. 이제는 다른 색을 보여 주며, "이것은 파란색이에요"라고 말합니다. 아이가 잘 이해했는지 확인하기 위해 아이에게 "빨간색을 선생님한테 주세요", "파란색을 주세요"라고 말합니다. 만약 아이가 마지막 단계에서 실수를 했다고 가정해 봅시다. 교사는 아이에게 반복하지도, 강요하지도 않습니다. 웃으면서 아이를 쓰다듬고 색깔 카드를 치웁니다.

교사들은 이처럼 단순한 방식을 보고 상당히 놀랍니다. 단순하기는 하지만, 이렇게 수업하는 법을 모두가 아는 것은 아니에요. 자신의 활동을 판단하면서 명확성, 간결성 그리고 객관성의 기준에 맞추는 것은 실제로는 매우 어려운 문제입니다. 특히, 옛날 교육 방법에 익숙한 교사들은 더욱 그렇습니다. 이런 교사들은 쓸모없고 때로는 거짓된 말들을 아이들에게 쏟아붓는 법을 배워 왔습니다. 아이들이 수업에 주의를 기울이지 않을 때에는 아이들이 교사의 설명을 따르게 하는 것이 필요하지요. 교사는 아마도 이런 식으로 수업을 시작했을 것입니다.

"여러분, 선생님의 손에 무엇이 있을까요?" 교사는 아이들이 알 수 없다는 사실을 알기 때문에 거짓된 수단으로 아이들의 관심을 끕니다. 그리고 나서 "여러분, 하늘을 바라봅시다. 하늘을 바라본 적이 있었나요? 이제 선생님의 앞치마를 봐요. 무슨 색일까요? 하늘과 같은 색으로 보이지 않나요? 아주 좋아요. 그럼, 내 손에 있는 색깔을 봐요. 하늘색하고 앞치마 색과 같은 색이네요. 파란색이에요. 이제 주변을 살펴보고, 교실 안에 파란색인 물건이 있는지 찾아보세요. 체리는 무슨 색이죠? 난로 안에 불타는 숯불은 무슨 색이죠? …"

지금 아이의 머릿속에는 하늘, 앞치마, 체리 등등 혼란스러운 생각들이 빙빙 돌고 있을 거예요. 무엇인가를 추측하기 위해 쓸모없는 노력을 하는 것입니다. 이런 혼란 속에서는 파란색과 빨간색을 배우는 수업의 내용을 이해하기 어렵습니다. 아직 이렇게 긴 대화를 따라가지 못하는 아이들은 선택 작업을 할 수 없거든요.

아이들에게 2+3=5를 가르치는 산수 수업에 참석한 적이 있어요. 교사는 가느다란 철사에 색깔 구슬을 꿰어 만든 주판을 사용했습니다. 예를 들어 교사는 맨 위의 줄에 두 개의 구슬을 배치한 다음, 아래쪽 줄에 세 개, 그리고 맨 아래의 줄에 다섯 개의 구슬을 배치했습니다. 이 수업이 어떻게 진행되었는지 뚜렷하게 기억이 나지는 않습니다. 하지만, 교사가 맨 위쪽 줄에 놓은 구슬 두 개 옆에 작은 종이 인형을 붙여 놓은 것이 생각이 납니다. 그 종이 인형은 파란색 치마를 입고 있었어요. 교사는 학급에 있는 아이들 중 한 명의 이름을 따 종이 인형에 이름을 붙였어요. "이 친구는 마리에티나Mariettina입니다"라고 말하면서요. 구슬 세 개 옆에는 다른 색의 종이 인형을 붙여 놓고 "지지나Gigina"라고 불렀어요. 그 교사가 이런 식으로 수업을 했던 이유는 모르지만, 교사는 작은 인형들을 이리저리 움직이면서 꽤 오랫동안 아이들에게 이야기를 하였습니다. 솔직히 말하자면 덧셈의 과정보다 인형에 대한 이야기가 더 잘 기억이 나네요. 과연 아이들은 어땠을까요? 교사는 인형을 가지고 아이들에게 오랫동안 설명해 주면 된다고 생각했겠지만, 아이들이 이런 방식으로 2 더하기 3은 5라는 것을 배우려면 아마 상당한 정신적 노력이 필요할 거예요.

또 다른 수업에서 교사는 아이들에게 소음과 음악 소리의 차이를 가르치고 있었습니다. 아이들에게 긴 이야기를 시작하는데, 갑자기 누군가 문을 시끄럽게 두드립니다. 교사는 말을 멈추고 외칩니다. "이게 뭐지요? 무슨 일이 생겼나요? 무엇이 문제인가요? 여러분, 저 문에 있는 사람이 무엇을 했는지 아나요? 선생님은 더 이상 이야기를 계속할 수 없어요. 어디까지 이야기했는지 기억이 나지 않아요. 이야기를 이대로 끝내야겠어요. 무슨 일이 생겼는지 알겠나요? 소리가 들리나요? 여러분은 이해가 되나요? 저건 소음이에요. 소음. 오! 차라리 이 작은 아기와 놀아야겠어요. (보자기로 감싼 만돌린을 집어 들며) 그래, 아가야. 내가 놀아 줄게. 여러분은 선생님 품 안에 있는 아기가 보이나요?" 여러 명의 아이들이 대답합니다. "그건 아기가 아니잖아요", "그건 만돌린인데요"라고 말하는 아이들도 있네요. 교사는 계속 합니다. "아니에요. 이건 아기예요. 정말로 아기라니까요. 저는 이 아기를 사랑한답니다. 아기인지 아닌지 볼까요? 그럼 아주 조용히 해 봐요. 아기가 울고 있는 것 같아요. 아니면, 말을 하고 있는 것 같기도 해요. 엄마, 아빠라고 말하려나 봐요." 교사는 보자기 아래에 손을 넣고는 만돌린의 줄을 튕깁니다. "거기! 아기가 우는 소리가 들리나요? 아기가 소리 내는 게 들리나요?" 아이들이 외칩니다. "이건 만돌린이에요. 선생님이 만돌린 줄을 튕겼잖아요." 그러자 교사가 대답합니다. "조용, 조용히 해요, 여러분. 이제 잘 들어 봐요."라고 말하면서 보자기를 벗기고 만돌린을 연주합니다. "이게 음악 소리예요."

이런 수업을 통해 아이들이 소음과 음악 소리의 차이를 배운다고 생각하는 것은 터무니없지요. 아이들은 선생님이 장난치는 것이라고 생각하거나, 바보 같다고 생각할 수도 있어요. 소음 때문에 이야기의 흐름을 놓치고, 만돌린을 아기라고 하니까요. 이 수업을 통해서 아이들의 마음속에는 수업 내용이 아닌 교사의 모습만 남을 것입니다.

일반적인 교육 방법에 따라 교육받은 교사에게 '단순한 수업'은 매우 어려운 일입니다. 교구를 아주 자세하게 설명하면서 아이들에게 수업을 하던 교사가 생각이 나네요. 그 교사는 사각형과 삼각형의 차이를 가르치고자 했습니다. 교사가 할 일은 단순했습니다. 나무 사각형과 삼각형을 빈 공간에 올려 놓은 다음, 아이들에게 손가락으로 나뭇조각들의 표면을 만지는 것을 보여 주기만 하면 되었지요. "이것은 사각형이에요", "이것은 삼각형이에요"라는 말과 함께요. 하지만 교사는 아이에게 사각형을 만져보게 하면서 시작했습니다. 그리고 이렇게 말했어요. "이것은 선이에요. 하나, 하나, 하나, 하나. 선이 네 개군요. 손가락으로 세어 보고 몇 개가 있는지 말해 보아요. 그리고 모서리를 세어 봐요. 손가락으로 모서리를 만져 봐요. 모서리도 네 개네요. 이 나뭇조각을 봐요. 이것은 사각형이에요."

저는 이 상황을 보고 교사의 방법을 바로잡고자 했습니다. 그런 방법은 아이에게 모양을 인지하도록 가르치는 것이 아니라 면, 각도, 숫자의 개념을 가르치는 것이기 때문에 가르치고자 하는 것과는 아주 다른 것이라고 말해 주었습니다. 교사는 같은 것이라고 말하며 정당화하려 했지요. 하지만 둘은 같은 것이 아닙니다. 교사가 가르친 것은 기하학적 분석과 수학적인 개념이니까요. 사각형의 모양은 넷까지 세는 법을 몰라도, 변과 각의 수를 인식하지 않고도 알 수 있습니다. 변과 각은 추상적인 개념이고, 실제로 눈에 보이는 것은 형태가 확실한 나뭇조각이지요. 교사의 구체적인 설명은 아이를 혼란스럽게 할 뿐이었어요.

한 건축가가 우리에게 돔dome 모양의 건물을 보여 준다고 생각해 보세요. 우리의 관심을 끌어당기는 것은 건물의 모양이지요. 건축가는 두 가지 방식으로 그의 작품을 보여 줄 수 있습니다. 먼저 선의 아름다움, 비율의 조화를 보여 주고, 건물 내부로 안내하여 둥근 지붕의 천장을 보여 줍니다. 그러면 우리는 돔에 대한 배경지식에 근거해서 감상할 수 있어요. 또 다른 방식은 창문의 수와 처마의 수를 세면서 도면을 보여 주는 것입니다. 이때 건축가는 여러 법칙과 수학적 공식을 설명할 수도 있어요. 첫 번째 설명을 들으면 둥근 지붕의 이미지가 우리 마음속에 남아 있겠지요. 하지만 두 번째 설명을 듣는다면 아무것도 이해할 수 없을 거예요. 자신의 작품을 뽐내는 건축가의 모습만 남을 것입니다. 아이에게 "이것은 사각형이야"라고 말하면서 기하학적인 분석을 늘어놓으면 건축가가 우리에게 공학적인 설명을 하는 것과 똑같은 일이 벌어지겠지요. 아이는 그저 손가락으로 도형을 만지면서 모양을 느끼기만 하면 됩니다.

나이가 어린 아이들도 단순한 모양을 보고 도형을 이해할 수 있어요. 네모난 창문이나 탁자를 보는 것은 노력이 필요하지 않아요. 아이는 일상생활에서 주변에 있는 모든 모양의 물건들을 보거든요. 정해진 모양에 주의를 환기시키는 것은 아이가 그 모양에 대해 이미 가지고 있는 인상과 고정된 개념을 분명하게 밝혀 주려는 것입니다. 이것은 마치 우리가 아무런 생각없이 호숫가를 바라보고 있으면 화가가 다가와서 갑자기 "절벽의 그림자 아래에서 만들어지는 호숫가의 곡선이 참 아름답지요?"라고 말하는 것과 같아요. 우리가 무의식적으로 바라보던 경치는 화가의 말을 듣고 난 이후 마음에 각인됩니다. 갑작스러운 햇빛이 비추는 것처럼 말이지요. 우리는 불완전하게만 느껴졌던 이미지가 마음 속에 각인되는 기쁨을 경험합니다. 이렇게 한 줄기 빛을 비추며 길을 밝히는 것이 아이들을 위한 우리의 의무입니다.

이와 같은 효과는 조용하고 행복하게 홀로 숲을 걸으며 자신의 내적인 삶을 자유롭게 펼치는 사람의 모습에 비유할 수도 있어요. 깊은 숲속에서 울리는 종소리가 우리의 의식을 깨우면, 마음속에 희미하게 존재하던 평화로움과 아름다움에 대한 의식도 함께 깨어나니까요. 생명에 자극을 주어 자유롭게 삶을 펼치게 하는 것은 교육자의 첫 번째 과업입니다. 이 과업에는 아주 섬세한 기술이 필요합니다. 우리는 어떠한 동요나 일탈을 일으키지 않고 아이의 영혼을 충만한 삶으로 이끌고, 스스로의 힘으로 살아갈 수 있게 해야 합니다. 이러한 기술은 과학적인 교육법과 함께해야 합니다. 교사는 마치 보이지 않는 천사처럼 아이들의 마음을 어루만지며 그 안에 있는 생명을 깨우고 영감을 불어넣어야 해요. 교사의 말 한마디 한마디가 아이들의 영혼을 깨우고, 아이들이 새 생명으로 다시 태어나는 경이로움이 교사의 마음을 채우는 날이 올 것입니다. 어린이의 집을 방문하는 사람들은 이런 경이로움을 경험하고 있습니다. 공동체적 교육이 마법처럼 이루어지고 있어요. 2세 반에서 6세 사이의 아이들 50~60명이 함께 모여 학습하고 있고, 평화를 유지하는 방법도 알고 있지요. 교사가 낮은 목소리로 "모두 일어나서 발끝으로 방을 몇 바퀴 돈 후에 조용히 자기 자리로 돌아와요"라고 말하면 아이들이 마치 한 사람인 것처럼 일어나서 최대한 조용하게 지시 사항을 따릅니다. 교사의 목소리는 아이들 각자에게 전달됩니다. 아이들은 교사의 목소리를 통해 빛과 내면의 행복을 얻고 싶어 해요. 그렇기 때문에 아이들은 각자의 방식대로 교사의 지시를 따르면서 불안한 탐험가처럼 앞으로 나아갑니다.

위대하고 아름다운 하모니를 이끌어 내기 위해서 지휘자는 연주자 한 사람 한 사람을 준비시켜야 합니다. 각 연주자는 스스로를 완성한 후에 지휘자의 소리 없는 지시를 따를 준비가 되어 있어야 해요. 일반 공립 학교의 교육 방법은 어떤가요? 마치 다양한 악기와 목소리를 단조로운 소리와 불협화음으로 만드는 것과 같아요. 우리는 가장 잘 교육받은 사회 구성원은 바로 스스로를 완성한 사람이라는 사실을 깨달았습니다. 이것은 다른 사람과의 접촉을 통해서 습득되거나 완성됩니다. 공동체의 완성은 물질적이고 잔인한 결속이 되어서는 안 됩니다. 그러한 결속은 기계적인 조직에서나 찾아볼 수 있지요.

우리는 유아심리학과 관련된 수많은 편견에 사로잡혀 있어요. 우리는 지금까지 아이를 힘과 외부적인 법칙을 적용하여 지배하려 했습니다. 아이를 하나의 영혼으로서 이끌기 위한 내적인 활동에 관심을 두지 않았으니까요. 아이들은 각자의 자유로운 모습을 억누른 채로 우리 곁에서 살고 있습니다. 아이들을 둘러싸고 있는 인위성과 아이들을 훈육하기 위해 어리석게 사용해 왔던 폭력성을 잘라 낸다면 아이들은 자신의 자연스러운 모습을 우리에게 보여 줄 것입니다. 아이들에 대한 사랑과 지식은 다른 사랑을 초월하여 존재하며, 우리가 간직해야 할 진정한 인간애입니다.

Chapter
3

일상생활을 위한 연습

어린이의 집 겨울 시간표

* 시작 시간: 오전 9시

* 끝나는 시간: 오후 4시

〈오전 9 시~10 시〉

– 입장

– 인사

– 개인 청결 검사

– 실생활을 위한 연습: 앞치마 입고 벗는 것을 서로 도와주기

– 방에 먼지가 쌓여 있는지, 물건들이 잘 정돈되어 있는지 확인

– 언어(대화 시간): 아이들이 전날의 일에 대해 이야기하게 함

– 종교 활동

〈오전 10시~11시〉

– 지적 훈련

– 몬테소리 명명법 카드 놀이와 감각 운동

〈오전 11시~11시30분〉

– 간단한 체조 (몸의 자세, 걷기, 줄 서서 앞으로 가기, 인사, 주의를 끌기 위한

동작들, 물건을 조심스럽게 놓기 등의 일상적인 동작들)

〈오전 11시30분~오후 12시〉

– 점심 시간: 짧은 기도

〈오후12시~1시〉

– 자유롭게 놀기

〈오후 1시~2시〉

– 지시된 놀이하기 (가능하면 야외에서)

– 큰 아이들은 차례로 방 청소, 먼지 털기, 교구 정리하기 등 실생활을 위한

활동을 함

– 일반적인 청결 검사

– 대화

〈오후 2시~3시〉

– 찰흙(점토) 놀이 등 손으로 하는 작업

〈오후 3시~4시〉

– 단체 체조와 노래 부르기 (가능하면 야외에서)

– 생각하고 계획하는 능력을 키우는 활동: 동물과 식물 돌보기 등

대개 학교가 생기면 두 가지 관점을 고려하여 활동 시간표를 준비

해야 합니다. 학교 일과 시간의 길이를 정하고, 학업 활동과 일상생활 활동을 분배해야 하지요. 특수 학교와 마찬가지로 아이들은 어린이의 집에서 종일을 보냅니다. 가난한 아이들을 위해, 특히 노동자들의 공동 주택 단지에 있는 어린이의 집은 겨울에는 아침 9시에서 저녁 5시까지, 여름에는 아침 8시에서 저녁 6시까지 열어야 합니다. 성장에 도움이 되는 활동들을 하려면 아이들이 머무는 시간이 이 정도는 되어야 해요.

어린아이들의 경우, 하루 중 적어도 한 시간 정도는 침대에서 쉬어야 합니다. 로마에 있는 어린이의 집에서는 아이들이 각자 집에서 낮잠을 잘 수 있게 합니다. 어린이의 집과 가정이 한곳에 있기 때문에 아이들이 거리로 나갈 필요가 없지요. 일과에는 낮잠뿐만 아니라 점심 식사도 포함됩니다. 어린이의 집의 목표는 3세에서 6세 사이처럼 중요한 발달 시기에 아이들의 성장을 돕고 지도하는 것이라는 것을 명심해야 합니다.

어린이의 집은 아이들의 성장을 위한 정원입니다. 그렇게 오랜 시간 동안 아이들을 돌보는 이유는 학업 때문이 아닙니다. 우리 교육 방법에서 해야 하는 첫 번째 단계는 아이를 부르는 것이에요. 우리는 이제 아이의 관심, 내면의 삶, 그리고 아이가 다른 사람들과 함께하는 삶에 주목해야 합니다. 교육 방법 전체를 고려하여 아이들에게 사회 생활을 준비시키고, 아이들이 이러한 사회 활동에 관심을 갖게 해야 합니다.

첫 번째 어린이의 집을 설립하고서 일과 시간표를 만들었지만 완벽히 지킨 적은 없습니다. 어쩌면 일정표 자체가 자율성에 맞지 않을 수도 있지요. 일정표에서는 여러가지 실생활 활동들을 해 보는 것으로 하루를 시작합니다. 교육 프로그램에서 완전히 고정된 부분은 아래 활동들뿐이에요. 모든 어린이의 집에서 아래 활동들로 하루를 시작합니다.

- 청결
- 질서
- (몸의) 균형
- 대화

아이가 어린이의 집에 도착하자마자 아이의 청결 상태를 검사합니다. 가능하면 엄마가 있는 자리에서 하는데, 직접적으로 주의를 기울이게 하지는 않습니다. 손, 손톱, 목, 귀, 얼굴, 치아를 검사하고 머리가 잘 정돈되어 있는지 보는 거예요. 옷이 찢어져 있거나 해어져 있는지, 단추가 떨어져 있지는 않은지, 신발은 깨끗한지 아이들 스스로 살펴보게 합니다. 이렇게 하면 아이들이 스스로를 관찰하고 자신의 외모에 관심을 갖게 되지요.

어린이의 집의 아이들은 차례로 목욕을 합니다. 물론 매일 할 수는 없지요. 대신에 수업 시간에 교사는 작은 물동이와 세면대를 사용하여 아이들에게 씻는 방법을 가르칩니다. 예를 들면, 아이들은 손을 씻는 법과 손톱을 손질하는 법들을 배웁니다. 교사는 가끔 발을 씻는 법을 가르쳐 주고, 귀와 눈은 어떻게 조심스럽게 씻어야 하는지도 보여 줍니다. 양치질하고 입안을 헹구는 것도 알려 줍니다. 아이들은 이런 활동을 하면서 씻고 있는 신체 부위에 관심을 갖게 되지요. 그뿐 아니라 몸을 씻을 때 사용하는 도구도 알게 됩니다. 눈은 깨끗한 물로 씻고, 손을 씻을 때에는 비누와 물이 있어야 하고, 양치질을 할 때에는 칫솔이 필요하다는 것 등을 자연스럽게 배울 수 있어요.

큰 아이들에게 작은 아이들을 도와주는 법을 가르치면 어린아이들이 씻는 법을 더 빠르게 배울 수 있습니다. 이런 보살핌 활동을 한 후에 우리는 앞치마를 입습니다. 아이들도 앞치마를 스스로 입을 수 있고, 서로 도와주기도 합니다. 그리고 나서 교실에 들어갑니다. 모든 교구들이 잘 정돈되어 있고 깨끗한지 살펴봐요. 교사는 아이들에게 먼지가 쌓여 있는 구석을 어떻게 청소하는지 보여 줍니다. 그리고 걸레, 먼지떨이, 빗자루 등 청소 도구를 사용하는 법을 보여 줍니다. 아이들이 직접 청소를 하면 이 모든 것들은 아주 빨리 끝납니다. 이제 아이들은 각자 자리로 가지요. 교사는 아이들에게 자기 자리에서 조용하게 바른 자세로 앉도록 설명합니다. 두 발은 잘 모아 바닥에 놓고, 손은 탁자 위에 잘 두고 머리는 곧게 세우지요. 이런 자세를 통해 아이들은 몸의 균형과 마음의 평정을 배웁니다. 교사는 아이들이 조용하게 앉고 일어서도록 가르칩니다. 이런 식으로 아이들은 침착하고 조심스럽게 가구를 다루는 법을 배울 수 있습니다. 그러고 나서 아이들이 품위 있게 움직이도록 하는 활동들을 진행합니다. 가고 오고, 서로 인사하고, 물건을 조심스럽게 들어올리고, 다양한 물건들을 정중하게 받는 등의 활동이지요. 교사는 아이의 청결 상태, 잘 정돈된 교실, 조용히 앉아있는 태도, 품위 있는 움직임 등에 작은 감탄사로 아이들에게 관심을 표시합니다. 이것이 우리의 자유로운 교육의 시작점입니다. 교사는 더 이상 아이들에게 어떻게 움직이라고 지시하지 않아요. 교사의 역할은 무질서한 움직임들을 교정하는 것으로 제한합니다.

교사는 아이들의 태도와 교실의 정돈상태 등에 대해 이야기한 후 아이들과 대화를 나눕니다. 아이들에게 전날 무엇을 했는지 물어봅니다. 가족의 사생활을 묻는 것이 아니라, 아이들의 개인적인 활동과 놀이, 부모에 대한 태도 등을 물어봐야 해요. 계단에 흙탕물을 묻히지 않으면서 걸어 올라갈 수 있는지, 친구들에게 예의 있게 말했는지, 엄마가 하는 일을 도왔는지, 어린이의 집에서 배운 것을 가족들에게 보여 주었는지, 거리에서 놀았는지 등을 물어볼 수 있지요. 휴일의 다음 날인 월요일에 이런 대화는 더 길어집니다. 아이들에게 가족들과 무엇을 했는지 이야기하게 합니다. 아이들이 집에서 멀리 떨어진 곳에 갔다면 아이들이 먹으면 안 되는 것들을 먹은 것은 아닌지 물어볼 수도 있지요. 아이들이 불량 식품을 먹지 않게 하려면 그런 음식들이 얼마나 해로운지 가르쳐 줘야 합니다.

이런 대화를 통해 아이들의 언어 능력이 발달할 수 있기 때문에 교육적인 가치가 아주 크지요. 교사는 아이들에게 집이나 이웃에서 일어나는 사적인 일들은 말하지 않도록 이끌고, 유쾌한 대화가 될 수 있게 하는 주제들을 선택할 수 있습니다. 이렇게 하면 이야기하기에 바람직한 것들을 아이들에게 가르쳐 줄 수 있어요. 즉, 우리 삶을 채우고 있는 것들, 공개적인 행사들, 다른 집에서 있었던 일들이지요. 예를 들면, 세례식이나 생일 파티는 일상적인 대화의 주제가 될 수 있는 것들입니다. 교사는 대화를 통해 아이들이 자기자신에 대해 설명할 수 있게 합니다. 아침에 이런 대화를 한 후에 다양한 수업으로 넘어가지요.

식사

아이들의 식단

식사 문제를 빼고 일상생활 연습과 관련한 문제를 말할 수는 없지요. 아이들의 발달을 위해, 또 가정의 위생 상태가 좋지 않다면 적어도 아이들의 식단은 상당 부분 어린이의 집에 맡기는 것이 좋을 수 있습니다. 아이의 신체적인 특성에 맞게 식단을 조정해야 한다는 것은 잘 알려져 있지요. 아이들을 위한 약은 성인의 약에서 단순히 양을 줄인 것이 아니에요. 이와 같이, 아이들의 식단은 성인의 식사에서 양만 줄인 것이 아닙니다. 이런 이유로 가까이 있는 집에서 점심을 먹고 올 수 있는 아이라도 급식을 먹는 것이 좋다고 생각합니다. 그뿐 아니라, 아이들의 음식을 과학적으로 요리하는 방법이 각 가정에 보편화되기 전까지는 부유한 가정의 아이들도 급식을 먹는 것이 좋아요.

먼저 아이들의 식단을 준비할 때에는 재료들을 잘게 썰어야 합니다. 아이들의 저작 능력은 아직 완전히 발달하지 않았고, 소화력도 약하기 때문입니다. 결과적으로 수프나 죽, 미트볼 같은 음식들이 아이들의 식탁에 올라와야 하는 것이지요.

2~3세 아이들은 주로 우유와 계란을 먹이는 것이 좋지만, 2세 이후에는 브로스broth도 권장합니다. 3년 6개월이 지나면 고기, 채소, 과일을 먹여도 좋습니다. 식단에 대한 자세한 레시피가 도움이 될 거예요.

• 브로스

고기의 양은 브로스 1세제곱센티미터당 1그램이어야 하며 찬물에 담가 두어야 합니다. 향이 나는 허브를 사용해서는 안 되며, 조미료는 소금만 쓸 수 있어요. 고기는 두 시간 동안 끓여야 합니다. 버터 대신 마가린 같은 대용품을 사용하는 것은 절대 안 됩니다. 브로스는 신선하게 준비해야 해요. 그러니 고기는 식사 두 시간 전에 불에 올리는 것이 좋아요. 브로스가 식자마자 화학 물질들이 분리되기 시작하거든요. 화학 물질은 아이들에게 해롭기도 하고 설사를 유발할 수도 있습니다.

• 수프

아주 간단하고, 적극 추천하는 조리법은 빵을 소금물이나 브로스에 넣고 끓이면서 기름을 풍부하게 더해 주는 것이지요. 아이들을 위한 기본적인 수프이고 훌륭한 영양식입니다. 버터를 발라 구운 작은 빵조각을 넣어서 끓인 수프와 아주 비슷합니다. 빵을 갈아 넣어 만든 수프도 여기에 속합니다. 콩과 같은 채소를 으깨어 넣은 수프도 아주 좋습니다.

먼저 소금물에 삶아 채소의 껍질을 벗기고 식힌 다음, 버터를 넣고 으깹니다. 그런 다음 으깬 채소를 끓는 물에 천천히 저어 주면 채소가 녹아내리는데, 이때 덩어리가 남지 않게 주의합니다. 채소 수프는 돼지고기로 맛을 낼 수도 있습니다. 브로스 대신에 설탕을 넣은 우유를 사용해도 됩니다.

브로스나 우유로 만든 쌀 수프를 강력하게 추천합니다. 풍부한 버터로 맛을 낸 옥수수 브로스도 괜찮아요. 만약 경제적으로 여유가 없어서 브로스를 만들 수 없다면, 빵을 끓여 만든 수프나 기름을 더한 죽을 만들어 주세요. 브로스로 만든 것과 똑같이 좋습니다.

• 우유와 계란

우유와 계란은 소화가 잘 될 뿐만 아니라, 세포 조직으로의 흡수를 촉진시키고 특히 아이들의 성장에 좋은 효소를 함유하고 있습니다. 이때 신선한 우유와 계란을 준비하는 것이 아주 중요합니다. 우유와 계란에는 그것들을 생산하는 동물의 생명력이 담겨 있거든요. 갓 짜낸 신선한 우유와 온기가 남아 있는 계란은 영양소 흡수가 아주 잘 됩니다.

반면에 조리를 할 경우, 흡수율을 높였던 특별한 조건이 없어집니다. 그래서 요즘에는 아이들을 위한 유제품을 생산하는 낙농장들이 생겼습니다. 이런 농장에서 생산되는 우유는 살균이 잘 되어 있지요.

우유를 생산하는 동물들을 위한 환경도 굉장히 청결합니다. 착유를 하기 전에 젖소의 젖꼭지를 소독하고, 우유를 짜는 사람의 손과 우유통도 소독합니다. 우유를 멀리 운반할 경우에는 우유통을 밀봉해야 합니다. 이렇게 생산된 우유가 아니라면, 박테리아가 없어서 살균할 필요가 없고 영양을 온전하게 보존한 우유를 구해야 해요.

계란에 대해서도 할 말이 많지요. 가장 좋은 방법은 암탉에게서 가져온 아직 따뜻한 달걀을 아이가 바로 먹게끔 하고, 야외에서 활동하며 소화시키는 것입니다. 이렇게 하는 것이 가능하지 않을 경우에는 신선한 것으로 준비해야 하고, 살짝 삶는 것이 좋아요. 우유 수프, 오믈렛처럼 조리된 것들도 좋은 음식들이고 권장할 만합니다. 하지만 영양소가 잘 흡수되는 특성은 사라지겠지요.

• 고기

모든 고기가 아이들에게 잘 맞는 것은 아니에요. 고기를 요리하는 방식도 아이의 나이에 따라 달라야 합니다. 예를 들면, 3세에서 5세 사이의 아이들은 곱게 갈아 만든 고기만 먹어야 하지만, 5세가 되면 아이들은 고기를 잘 씹을 수 있어요. 이 시기의 아이들은 음식을 빨리 삼키는 경향이 있으니 음식을 정확하게 씹는 방법을 가르치는 것이 좋습니다. 그렇지 않으면 소화가 잘 되지 않고 설사를 할 수도 있어요.

이것이 어린이의 집에서의 급식이 매우 유용하고 편리한 또 다른 이유입니다. 아이들의 전체 식단이 교육 시스템과 이어져 합리적으로 관리될 수 있거든요.

아이들에게 가장 적합한 고기는 하얀 살코기입니다. 우선 닭고기이고, 그 다음에는 송아지 고기지요. 또한 가자미, 꼬치고기, 대구와 같은 생선살도 좋아요. 4세 이후에는 다진 쇠고기도 식단에 넣을 수 있어요. 하지만 돼지고기, 장어, 참치살 등과 같이 지방이 많은 고기는 절대적으로 배제해야 합니다. 굴이나 랍스터 같은 연체류나 갑각류도 마찬가지입니다. 곱게 저민 고기, 간 빵을 우유와 계란에 풀어서 버터에 튀긴 크로켓도 건강에 좋은 요리입니다. 저민 고기와 절인 과일을 계란에 푼 다음, 공 모양으로 뭉쳐서 만든 미트볼도 권장할 만합니다. 5세가 되면 닭과 같은 가금류의 가슴살을 구운 요리, 송아지 고기 커틀릿이나 다진 쇠고기 요리도 괜찮아요.

• **유제품**

아이들의 식단에서 치즈 종류는 전부 빼야 합니다. 우유로 만든 식품 중에서 3~6세의 아이들에 적합한 것은 신선한 버터뿐입니다.

• **커스터드**

아주 신선한 우유와 계란으로 만든 커스터드도 권장할 만합니다. 신선한 재료를 써야 한다는 조건을 엄격하게 지킬 수 없다면 커스터드는 식단에서 빼는 것이 좋습니다. 필수 사항은 아닙니다.

• **빵**

수프를 소개할 때 말한 내용에서 보듯이 빵은 아이에게 훌륭한 음식이라는 것을 짐작할 수 있어요. 빵가루는 소화가 잘 되지 않지만, 말려 두면 브로스를 만드는 데 사용할 수 있습니다. 아이에게 빵 한 조각을 줄 때에는 빵의 끝부분을 떼어 주는 것이 좋아요. 아이가 막대빵을 먹을 수 있다면 막대빵도 좋습니다.

빵에는 탄수화물이 풍부하지만 지방은 부족해요. 빵은 완전식품이 아닙니다. 식단의 기본 영양소는 단백질, 탄수화물, 지방이니까요. 그래서 버터를 바른 빵을 먹여야 하고, 이는 아침식사로 충분합니다. 버터와 함께 으깬 감자는 아이들에게 훌륭한 영양 보충 식품이 되지요.

- **녹색 채소들**

아이들에게 샐러드와 녹색 채소를 날로 먹이면 안 됩니다. 익힌 것들만 먹여야 합니다.

- **과일(열매)**

과일 중에도 아이들에게 좋은 것들이 있습니다. 과일도 우유나 계란과 마찬가지로 갓 채취해서 신선한 것들이 잘 흡수됩니다. 하지만 도시에서는 이런 조건을 만족시키기 쉽지 않아요. 따라서 최고로 신선하지는 않아도 다양한 방식으로 조리할 필요가 있어요. 또한 과일이라고 해서 모두 아이들에게 좋은 것은 아닙니다. 고려해야 할 주요 사항은 과일의 숙성 정도, 과육의 부드러운 정도와 당도 및 산도acidity입니다. 복숭아, 살구, 포도, 건포도, 오렌지 및 귤은 있는 그대로 아이들에게 먹여도 좋아요. 배, 사과, 자두와 같은 기타 과일들은 조리하거나 시럽으로 준비해야 합니다. 무화과, 파인애플, 대추, 멜론, 체리, 호두, 아몬드, 헤이즐넛, 밤은 다양한 이유로 유아기의 식단에서 제외됩니다. 과일을 준비할 때는 껍질처럼 소화되지 않는 부분은 모두 제거해야 하며, 어린이가 부주의로 섭취하여 해로울 수 있는 씨앗과 같은 부분도 제거해야 합니다. 아이가 4~5세 정도가 되면 씨를 잘 빼서 버리는 방법과 과일 껍질을 벗기는 방법을 일찍 배우는 게 좋아요. 과일 먹는 법을 잘 배운 아이들은 나중에 좋은 과일을 올바른 방식으로 먹을 수 있어요.

과일은 요리하거나, 설탕을 이용하는 두 가지 과정으로 준비할 수 있습니다. 간단한 요리 외에도 과일은 잼과 젤리로 만들 수도 있지만 부유한 가정에서만 가능할 거예요. 설탕에 조린 과일은 아이들의 식단에서 절대적으로 제외됩니다.

• 조미료

아이들 식단에서 중요한 단계는 조미료에 관한 것입니다. 이미 언급했듯이 설탕과 약간의 지방 성분은 소금(염화 나트륨)과 함께 조미료에서 주요한 부분을 차지해요. 여기에 유기산(아세트산, 구연산), 즉 식초와 레몬즙을 추가합니다. 식초와 레몬즙은 생선이나 크로켓, 시금치 등의 요리에 유용합니다. 마늘과 같은 몇몇 채소들은 장과 폐를 소독하고 직접적인 구충 작용을 하기 때문에 아이들에게 적합한 조미료가 될 수 있습니다. 반면 후추나 계피, 정향, 특히 겨자와 같은 향신료는 절대적으로 배제되어야 합니다.

· **음료**

　성장하는 아이의 몸에는 충분한 수분이 필요하므로, 지속적으로 수분을 공급해 줘야 합니다. 음료 중에서 가장 좋은 것은 바로 깨끗한 물입니다. 경제적 여유가 있다면, 약알칼리성인 식수에 블랙체리 시럽 등을 섞어서 줄 수도 있습니다.

　모든 발효 음료와 신경계를 자극하는 음료가 아이들에게 해롭다는 것은 이제 일반적인 상식입니다. 따라서 모든 알코올 및 카페인 음료는 아이들의 식단에서 절대적으로 배제됩니다. 알코올이 아이의 신체에 해롭다는 것은 더 설명이 필요 없는 사실이지만, 지속적으로 문제를 제기하는 것은 필요합니다. 알코올은 신체에 특히 치명적인 독성 물질입니다. 발달 장애를 유발할 수 있을 뿐만 아니라, 신경성 질병(간질, 수막염), 소화 기관 및 신진대사의 질병(간경변, 소화 불량, 빈혈)을 유발할 수도 있습니다. 어린이의 집이 이러한 사실을 사람들에게 알리는 데 성공한다면 후세의 삶에 크게 기여하는 것입니다. 아이들에게 커피 대신에 볶은 보리나 엿기름, 특히 우유와 함께 초콜릿을 먹여 보세요.

식사 시간 분배

　아이들의 식단에서 함께 고려할 것은 식사 시간의 분배에 관한 것입니다. 여기에는 하나의 원칙만이 존재해야 합니다. 아이들이 건강을 유지하고 소화가 잘 되도록 식사 시간을 엄격하게 지켜야 한다는 것이지요. 아이들이 잘 자라기 위해서는 시간에 관계없이 잘 먹여야 한다는 편견이 사람들 사이에 만연해 있어요. 이런 무지는 아이들에게 아주 치명적인 해를 입힙니다. 아이들의 소화 기관은 아주 예민하기 때문에 어른보다 더 규칙적인 식사를 해야 해요. 어린이의 집이 아이들의 양육을 위해 적합한 곳이라는 이유가 여기에 있습니다. 장시간의 교육 프로그램뿐만 아니라 아이들의 식단까지 관리할 수 있으니까요. 아이들은 정해진 식사 시간 외에는 음식을 먹어서는 안 됩니다.

하루 일과가 긴 어린이의 집에서는 식사를 두 번 해야 합니다. 정오에 푸짐한 점심을 먹고, 오후 네 시쯤 가벼운 간식을 먹지요. 푸짐한 식사에는 수프, 고기 요리, 빵이 있어야 하며 과일이나 커스터드, 버터 바른 빵을 곁들여도 좋아요. 네 시에는 기본 빵부터 버터를 바른 빵, 과일잼, 초콜릿, 꿀, 커스터드 등을 곁들인 빵 등으로 가벼운 식사를 준비해야 합니다. 바삭한 크래커, 비스킷, 익힌 과일 등도 유용한 식사가 될 수 있어요. 빵을 담근 우유, 막대빵과 반숙 계란 또는 '멜린 유아식Mellin's Food'을 한 숟가락 탄 우유 등도 점심으로 괜찮아요. 멜린 유아식은 아주 권장할 만해요. 소화도 잘 되고 맛과 영양적인 측면에서 모두 좋습니다. 보리와 밀로 만든 분말 형태로, 해당 곡물의 영양소가 농축되어 있습니다. 곡물 분말은 뜨거운 물에서 천천히 녹아요. 뜨거운 물로 녹인 다음 그 위에 신선한 우유를 붓고 잘 섞어서 마시면 됩니다.

아이들은 집에서 아침과 저녁, 두 번의 식사를 합니다. 저녁 식사는 아이들이 잠자리에 들어야 하므로 아주 가볍게 해야 합니다. 이러한 식단에 대해 어머니들에게 알려 주고 아이들을 위해 어린이의 집의 위생 활동을 돕게 하는 것이 좋습니다. 저녁 식사로는 수프와 계란 반숙 또는 우유 한 컵을 권장합니다. 아이들은 하루에 수프를 두 번 먹는 것이 좋아요. 또는 우유를 베이스로 한 쌀 수프와 버터를 바른 빵, 익힌 과일 등도 괜찮아요.

어린이의 집에서는 채소 수프를 적극 권장했는데, 특히 경제적으로 낙후된 곳에서 더 그랬습니다. 텃밭에서 식단에 사용할 수 있는 채소를 재배할 수 있으니까요. 과일도 마찬가지이고, 동물도 직접 길러서 신선한 달걀과 우유를 얻고자 했어요. 염소의 젖을 짜는 일은 큰 아이들의 몫이었지요. 젖을 짜기 전에는 손을 꼼꼼하게 씻어야 해요. 이 외에도 급식 활동과 관련하여 배울 수 있는 것은 식탁 준비하기, 식탁보 정리하기, 그리고 식기 이름 배우기 등입니다. 이 활동의 난이도를 어떻게 올리면 좋을지, 어떤 교육적인 역할을 하는지는 나중에 이야기하겠습니다.

자신뿐만 아니라 주변의 청결도 유지하며 식사하도록 가르치는 것은 아주 중요합니다. 예를 들면, '냅킨을 더럽히지 않기' 같은 것이지요. 식기 사용법도 가르쳐야 합니다. 어린아이들은 숟가락만 사용하게 하고, 큰 아이들은 포크와 나이프도 사용하게 해요.

Chapter
5

근육을 발달시키는 신체 활동
- 체조

사람들은 체조에 대해 잘못된 생각을 가지고 있는 것 같습니다. 학교에서는 체조를 전반적인 근육 훈련으로 가르치고, 아이들은 명령에 따라 명확하고 질서 정연한 동작을 따라합니다. 그런 활동은 자발적인 움직임을 억누르고 다른 사람이 되기를 강요하는 것과 같아요. 이처럼 강제적인 활동을 선택하는 심리학적 근거가 무엇인지 모르겠어요. 의학 체조에서 비슷한 동작들을 활용하지만, 이는 근육 무력증이나 근육 마비를 회복하기 위한 것이지요. 환자들을 위한 동작인데, 일반적인 아이들이 이런 동작을 따라할 때 무엇이 좋다는 것인지 잘 모르겠습니다. 이러한 동작 이외에 체육관에서 하는 체조도 있는데, 곡예사의 훈련 첫 단계와 매우 비슷해요. 학교에서 하는 체조를 비판하려는 것은 아니지만, 확실히 이런 체조는 우리의 고려 대상이 아닙니다.

우선 체조는 걷기, 숨쉬기, 말하기 등의 생리적인 운동의 발달을 돕는 근육 훈련이어야 해요. 그리고 옷 입기, 옷 벗기, 단추 채우기, 신발 끈 묶기, 공이나 상자 등과 같은 물건 나르기처럼 일상적인 동작들을 가르치는 훈련이기도 합니다. 3세에서 6세 사이의 아이들에게는 이와 같은 훈련이 반드시 필요한데, 걷기 활동이 특히 중요합니다.

신체의 성장에 있어서 이 시기의 아이들은 다리에 비해 몸통이 크게 발달하는 경향이 있어요. 신생아는 머리 끝에서 사타구니까지의 길이가 몸 전체 길이의 68퍼센트 정도를 차지합니다. 그러면 다리는 겨우 32퍼센트에 불과하지요. 성장하면서 이러한 상대적 비율은 가장 눈에 띄게 변합니다. 성인의 몸통은 전체 신장의 절반 정도가 됩니다. 신생아와 성인 사이의 이러한 형태적 차이는 성장하는 동안 매우 천천히 변하지만, 1세 때에는 몸통이 신장의 65퍼센트 정도이고, 2세 때에는 63퍼센트, 3세 때에는 62퍼센트 정도가 됩니다. 아이가 유치원에 들어갈 나이가 되어도 다리는 몸통에 비해 여전히 매우 짧습니다. 전체 신장의 겨우 38퍼센트 정도입니다. 5세에서 7세 사이 아이들의 몸통 비율은 신장의 56퍼센트에서 57퍼센트 정도가 됩니다. 이 기간에 아이의 키는 눈에 띄게 성장합니다. 실제로 3세 때 약 0.85미터, 6세 때 약 1.05미터 정도가 되지요. 몸통과 다리의 상대적인 비율도 크게 변합니다. 이런 성장은 장골의 말단에 여전히 존재하는 연골층과 관련이 있으며 일반적으로는 불완전한 골화 상태와 관련이 있습니다. 다리의 연약한 뼈가 상대적으로 큰 몸통의 무게를 지탱해야 합니다. 이 모든 것을 고려한다면, 어린아이들이 걷는 방식을 성인 기준으로 판단해서는 안 됩니다. 아이가 힘이 없으면 꼿꼿한 자세와 걷는 동작은 피로의 원인이 되며, 장골은 몸의 무게를 견디지 못하고 쉽게 변형될 수도 있어요. 특히 영양 상태가 좋지 않은 아이들에게서 이러한 현상이 생길 수 있습니다. 또한 구루병 증상이 나타나지는 않더라도, 골격이 잡히는 속도가 느린 아이들에게서 생기는 현상이기도 합니다.

어린아이들의 신체를 성인과 똑같이 생각하면 안 됩니다. 아이들의 신체는 각 나이에 해당하는 특성들이 있어요. 아기가 허리를 펴고 다리를 허공에 차는 것은 신체 비율과 관련이 있습니다. 아기는 네 발 달린 동물처럼 몸에 비해 팔다리가 짧기 때문에 네 발로 걷는 것을 좋아합니다. 우리는 이런 자연스러운 현상에 간섭하여 어른처럼 걷도록 강요하고, 아이들이 원하는 대로 하지 못하게 하지요. 참으로 치명적인 실수입니다. 다리가 휜 아이들이 생기는 것은 이 때문입니다. 엄마들에게 양육에 관한 지식들을 가르칠 필요가 있어요. 아이들에게 필요한 동작에 맞는 체조를 개발하면 아이들의 팔다리는 더 이상 피로에 시달리지 않을 것입니다.

어린이의 활동을 돕는 매우 간단한 방법은 아이들을 관찰하는 것입니다. 한 교사가 아이들과 정원의 안뜰을 함께 걷고 있었습니다. 강한 철사로 만들어진 작은 울타리가 이 정원을 보호하고 있어요. 울타리의 철사는 위아래로 마치 평행선처럼 되어 있고, 나무 말뚝이 간격을 두고 울타리를 지지하고 있지요. 아이들은 울타리를 따라 걷다가 지치면 습관적으로 작은 난간에 앉아서 쉬었습니다. 아이들을 위한 작은 의자를 벽에 기대어 놓기도 했지요. 때때로 2살 반에서 3살 정도의 어린아이들이 대열에서 뒤쳐지고는 했지만, 그 아이들은 땅이나 의자에 앉지 않았어요. 대신에 울타리를 따라 설치된 위쪽 철사를 잡고 발은 땅에서 가장 가까운 철사에 걸쳐 놓았습니다. 더 큰 아이들이 걸어오는 것을 보면서 크게 웃는 것을 보니, 아이들은 이렇게 울타리에 매달리는 것이 재미있는 듯했어요.

사실은 이 작은 아이들 덕택에 문제를 해결할 수 있었던 것이나 다름없습니다. 아이들은 몸을 옆으로 당기면서 철사를 따라 이동하는 방식으로 몸의 무게를 싣지 않으면서 팔다리를 움직였습니다. 이런 기구를 체육관에 설치하면 바닥에 몸을 던지고 공중에 발을 차고 싶어 하는 어린아이들의 욕구를 충족시킬 수 있을 것이라는 생각이 들었어요. 작은 울타리 위에서 하는 동작들은 아이들이 원하는 신체 동작이었거든요.

우리는 작은 울타리를 놀이방에 설치하기로 했습니다. 기초가 되는 아래 부분은 무겁게 하고, 그 위에 직각으로 기둥들을 단단히 고정시킵니다. 아이들은 이 작은 울타리 위에서 놀면서 다른 아이들이 무엇을 하고 있는지 즐겁게 내다볼 수 있을 것입니다. 다른 운동 기구들도 같은 방식으로 만들 수 있어요. 이러한 기구의 목표는 아이들의 신체적 욕구를 해결해 주는 것이지요.

아이들의 다리를 발달시키고 무릎을 강화하기 위해 세갱이 고안한 것이 트램폴리노trampoline인데, 그네의 일종이라고 볼 수 있어요. 앉는 자리가 아주 넓어서 아이가 팔다리를 펼쳐도 괜찮을 정도지요. 작은 의자가 튼튼한 줄에 매달려 있고, 그네 앞에는 강하고 매끄러운 판으로 작은 벽을 만들어 놨어요. 아이들이 그네를 타면서 발로 벽을 밀어낼 수 있게 말이지요. 그네를 타다 보면 다리에 몸무게를 싣지 않고서도 팔다리를 단련할 수 있습니다.

신체적으로 아주 중요한 운동은 아니지만, 아이들이 매우 재미있어하는 운동 기구가 있는데, 바로 진자 놀이Pendulum입니다. 진자 놀이는 혼자서 할 수도 있고 여러 명이 할 수도 있어요. 의자에 앉은 아이들이 끈에 매달려 있는 작은 공을 쳐서 상대방에게 보냅니다. 팔과 척추를 위한 운동일 뿐만 아니라 눈으로 움직이는 물체의 거리를 재는 능력을 키워 주지요. '바닥에 선을 긋고 걷기' 놀이는 분필로 땅에 선을 긋고, 그 선을 따라 걷는 놀이입니다. 이 놀이는 아이들의 움직임을 주어진 방향으로 향하게 하는 데에 도움이 되는데, 눈이 왔을 때 더 신나게 할 수 있습니다. 아이들이 움직이면서 만든 길은 규칙적인 모습을 보이고, 누가 더 똑바로 걷는지 시합할 수도 있어요. 작고 둥근 계단 놀이는 나선형으로 만들어진 나무 계단을 이용한 놀이예요. 아이들이 손으로 잡을 수 있는 난간이 계단의 한쪽을 둘러싸고 있고, 다른 한 쪽은 원형으로 열려 있어요. 아이들이 난간을 붙잡지 않고 계단을 오르내리는 연습을 하게 합니다. 아이들은 올바른 자세로 계단을 오르내리는 것을 배우게 됩니다. 계단의 발판은 아주 낮아야 해요. 아이들은 어른들의 신체 비율에 맞게 설계된 계단을 오를 수 없으니까요.

멀리뛰기를 위한 운동 기구도 있어요. 다양한 색을 칠한 나무판을 이용합니다. 나무판 위에 그려 놓은 선으로 거리를 측정할 수 있어요. 이 나무판으로 높이뛰기도 연습할 수 있어요. 줄사다리도 아이들의 활동에 맞게 이용할 수 있다고 생각해요. 짝을 지어 사용하면 무릎 꿇기, 일어나기, 앞뒤로 구부리기 등과 같은 다양한 동작을 완벽하게 연습할 수 있을 거예요. 실제 사다리를 사용하지 않고도 몸의 균형을 잃지 않으면서 움직이는 방법을 연습할 수 있지요.

이 모든 활동들은 아이들이 몸의 균형을 잡는 법은 물론, 필요한 근육을 움직이는 법을 습득하게 도와줍니다. 여기 소개된 활동들은 손동작을 배우기에 앞서, 손의 미세한 움직임을 강화해 주는 운동입니다. 손동작은 가장 원시적이면서 필수적인 움직임입니다. 세갱은 이런 운동 기구를 활용하여 아이들이 여러 동작들을 배우게 했습니다. 체육관은 아이들이 걷기, 물건 던지기, 계단 오르내리기, 무릎 꿇기, 일어나기, 뛰기 등과 같은 일상적인 동작을 잘할 수 있도록 다양한 운동을 하는 장소입니다.

자유로운 신체 놀이

자유로운 신체 놀이는 기구를 사용하지 않는 운동을 말합니다. 첫 번째 운동은 행진입니다. 균형을 잡는 것이 목표이고, 행진 활동을

비아 주스티(VIA GIUSTI) 학교 정원에 있는 몬테소리 박사

할 때에는 짧은 노래를 함께 부르면 좋아요. 숨쉬기 활동을 통해 폐를 강화할 수 있거든요. 자유 놀이에서는 아이들에게 공, 홀라후프, 콩주머니beanbag, 연 등을 제공합니다. 정원의 나무들은 땅따먹기 놀이와 술래잡기 놀이를 하는 데 좋아요.

교육적인 신체 놀이

교육적인 신체 놀이에는 일련의 동작들이 있습니다. 예를 들면, 식물에 물 주기와 가지치기, 닭에게 줄 모이 나르기 등이지요. 이런 활동들을 하려면 다양한 협응 동작들이 필요해요. 예를 들면, 괭이질 하기, 식물을 심기 위해 허리 숙이기, 일어나기 등이지요. 아이들이 물건을 특정한 장소로 옮기고, 물건들을 실용적으로 사용하는 움직임은 아주 중요한 활동입니다. 옥수수알이나 귀리처럼 아주 작은 물체를 뿌리는 동작도 가치가 있어요. 정원과 닭장으로 통하는 문을 열고 닫는 동작도 좋은 운동입니다. 이 모든 활동들은 야외에서 하는 것들이라 더 가치가 있습니다. 우리가 하는 교육적인 체조는 손가락의 협응 동작들을 발달시키고, 아이들에게 옷을 입고 벗는 것과 같은 일상생활 동작들을 준비하게 합니다. 마지막 체조를 위한 교구는 아주 간단해요. 천이나 가죽 두 조각을 붙인 나무틀 위에 잠그거나 풀 수 있는 단추와 단춧구멍, 후크, 작은 구멍과 끈 또는 자동 잠금 장치를 장착합니다.

위 – 단추 채우기를 배우는 3.5세 아이와 4세 아이
아래 – 리본과 단추가 달린 틀 (아주 초기 활동들 중 하나)

어린이의 집에서는 사진과 같은 틀 열 개를 사용합니다. 옷을 입고 벗을 때의 다양한 과정들을 가르치기 위해 각각의 틀을 만들었어요.

1. 겉옷: 큰 단추로 잠그는 무거운 양모 조각이 붙어 있어요.

2. 속옷(내의): 진주 단추로 잠그는 리넨 조각이 붙어 있어요.

3. 신발: 신발 단추가 달린 가죽 조각이에요. 가죽 조각을 고정할 때 아이들은 단추 걸이를 사용합니다.

4. 작은 구멍에 신발 끈을 꿰어야 하는 가죽 조각

5. 두 장의 천을 함께 묶는 틀 (이탈리아 농부들이 입는 상의에 해당합니다.)

6. 큰 고리로 잠그는 천 2장

7. 작은 고리와 작은 구멍으로 잠그는 리넨 조각 2장

8. 색깔 리본으로 매듭을 지어야 하는 천 2장

9. 둥근 끈으로 묶인 천 조각들 (내의 단추를 채우는 것과 같은 순서입니다.)

10. 지퍼로 잠그는 천 조각 2장

이러한 장난감을 이용하여 옷을 입거나 벗는 데 필요한 움직임을 알게 되고, 반복적인 연습을 통해 이러한 동작들을 스스로 익힐 수 있어요. 아이들이 동작을 의식하지 않으면서 스스로 옷을 입는 방법을 배우게 됩니다. 어떠한 직접적이고 독단적인 명령도 없이 말이지요. 옷을 입는 방법을 익히면 아이들은 자신들의 능력을 응용하고 싶어 해요. 스스로를 자랑스러워하고, 다른 사람의 도움을 받지 않아도 되는 것에 기뻐합니다. 아이들은 이런 단추 끼우기 놀이를 아

주 좋아해요. 열 명의 아이들이 단추 놀이 틀을 가지고 작은 탁자에 앉아서 놀이를 하고 있으면 꼬마 노동자들이 일하고 있는 것처럼 보이기도 합니다.

호흡기 활동

이 활동의 목적은 호흡의 기술을 가르치는 것이지요. 올바르게 말하는 습관을 형성하는 데에도 도움이 됩니다. 살라Sala 교수는 우리의 활동을 논문에 소개하기도 했어요. 논문에서는 이 활동을 '말더듬 치료'라고 설명하고 있습니다. 근육을 함께 움직이는 호흡 운동이 많이 포함되어 있어요. 아래 예시를 보세요.

입을 크게 벌리고 혀는 평평하게 유지하며 손을 엉덩이 양쪽 옆에 얹습니다.
깊게 숨을 들이마시면서 어깨를 위쪽으로 들고 횡격막을 내립니다.
숨을 천천히 내쉬면서 어깨를 천천히 낮추고 정상 위치로 돌아옵니다.
교사는 팔 동작과 함께 숨쉬기 운동을 진행해야 합니다.

입술과 혀, 치아를 올바르게 사용하도록 하는 운동도 있습니다. 이 연습 동작을 통해 기본적인 자음을 발음할 때 입술과 혀가 어떻게 움직이는지 가르치고, 근육을 강화할 수 있어요. 시작은 전체 학급이 하지만, 끝낼 때에는 아이들을 개별적으로 테스트하면서 마무리합니다. 아이들이 단어의 첫 음절을 큰 소리로 힘차게 발음하게 합니다. 이 활동을 더 강조하고 싶다면 아이들을 따로 불러서 단어를 반복적으로 말하게 합니다. 발음이 정확한 아이는 오른쪽으로, 그렇지 않으면 왼쪽으로 보냅니다. 특정 단어를 발음하기 어려워하는 아이들은 그 단어를 여러 번 반복하게 해요. 교사는 아이의 나이를 기록할 뿐만 아니라, 발음할 때 사용되는 근육의 움직임에 특정한 문제가 있는지 잘 살펴봐야 해요. 교사는 발음할 때 사용되는 근육을 만져 볼 수도 있어요. 예를 들면 입술을 가볍게 두드리거나 아이의 혀를 만져 보는 것이지요. 혀가 치열궁에 잘 닿는지 살펴보고, 교사가 직접 발음하면서 발음 기관의 움직임을 보여 주기도 합니다. 교사는 아이들이 단어를 정확하게 발음할 수 있게 모든 면에서 노력해야 합니다.

발음 운동의 기초로 아이들이 파네pane, 빠메fame, 타나tana, 지나zina, 스텔라stella, 라나rana, 가토gatto를 발음하게 합니다.

파네pane를 발음할 때에는 아이는 "파pa, 파pa, 파pa"라고 힘주어 반복적으로 발음해야 입술을 둥근 모양으로 모으는 운동을 할 수 있어요.

빠메fame에서 빠fa, 빠fa, 빠fa를 반복하여 발음할 때에는 아랫입술을 윗니 뒤에 대는 연습을 합니다.

타나tana를 발음할 때에는 타ta, 타ta, 타ta를 반복적으로 하면서 혀를 윗니 바로 뒤 치열궁으로 움직이는 연습을 합니다.

지나zina를 발음할 때에는 혀끝이 윗 치열궁에 거의 닿게 합니다.

스텔라stella를 전체 단어로 발음할 때에는 치아를 모으고 혀를 앞쪽으로 살짝 이동하면서 윗니 바로 뒤에 가깝게 위치시킵니다.

라나rana에서는 르r, 르r, 르r를 반복적으로 발음하게 하여 혀의 떨리는 움직임을 연습합니다.

가토gatto에서는 'g' 발음을 하기 위해 목소리가 나오기 전에 잠깐 참아야 합니다.

자연과 함께하는 교육
(식물과 동물 키우기)

이타르Itard는 〈아베롱Aveyron의 어린 야생아〉라는 교육학 논문에서 원시 상태의 어린아이가 인지적 장애를 극복하는 이야기를 자세하게 설명하고 있습니다. 아베롱의 야생아는 자연 상태에서 자란 아이였습니다. 아이가 죽었다고 생각한 사람들이 아이를 숲에 버렸지만, 아이는 사냥꾼에게 발견되기 전까지 몇 년 동안 야생에서 자유롭게 살았습니다. 이후 파리에서 문명의 삶을 시작했지만, 아이의 작은 몸에는 거친 삶의 흔적들이 고스란히 남아 있었지요. 아이는 말을 하지 못하는 상태였고, 피넬Pinel은 아이의 정신 상태를 지적 장애라고 진단했습니다. 인지적인 교육은 거의 불가능한 상태였어요.

교육학적으로 긍정적인 성과도 있었습니다. 의사였던 이타르는 청각 장애인을 치료하는 방법으로 이 아이를 교육하기 시작했어요. 처음에는 아이가 퇴화된 존재이기 때문이 아니라, 교육이 부족해서 열등한 특성을 보인다고 믿었습니다. 이타르는 "일하지 않는다면 인간은 아무것도 아니다"라는 엘베시우스Helvetius의 원칙을 따르는 사람이었으며, 교육의 전지전능함을 신봉했습니다. 반면에 "신이 창조한 모든 것은 선하지만, 모든 것은 인간의 손 안에서 타락한다"고 말하며 교육은 해롭고 사람을 망친다고 한 루소의 원칙에는 반대했습니다.

피넬의 도움으로 이타르는 이 아이가 장애와 관련이 있다는 것을 알게 되었고, 그의 이론은 실험적인 교육학으로 자리를 잡습니다. 이타르는 교육을 두 가지 과정으로 나누었습니다. 아이를 자연 상태의 생활에서 사회적 생활로 이끄는 것이 우선이었고, 인지적인 교육이 그 다음이었지요. 비록 야생에 버려진 삶을 살았지만, 아이에게는 한 가지 행복한 점도 있었습니다. 바로, 자연에 동화되는 삶을 살았다는 것입니다. 비, 눈, 거센 비바람, 무한한 공간은 행복의 원천이었습니다. 인간 사회에서 산다는 것은 그 모든 것들을 포기하고 인간으로서의 진보를 선택하는 것이지요. 이타르는 논문에서 야만인을 문명으로 이끌었던 도덕적인 작업을 생생하게 묘사하고 있고, 아이의 주변 환경을 사랑의 보살핌으로 채워야 한다는 것을 강조합니다. 이타르는 아이의 자발적인 표현을 관찰했는데, 이 과정에서 그의 인내심과 자기 절제가 잘 드러났습니다. 이는 교사들에게 정말로 필요한 덕목이에요.

방 안에 있는 아이를 관찰하였다. 아이는 무료하게 방에서 어슬렁거리고 있었다. 반복적으로 창밖을 향하던 시선은 허공에서 방황하는 것처럼 보였다. 갑작스럽게 폭풍우가 치거나, 구름 뒤에 숨어 있던 태양이 환하게 나타나면 큰 웃음을 터뜨리며 격렬하게 좋아했다. 때때로 이런 기쁨의 표현 대신에 강렬한 분노를 보이기도 했다. 팔을 비틀고, 단단하게 쥔 주먹을 눈에 대기도 하고, 치아를 바드득 갈기도 해서 주변 사람들이 위협을 느끼는 경우도 있었다. 어느 날 눈이 많이 내린 적이 있었는데, 아이는 아파서 침대 안에 계속 머무르고 있었다. 잠에서 깨어난 아이는 눈이 오는 것을 보고 즐거운 비명을 지르며 침대에서 뛰어나와 창으로 달려가고, 다시 문으로 달려가기를 계속했다. 그러고는 벌거벗은 채 정원으로 나갔다. 기쁨의 환호성을 날카롭게 지르면서 달렸고, 눈 위에서 구르기도 하고 눈을 한 움큼 입에 털어 넣기도 했다.

그러나 자연의 위대한 모습을 봤을 때 아이의 반응이 항상 그렇게 생생하고 시끄러운 것만은 아니었다. 후회와 우울로 조용하게 표현되는 경우도 있다는 점은 주목할 만하다. 혹독하게 추운 날씨 때문에 정원이 텅 비었을 때였다. 아이는 걸어서 정원을 여러 번 돌더니 마침내 분수대 가장자리에 앉았다. 아이는 물을 바라보면서 죽은 나뭇잎들을 물 위에 던지고 있었다. 나는 종종 몇 시간 동안 멈춰서 슬프고 우울한 표정이 아이의 얼굴에 어떻게 나타나는지 지켜보았다. 이 아이를 지켜보는 것은 이루 말할 수 없을 정도로 즐거웠다. 보름달이 뜨고 부드러운 달빛 한 다발이 방에 스며들면 아이는 창가에 자리를 잡고는 했다. 머리를 앞으로 쭉 내밀고 달빛으로 빛나는 시골 풍경에 시선을 고정한 채로 밤새 서서 움직이지 않고 서 있기도 했다. 마치 깊은 사색에 빠져 있는 것처럼 보이기도 했다. 고요함을 깨는 것은 간간히 터져 나오는 한숨뿐이었다.

야생에서 온 아이는 달리듯이 걸어다녔고, 문명화된 방식의 걸음걸이는 알지 못했습니다. 그래서 아이와 처음 파리 시내 거리에 나갔을 때, 이타르는 아이를 뒤쫓아 뛰어다녀야만 했습니다. 아이가 어떻게 달리는지 확인할 틈도 없었지요. 야생의 아이를 인간 사회에 적응하도록 서서히 부드럽게 이끄는 것, 교사가 아이에게 빨리 적응하는 것, 아이가 새로운 삶에 관심을 갖게 하는 것 등은 아주 귀중한 교육 방식입니다. 이타르는 폭력 없이 아이를 인간의 생활로 이끌었고, 이는 그의 교육 방식이 승리한 것이라고 볼 수 있어요. 문명화된 삶은 자연에서의 삶을 포기함으로써 만들어지는 것이 사실입니다. 마치 땅에서 인간을 떨어뜨려 놓는 것과 같고, 갓난아기를 어머니의 품에서 떼어 내는 것과도 같지만, 그것 또한 새로운 삶입니다.

아베롱의 아이는 이타르의 애정, 보살핌, 눈물 덕택에 눈 속에 파묻힌 채 별이 빛나는 광활한 밤하늘을 조용히 응시하며 살 수 있었지요. 들판으로 탈출한 다음 날에도 맛있는 수프와 따스한 침대를 찾아 스스로 돌아왔습니다. 인간이 사회적 삶 속에서 즐거움과 활기를 이끌어 낸 것은 사실이에요. 그럼에도 불구하고 인간은 자연에 속하고 특히 아이일 때는 몸과 마음의 성장에 필요한 힘을 자연에서 얻어야만 합니다. 우리는 신체의 성장에 영향을 미치는 자연과 친밀하게 소

통해야 해요.

이타르의 극적인 교육은 어린아이들을 가르치는 데 계속 쓰이고 있어요. 우리는 생명체이면서 자연에 속해 있는 사람을 교육해야 합니다. 아이들이 삶의 초기에 식물적 상태를 벗어나서 사회적 삶을 살 수 있도록 준비시켜야 하지요. 이러한 전환을 부드럽게 하기 위해서는 교육 활동의 상당 부분을 자연 그 자체에 맡겨야 합니다. 아이를 엄마에게서 갑자기 떼어 내어 강제로 학교로 보낼 필요는 없지요. 가족이 사는 주거지 안에 위치한 어린이의 집에서는 이런 전환이 자연스럽게 이루어질 수 있습니다. 엄마는 아이의 울음소리를 들을 수 있고 아이도 엄마의 목소리를 들을 수 있을 정도이니까요. 이제 사람들은 아이를 자연과 함께 지내게 하는 것이 아이에게 생기를 불어넣을 수 있는 가장 좋은 방법이라는 것을 알고 있습니다. 아이들을 위한 짧고 편안한 옷, 편한 샌들, 아랫도리를 입지 않는 것 등은 문명의 억압적인 구속으로부터 해방되는 것을 의미하지요.

현대 유아 교육이 발전하고 있지만, 아이들이 식물처럼 수동적인 존재라는 편견에서 벗어나지는 못했습니다. 예를 들면, 화원에서 뛰어놀고 있는 아이에게 어머니와 교사가 할 수 있는 교육은 꽃을 만지지 말고 풀을 밟지 말라고 주의를 주는 것뿐이었지요. 육체적 성장을 위해 아이가 자연의 생명력에 노출되어야 한다면, 정신적 성장 또한 마찬가지입니다. 아이는 살아 있는 자연으로부터 많은 것을 배울 수 있으니까요. 농사를 통해 이런 목표에 도달할 수 있습니다. 아이는 동식물을 키우면서 자연과 교감할 수 있어요.

영국의 라터 부인Mrs. Latter은 정원 가꾸기와 원예를 통해 아이들을 가르쳤습니다. 라터는 삶으로부터 식물, 곤충, 계절에 관한 생각들까지 이끌어 내는 것이 인지적 교육이라고 생각했습니다. 이런 생각들은 농사에서 솟아나지요. 가정생활의 첫 번째 개념은 아이들이 재배한 농산물을 식탁에 올리는 것과, 식사 후에 식탁을 정리하고 설거지를 하는 것에서 시작합니다. 라터의 교육은 한쪽으로 치우치기는 했지만, 신체 발달에 효과적인 자연 교육을 완성시켰다는 것에는 의심할 여지가 없어요. 게다가 라터의 경험은 어린아이들에게 농사를 가르치는 것이 실제로 가능하다는 면에서도 긍정적입니다.

농사 활동으로 장애 아동들을 교육하는 것을 파리에서 본 적이 있어요. 바첼리Baccelli가 '교육을 위한 작은 텃밭'을 만들었을 때, 그의 다정다감한 교육 정신이 초등학교에 도입되었습니다. 작은 텃밭에서는 여러 농산물이 재배되었어요. 아이들은 농사 활동을 하면서 씨앗을 뿌리고 수확하는 방법과 시기, 그리고 다양한 농산물의 발달 시기, 토양을 준비하는 방법과 비료를 이용하여 토양을 비옥하게 만드는 방법 등을 알 수 있었지요. 관상용 식물과 정원 가꾸기도 마찬가지입니다. 아울러 원예는 장애 아동들이 직업을 가질 수 있는 나이가 되었을 때 좋은 수입원이 될 수도 있습니다.

하지만 유아 교육에서 직업적인 준비를 진지하게 고려하는 것은 안 됩니다. 이 시기의 교육은 온전히 개인의 심리 및 신체적인 발달을 도와주는 것이어야 하니까요. 식물과 동물을 키우는 것은 라터의 예시에서 볼 수 있듯이 그 자체로 도덕을 가르치는 데 좋은 방법이 될 수 있어요. 라터는 농사가 아이의 영혼을 종교적 감정으로 이끈다고 보고 있지요. 실제로, 이 교육법은 점진적인 단계로 구별될 필요가 있습니다. 여기서 가장 중요한 원칙을 확인해 볼게요.

첫째, 아이가 생명 현상에 대한 관찰을 시작해야 합니다. 아이는 동식물에 대해 자신을 관찰하는 교사와 비슷한 관계를 형성합니다. 관심과 관찰이 점차 커지고 생명체에 대한 아이의 애정도 함께 자라지요. 이런 식으로 아이는 엄마와 교사의 보살핌에 대해 감사한 마음을 가지게 됩니다.

둘째, 아이는 자동교육auto-education을 통해 어떤 통찰력을 가질 수 있게 됩니다. 식물의 생명은 자신이 물을 주는 것에 달려 있고, 동물의 생명도 자신이 부지런히 먹이를 주는 것에 달려 있다는 사실을 알게 됩니다. 자신이 그렇게 하지 않으면 식물은 시들고 동물은 굶주림에 고통받는다는 것을 알게 되지요. 아이는 생명에 대한 사명감을 느끼고 자신의 일에 더 주의하게 됩니다. 아울러 자신이 해야만 하는 과업을 결코 잊지 말라고 당부하는 어떤 목소리를 듣게 되지요. 이는 분명 엄마와 교사의 목소리가 아닙니다. 바로 아이의 보살핌으로 살아가는 생명체로부터 들리는 간절한 목소리이지요. 아이가 키우는 생명체와 아이 사이에는 신비로운 의사소통이 발생합니다. 이것은 교사의 개입이 없어도 아이가 어떤 결정적인 행동을 하도록 이끌어 주지요. 바로 아이가 스스로를 교육하는 것입니다. 아이가 거둬들이는 보상 또한 아이와 자연 사이의 관계에 있지요. 아이들은 알을 품고 있는 비둘기에게 먹이와 짚을 나르는 길고 긴 보살핌 후에 어느 날 작은 새끼들이 태어나는 것을 보게 되지요. 수많은 병아리들이 암탉을 바라보는 모습도 보게 됩니다. 아이는 부엌에서 남은 채소들을 가져다 토끼 한 쌍에게 먹이면서 어느 날 토끼집에 작은 새끼 토끼들이 생긴 것을 보게 됩니다.

로마에 있는 어린이의 집에는 아직 동물을 키울 시설이 마련되지 않았지만, 밀라노의 어린이의 집에서는 여러 종류의 동물들을 키우고 있어요. 작고 귀여운 하얀 새 한 쌍이 작은 오두막에 살고 있고, 그 앞에 새를 위한 공간이 마련되어 있지요. 원두막의 문은 저녁에는 잠겨 있고, 아이들이 교대로 보살핍니다. 아침에 물과 짚을 나르면서 원두막의 문을 열 때, 저녁에 새들에게 필요한 것이 없는지 살펴본 후에 문을 잠글 때 아이들은 얼마나 기쁠까요? 교사들은 모든 교육 활동들 중에서 이 일이 가장 환영받고, 중요하다고 말합니다. 아이들은 자기가 좋아하는 일에 몰두하면서도 종종 조용히 일어나서 동물들을 바라보곤 합니다. 보살핌이 필요한지 보는 것이지요.

어느 날 밀라노에 있는 교사로부터 편지를 받았습니다. 편지에는 새끼 비둘기들이 태어났다는 놀라운 소식이 담겨있었어요. 아이들에게는 엄청난 축제였지요. 아이들은 작은 새끼들의 부모가 된 것처럼 느꼈어요. 아이들의 허영심을 부추기는 그 어떤 인위적인 보상도 결코 아이들의 순수한 감성을 그렇게 자극하지는 못했을 거예요.

식물이 주는 감동도 결코 작지 않습니다. 식물을 기를 땅이 없던 로마의 어린이의 집에서는 화분을 넓은 테라스에 줄지어 놓았고, 근처 벽에는 덩굴 식물이 자라게 했어요. 탈라모Talamo의 노력 덕분이었지요. 아이들은 작은 물뿌리개로 식물들에게 물을 주는 것을 결코 잊지 않았습니다. 어느 날 아이들이 밤새 핀 붉은 장미 주위에 둥글게 앉아 있는 것을 본 적이 있습니다. 아이들은 조용하고 차분하게 말 그대로 침묵의 명상에 잠겨 있었어요.

셋째, 아이들은 인내의 미덕과 확신에 찬 기대를 갖게 됩니다. 이것은 삶의 신념과 철학의 형태로 나타납니다. 아이들은 땅에 씨를 뿌리고 식물이 열매를 맺을 때까지 기다립니다. 어떤 모양을 갖추지 못한 식물의 새싹이 처음으로 돋는 것을 보게 되고, 새싹이 자라서 꽃이 피고 열매를 맺는 것을 보게 됩니다. 싹을 일찍 틔우는 식물이 있고 그렇지 못한 것도 있다는 것을 배우게 되고, 낙엽 식물은 빠르게 자라고 과일나무는 늦게 자란다는 것도 알게 되지요. 아이들의 마음은 평화로운 평형 상태가 됩니다. 아이들은 원초적인 단순함을 유지하며 땅을 경작하던 사람들의 지혜를 배우게 되는 것이지요.

넷째, 아이들은 자연으로부터 영감을 받습니다. 인간은 노동을 통해 생명체가 진화하도록 돕지요. 이때 자연의 관대함이 주는 보상은 헤아릴 수 없을 만큼 어마어마합니다. 작업 중에도 아이의 영혼과 아이가 보살피는 생명체는 서로 지속적으로 교감해요. 아이는 생명체가 드러내는 모습들을 자연스럽게 사랑하게 되지요. 어린아이들은 지렁이와 거름 속 애벌레의 움직임에 아무런 두려움 없이 쉽게 관심을 가집니다. 하지만 자연과 격리되어서 성장한 사람들은 그렇지 못합니다.

생명체에 신뢰와 확신을 갖게 되는 것은 아주 바람직합니다. 이것은 사랑의 형태이자 우주와의 결합이거든요. 자연은 받은 것보다 훨씬 많은 것을 되돌려 주고, 무한한 아름다움과 다양성을 보여 줍니다. 아이가 붓꽃이나 팬지, 장미나 히아신스를 키우기 위해 씨앗을 심고 주기적으로 물을 준다고 생각해 보세요. 이후 나무에 열리는 꽃과 열매는 자연이 주는 큰 선물이지요. 작은 노력에 대한 큰 보상입니다. 마치 자연이 경작자의 사랑에 응답하는 것처럼 보입니다.

만약 아이가 노동에 대한 물질적 대가를 모아야 하는 경우라면 아주 달라질 것입니다. 그런 보상은 획일적인 모습이며, 점점 더 커지기보다는 소비되고 흩어질 뿐입니다. 그래서 자연적 생산물과 산업적 생산물 사이의 차이는 신이 만들어 낸 것과 인간이 만들어 낸 것 사이의 차이와 같습니다.

다섯째, 아이는 인간의 자연적인 성장 방식을 따릅니다. 이러한 교육은 개인의 진화가 인류의 진화와 조화를 이루게 하지요. 인간은 농업을 통해 자연 상태에서 인공 상태로 갔고, 토양 생산성을 증가시키는 비결을 발견했을 때 문명이라는 보상을 얻었지요. 아이도 같은 길을 가야 합니다. 문명인이 되어야 하니까요. 이렇게 이해하면 아주 실용적으로 자연에 접근할 수 있어요. 농사 활동을 위해 필요한 넓은 땅이 없더라도 식물을 심거나 비둘기가 둥지를 틀 수 있는 약간의 땅은 항상 찾을 수 있으니까요. 꽃을 심은 화분을 창가에 놓기만 해도 우리의 목적을 달성할 수 있어요. 로마의 첫 번째 어린이의 집에는 정원으로 가꾼 넓은 뜰이 있어요. 아이들은 야외에서 자유롭게 뛰어놀 수 있지요. 길게 뻗은 땅 한쪽에는 나무가 심어져 있고, 중간에 갈라지는 통로가 있고 반대편에는 식물을 재배할 자투리 땅이 있습니다. 이 땅을 여러 부분으로 나누어서 아이들에게 각각 나누어 주었어요. 작은 아이들은 통로 위아래를 자유롭게 뛰어다니거나 나무그늘에서 쉬었습니다. 하지만 땅을 나누어 가진 4세 이상의 아이들은 식물의 싹을 관찰하면서 땅에 씨를 뿌리기도 하고, 괭이질을 하거나 또는 물을 주었어요.

다음과 같은 사실은 흥미롭습니다. 아이들에게 나누어 준 땅은 주택 단지의 담벽을 따라서 있는데, 원래 풀이 무성하고 사람들이 다니지 않아서 버려진 곳이었지요. 그렇다 보니 주민들이 창문 밖으로 온갖 쓰레기를 던지는 바람에 처음에는 정원이 더러울 수밖에 없었지요. 그러나 농사를 시작한 후에는 어머니들의 사랑스러운 눈빛과 미소를 제외하면 창문 밖으로 아무것도 떨어지지 않았어요. 사람들의 마음속에 아이들의 노동에 대한 존중이 생긴 것입니다.

Chapter

7

손으로 하는 활동

손으로 하는 작업은 손으로 하는 체조와 구분됩니다. 전자는 사회적으로 유용한 대상이 될 수 있는 결정적인 작업을 수행하는 것이고, 후자의 목적은 손을 운동시키는 것입니다. 하나는 개인을 완성하고, 다른 하나는 세상을 풍요롭게 합니다. 하지만 이 둘은 서로 연결되어 있어요. 일반적으로 손의 움직임을 잘 조절하는 사람이 유용한 물건을 만들 수 있으니까요.

란돈Randone 교수의 미술 교육 학교School of Educative Art에서 아주 흥미롭게 봤던 활동들을 어린이의 집에서 시도해 보기로 했어요. 란돈 교수는 예술가이면서 이 학교의 설립자예요. 이 학교는 조비네차 젠틸레Giovinezza Gentile회라고 하는 청소년 단체와 함께 시작되었어요. 란돈의 학교와 이 단체는 모두 청소년들이 주변의 사물, 건물, 기념비 등의 환경과 가까워지도록 가르치고, 이것은 시민 교육에 정말로 중요해요. 이 학교의 기본적인 목표는 주변 환경에 대한 존중을 정확하게 가르치는 것입니다. 란돈 교수와 조비네차 젠틸 레회는 이론적인 설교나 도덕적 서약 대신 예술 교육을 통해 시민권의 원칙을 세우기로 했어요. 그래서 주변 환경에서 흔히 볼 수 있는 대상들을 포함한 예술적 개념에서 영감을 받았습니다. 로마에는 고고학적인 기념물들이 꽤 많습니다. 란돈 교수는 자신의 목표를 더욱 직접적으로 달성하기 위해 로마 성벽의 가장 예술적인 부분인 벨리사리우스Belisarius 성벽에 학교를 설립했어요. 빌라 움베르토 프리모Villa Umberto Primo가 내려다보이는 곳입니다. 이 성벽은 당국에 의해 완전히 방치되었고 시민들도 전혀 돌보지 않았던 곳입니다. 란돈 교수는 아름다운 정원을 만드는 등 이곳에 엄청난 공을 들였어요. 여기서 란돈 교수는 한때 이탈리아와 피렌체의 영광이었던 도예를 부활시키기 위해 노력했습니다.

도자기의 고고학적, 역사적, 예술적 중요성은 매우 크며, 화폐와 비교할 수도 있어요. 인류가 필요성을 느꼈던 첫 번째 물건은 그릇이었고, 인간은 토기를 이용해 최초의 음식을 요리했습니다. 원시인의 문명을 판단할 때 가장 중요한 것이 토기의 완성도입니다. 선사시대의 토기와 도끼는 각각 가정생활과 사회생활을 상징합니다. 종교적인 상징물들은 신과 죽은 사람들에 대한 숭배와 관련이 있습니다. 오늘날에도 신자들은 예배당에 신성한 도자기를 두고 있지요. 이집트, 에트루리아, 그리스 미술에서 볼 수 있듯이 진보된 문명의 사람들은 예술적 감성과 심미적 감성을 도자기에 남겨 놓았습니다. 도자기의 완성도가 높아지면서 그 용도와 형태도 다양해졌고, 도예의 역사를 따라가면 인류의 역사를 볼 수 있어요.

교사로부터 도예를 배우는 것도 작업의 일부입니다. 아이가 앞으로 나아가고 있다는 것이지요. 일단 도자기 만드는 법을 배우고 나면 누구나 미적인 취향에 따라 응용할 수 있어요. 이것은 예술적이면서 개별적인 영역입니다. 게다가 란돈 교수의 학교에서는 물레 사용법, 마졸리카majolica 타일을 만들기 위한 혼합물의 구성법, 화로 사용법 등을 가르칩니다. 화로를 이용해서 작은 벽돌을 구워 만들고, 아이들은 석공처럼 흙손으로 벽돌에 모르타르를 바르면서 작은 벽을 쌓아 올립니다. 아이들은 이 작업을 아주 재미있어 합니다. 벽을 만든 후에는 집 짓기 단계로 넘어갑니다. 이 작은 집에는 창문과 문에 해당하는 구멍들이 있어요. 아이들은 다양한 색상의 마졸리카 타일로 집의 정면 외벽을 장식합니다. 물론 타일도 아이들이 직접 만들지요. 이런 예술적인 작업은 아이들에게 아주 유용한 활동입니다. 아이들은 주변에 있는 사물들과 건축물들을 감상하는 법을 배울 수 있으니까요.

이렇게 손으로 하는 작업을 우리 어린이의 집에 도입하였습니다. 두세 번 정도의 수업만으로도 아이들은 도자기 만드는 일에 열성을 보입니다. 자신의 작품을 아주 자랑스럽게 잘 보관하지요. 달걀, 과일 등의 작은 모형을 만들어 그릇을 채우는 것도 좋습니다. 쉬운 작업부터 조금씩 어려운 작업으로 진행해도 좋아요. 처음에는 하얀 점토로 알을 만들어 빨간 그릇에 채워 넣습니다. 그런 다음 주둥이가 있는 꽃병을 만들거나 입구가 좁은 도자기를 만드는 거예요. 손잡이나 삼각 다리를 추가할 수도 있지요. 대여섯 살 정도 되는 아이들과는 물레로 하는 작업을 시도해 볼 수 있어요. 하지만, 아이들이 가장 즐거워하는 것은 벽돌로 벽을 쌓고, 집을 짓고, 텃밭에서 직접 경작한 식물들이 자라는 것을 보는 일입니다. 이런 활동들은 아이들에게 유목민의 삶에서 정착민의 안정된 삶으로 바뀌는 것을 보여 줄 수 있어요. 땅을 일구고, 그릇을 만들고, 안식처를 만들고, 먹을 음식을 만들어 봅니다. 아이들에게 인간의 원시적인 노동을 보여 주는 것이지요.

3부

감각과 지식을 가르치다

Chapter

1

감각 교육

새로운 교육학에서 감각 교육은 이루 말할 수 없이 중요합니다. 실험심리학에서는 감각을 측정하는 것에 주목하지요. 이러한 면에서 교육학은 실험심리학의 도움을 받을 수 있지만, 교육학에서는 감각을 '측정'하는 것이 아니라 '교육'해야 합니다. 아주 당연한 것이지만 이 둘을 혼동하는 경우가 종종 있습니다. 어린아이들의 촉각을 측정하는 것은 쉽지 않지만 감각 교육은 충분히 가능하지요. 우리는 실험심리학의 결과에서부터 시작하지 않아요. 다시 말하면, 연령별로 평균적인 감각 조건이 있다고 해서 그 조건에 따라 우리의 교육 방법이 결정되는 것은 아닙니다. 어떤 교육 방법을 시작했을 때 심리학을 이용해서 어떤 결론을 이끌어 낼 수 있겠지만, 그 반대는 그렇지 않지요.

우리는 교구를 이용하여 교육 방법을 아이에게 적용하고 아이의 자발적인 반응을 기다립니다. 이것은 모든 면에서 실험심리학과 유사한 방법이지요. 또한, 우리가 사용하는 교구들은 언뜻 보기에 실험심리학에서 사용하는 것들과 비슷해 보일 수도 있어요. 실제로 색깔, 단단함, 무게를 인식하고 측정하는 도구들은 이미 잘 알려진 것들이었으니까요. 그렇지만, 두 분야의 교구 사이에는 큰 차이가 있습니다. 우리가 사용하는 도구들은 감각을 측정하기보다는 아이가 감각을 사용하게 하는 것이 주목적이니까요. 이런 목적을 달성하기 위해서는 사용하는 도구가 아이의 흥미를 끌 수 있어야 해요. 그래서 교구를 선택하는 것이 어렵습니다.

심리 측정 검사는 아이들의 에너지 소비가 크다고 알려져 있어요. 이것이 피졸리Pizzoli가 심리 측정 검사를 감각 교육에 적용하려고 했을 때 성공하지 못한 이유입니다. 아이가 짜증을 내고 힘들어 했거든요. 아이들의 에너지를 북돋는 것이 교육의 목표라는 것을 명심해야 합니다. 심리 측정 도구 또는 감각 측정 도구는 베버Weber의 법칙에 따라 여러 단계로 준비되는데, 베버의 법칙은 성인을 대상으로 한 실험에서 나온 결과입니다. 우리는 어린아이들과 함께 실험을 진행하고 아이들이 관심을 보일 만한 교구를 선택해야 합니다.

처음 어린이의 집을 열었을 때 다양한 교구를 마련했고, 대부분은 특수 학교에서 사용한 것들을 많이 변형해서 사용했습니다. 실질적인 감각 교육에 필요한 최소한의 물건들을 선택했어요. 제가 사용한 교구들은 이런 물건들로 구성이 되어 있었고 밀라노에 있는 인도주의 협회Labour of the Humanitarian Society에서 만들어 주었어요. 교구에 대한 설명은 교육 활동을 하면서 설명하겠습니다. 여기서는 몇 가지 고려 사항들만 제시할게요.

첫째, 아이들에게 자극의 수준을 달리하여 제시하는 경우 장애아들과 비장애아들의 반응은 서로 다릅니다. 장애아들을 교육하는 데 사용한 교구를 비장애아들에게 사용하면 자동으로 교육이 이루어진다는 점에서 차이는 선명하게 나타납니다. 이러한 차이는 아주 흥미로웠고, 관찰과 자유의 방법이 가능하도록 영감을 주었어요.

도형 블록을 사용한다고 가정할게요. 나무로 만든 열 개의 원통형 조각들이 틀 안에 있는 구멍에 맞게 설치되어 있어요. 틀의 아랫부분은 몇 밀리미터 단위로 점점 좁아집니다. 이 놀이는 조각들을 꺼내어 탁자 위에 섞어 놓은 다음, 각 도형을 틀에 다시 끼워 넣는 활동이에요. 서로 다른 크기를 눈으로 식별하게 하는 것이 활동의 목표입니다. 여기에서는 틀 안의 깊이를 식별하는 것이지요. 장애아에게는 조금 더 대조되는 자극이 필요하고, 여러 다른 활동들을 먼저 해 본 후에 이 활동을 하는 것이 좋습니다. 반면에, 비장애아들에게는 이것이 첫 번째 활동이 될 수 있어요. 2.5세에서 3세 정도 되는 아이들이 아주 좋아하는 놀이지요. 장애아와 이 활동을 할 때에는 아이의 주의를 계속 집중시켜야 합니다. 아이가 블록을 잘 볼 수 있게 하고, 다양한 원통형 조각들을 보여 주어야 하지요. 아이가 일단 모든 원통 조각들을 올바르게 놓는 데 성공하면 놀이는 마무리됩니다. 장애아의 경우, 아이가 실수할 때마다 바로잡아 주고 아이가 스스로 고칠 수 있게 격려해야 합니다. 실수를 바로잡고 나면, 아이는 방금 했던 활동에 대해 아주 무관심해지기 때문에 지속적인 자극이 필요해요.

　하지만 비장애아들은 이 놀이에 스스로 관심을 갖고 활발하게 활동합니다. 간섭하거나 도와주려는 사람들을 모두 밀쳐내고 혼자서 문제를 해결하려 하지요. 2~3세의 어린아이들이 작은 물건들을 배열하는 활동을 아주 재미있어 한다는 것은 어린이의 집에서 이미 증명되었어요. 여기서 중요한 점은 아이가 구멍의 크기와 물건의 크기를 세심하게 관찰한다는 거예요. 아이가 얼마나 집중하고 있는지는 작은 얼굴에 나타나는 표정만 봐도 알 수 있습니다. 조각 하나가 구멍의 크기에 맞지 않으면 그 조각을 옆으로 치우고 딱 맞는 것을 찾을 때까지 여러 번 시도합니다. 순서대로 구멍에 맞추다 보면 여러 번의 시행착오를 경험하게 되지요. 아이는 다양한 방식으로 스스로를 교정하면서 오류를 통제하는 법을 터득합니다. 어떤 것이 가장 큰지 알기 위해 원통을 만지거나 흔들어 봅니다. 어느 지점에서 실수를 했는지 한 번에 알아내기도 하고, 맞지 않는 구멍에서 조각을 빼내고 잘 맞는 것은 그냥 둡니다. 그러면서 다른 것들을 맞춰가는 것이지요. 재미와 흥미는 점점 더 커지고, 아이는 이 작업을 반복하게 됩니다.
　교구의 중요성은 이런 시행착오 안에서 찾을 수 있어요. 아이는 각각의 조각을 적합한 곳에 위치시키면서 그 활동을 뛰어넘어서 성장해요. 아이가 성장하면 그 교구는 아이에게 쓸모가 없어지는 것이지요. 이와 같은 자기 교정을 통해 아이는 교구의 차이에 주의를 집중하고 다양한 조각들을 비교할 수 있게 됩니다. 여기서 우리의 목표는 아이가 주어진 교구를 실수 없이 사용하게 하는 것이 아니에요. 틀의 깊이, 조각과 구멍의 크기를 시각적으로 인식하는 것이지요. 심리적 감각 운동은 바로 이러한 차이를 눈으로 비교하고 인식하는 데 있어요.

우리가 사용하는 교구는 다른 곳에도 똑같이 사용될 수 있어요. 그러기 위해서는 교사의 적극적인 역할이 필요해요. 교사는 아이에게 지식을 제공하면서도 아이가 저지르는 실수들을 바로잡아 주어야 합니다. 그래야 아이들이 그 물건들을 사용하는 방법을 배울 수 있으니까요. 그런데 교사들이 결코 간섭하면 안 되는 경우도 있어요. 바로 아이가 스스로 교정하고 교육할 때입니다. 운동을 통해 얻은 민첩성을 아이에게 제공할 수 있는 교사는 없어요. 아이가 스스로의 노력으로만 성취할 수 있는 것이니까요. 감각 교육도 마찬가지입니다.

다른 모든 교육 활동들도 마찬가지라고 할 수 있어요. 사람은 곁에 있는 교사 때문이 아니라 스스로 행한 일 때문에 존재하는 것이니까요. 오래된 교사들이 이런 교육 방법을 실천하기 어려운 이유는 아이들의 활동에 간섭하는 것을 스스로 자제하지 못하기 때문입니다. 아이들은 실수를 하면 한동안 혼란스러워하면서 가만히 있습니다. 눈썹을 찌푸리고 입술을 오므린 채 스스로 수정하기 위해 노력하는 것입니다. 이때, 낡은 교육 방식을 가진 교사들은 아이를 불쌍히 여기는 마음에 사로잡히고 아이를 도와주려고 하지요. 우리가 이런 간섭을 막으면 교사들은 아이에 대해 연민의 말을 쏟아 냅니다. 하지만 곧 장애를 뛰어넘었다는 기쁨의 표정이 아이의 얼굴에 퍼지는 것을 보게 되지요.

아이들은 이런 연습을 많이 합니다. 활동을 반복하는 정도는 개인에 따라 달라요. 어떤 아이들은 대여섯번 정도 반복하면 피곤해합니다. 재미에 빠져서 20번 이상 반복하는 아이들도 있어요. 네 살 정도된 아이가 이 활동을 16번이나 반복하는 것을 보고 다른 아이들에게 노래를 부르게 해서 주의를 돌리려 한 적도 있습니다. 그런데 아이는 꼼짝도 하지 않은 채로 조각들을 틀에서 빼고 다시 맞추기를 반복했어요.

교사는 아이의 심리적인 상태를 관찰할 수 있어야 하고, 자극이 아이의 주의를 집중시키는 시간도 어느 정도까지는 측정할 수 있어야 합니다. 아이는 스스로 배우면서 교구를 통해 오류를 통제하고 수정합니다. 교사는 관찰만 하면 되는 것이지요. 그렇다면 교사의 역할은 심리학자에 더 가까울 수 있습니다. 따라서 교사가 과학적인 지식을 갖추는 것은 아주 중요하지요.

우리의 교육 방법에서 교사는 적게 가르치는 대신에 관찰을 많이 해야 합니다. 아이의 정신 활동과 신체 발달을 지켜보는 것이 교사의 역할입니다. 이런 이유로 저는 교사를 감독자라고 부르기도 합니다. 처음에 이런 명칭은 많은 웃음을 자아냈어요. 교사에게는 조수도 없었을 뿐만 아니라, 아이들을 자유롭게 놔둬야 했거든요. 하지만 교사의 지시는 일반적으로 이해하는 것보다 훨씬 더 심오하고 중요합니다. 교사는 삶과 정신을 가르치니까요.

둘째, 감각 교육의 목적은 반복적인 연습을 통해 자극에 대한 인식을 정교화하는 것입니다. 감각을 키우는 것은 감각을 측정하기 위해 중요합니다. 예를 들면, 인지 능력 검사에서 다양한 크기의 정육면체들을 배열해 놓은 것을 본 적이 있어요. 아이에게 가장 작은 것과 가장 큰 것을 선택하게 하고, 명령과 실행 사이의 반응 시간을 측정하는 거지요. 예를 들어, 아이들이 감각 교육을 위한 교구 중에서 열 개의 정육면체를 가지고 있다고 합시다. 첫 번째 정육면체의 바닥은 10센티미터예요. 나머지 정육면체의 바닥은 점차 1센티미터씩 줄어듭니다. 가장 작은 것의 바닥은 1센티미터가 되겠지요. 이 활동은 초록색 카펫 위에 쏟아 놓은 분홍색 블록들을 쌓아 올려서 작은 탑을 만드는 거예요. 가장 큰 정육면체가 맨 아래 기초가 됩니다. 그리고 나머지 블록들을 크기 순서대로 쌓아 올리면 1센티미터 크기의 정육면체가 가장 꼭대기에 놓입니다. 처음에 아이는 초록색 카펫 위에 흩어져 있는 블록들 중에서 '가장 큰' 블록을 찾아야 해요. 2살 반 정도되는 아이들은 이 놀이를 아주 재미있어합니다. 아이들은 작은 탑을 쌓자마자 손으로 탑을 한방에 무너뜨립니다. 그리고는 바닥에 흩어진 분홍색 블록들을 흐뭇하게 바라봅니다. 그러고 나서 다시 탑을 쌓고 부수기를 수없이 반복합니다. 만약 이 활동을

3~4세 정도 되는 아이와 초등학교 1학년 정도의 아이에게 시킨다면 반응 시간도 더 짧고 실수도 하지 않을 것이라는 것은 두말할 필요 없이 분명합니다. 색상 감각을 위한 테스트도 마찬가지일 거예요.

결론적으로 간단히 요약해 볼게요. 우리의 교구는 자율 교육을 가능하게 하고 감각 교육을 할 수 있게 합니다. 교사의 능력에 의존하는 것이 아니라 교육 방법의 체계에 의존하는 것입니다. 우리의 교육 방법에서는 아이의 자발적인 관심을 불러일으키고, 아이에게 점차적인 자극을 제공할 수 있는 물건들을 제시합니다.

음악 선생님이 피아노 연주를 가르칠 때를 생각해 볼까요? 일단 아이들에게 올바른 자세를 알려 주고, 악보를 보는 법도 가르칩니다. 악보에 따른 손가락의 위치도 보여 줍니다. 그러고 나서 아이가 혼자 연습하게 두지요. 아이가 피아노를 칠 때 교사가 알려 준 개념과 연습 사이에는 긴 인내심이 존재합니다. 근육의 협응이 자동적으로 되려면 손가락과 근육이 잘 움직이게 하고, 근육을 강화하는 연습을 반복적으로 해야 합니다. 그러므로 피아노 연주자는 혼자 힘으로 연습해야 해요. 이렇게 연습을 더 많이 할수록 성공은 더 커지겠지요. 하지만, 교사의 지도가 없다면 아이는 진정한 피아노 연주자로 성장하지 못할 거예요.

어린이의 집의 교사는 과업을 위한 두 가지 요인에 대해 분명한 생각을 가지고 있어야 해요. 바로 아이들을 지도하는 것과 개별적인 연습입니다. 이 개념이 마음속에 확고해야 자발적인 교육 방법을 적용하고, 필요한 개념을 아이에게 전달할 수 있어요. 교육자의 개인적인 역량은 간섭의 시의적절성과 그 방식에 있습니다. 예를 들면, 중산층 아이들이 다니는 프라티 디 카스텔로Prati di Castello의 어린이의 집을 열고 한 달이 지났을 때, 단어를 쓸 줄 아는 5살 아이를 본 적이 있어요. 아이는 알파벳을 완벽하게 알고 있었는데, 2주 만에 다 배웠다고 했지요. 칠판 위에 글씨를 쓰는 법도 알고 있었고, 그림 그리기 활동에서는 스스로 관찰자가 되었을 뿐만 아니라 원근법에 대한 직관적인 이해를 보여 주기도 했어요. 집과 의자를 아주 영리하게 그려 냈거든요. 색 감각을 위한 활동에서는 우리가 사용하는 8가지 색상을 8가지 농담濃淡으로 섞었습니다. 그리고 64가지 다른 색과 음영으로 되어 있는 천 조각들을 여덟 개 그룹으로 빠르게 분리해 냈습니다. 각 그룹의 색들을 농담에 따라 쉽게 배열했어요. 이 놀이에서 아이는 음영이 미세하게 다른 천 조각들로 작은 탁자 하나를 가득 채웠습니다. 저는 아이를 창가로 데려가서 색 조각들을 기억하라고 말하면서 밝은 햇빛에서 색 조각들을 보여 주었어요. 그러고는 탁자로 돌아와서 방금 본 것들과 같은 색상의 조각들을 찾아보게 했지요. 탁자 위에는 모든 색상의 조각들이 흩어져 있었어요. 아이는 농담이 미세하게 다른 색을 고르는 정도의 사소한 실수만 했습니다. 색상을 구분하고 기억하는 아이의 능력은 참으로 놀라웠지요. 다른 모든 아이들과 마찬가지로 이 아이도 색깔 놀이를 아주 좋아했습니다.

그런데 제가 하얀색 실타래의 색을 묻자 아이는 흰색이라고 대답하기 전에 한참동안 망설였습니다. 교사에 따르면 아이는 색깔의 이름을 기억하는 것을 힘들어했다고 합니다. 그때까지 교사는 아이가 색깔 놀이를 자유롭게 하도록 계속 두었다고 해요. 하지만 제가 제시하는 문제 해결 방식으로 아이의 언어 능력도 빠르게 발전했어요. 문제들을 색깔 놀이처럼 제시했거든요. 비로소 아이가 가지고 있던 탁월한 감각 능력은 인지적인 활동과 보조를 맞추게 되었습니다. 하지만 이름을 기억하는 능력은 여전히 부족했어요. 교사는 간섭하지 않는 것이 가장 좋다고 생각했다고 합니다. 그 아이에 대한 교육은 약간 혼란스러웠고, 아이의 자발적인 정신 활동을 지나치게 방치하였어요. 사실 이 정도의 지능을 가진 아이는 교사의 특별한 개입이 없어도 각 색깔의 이름을 알게 될 수도 있습니다. 감각 교육을 인지적 개념을 위한 기초로서 제시하는 것은 아주 바람직하고, 동시에 언어를 이런 감각적 인식과 연결하는 것도 권장합니다.

이와 관련하여, 세갱의 이론에 따라 3단계로 아이들을 가르치는 것이 좋다는 것을 알 수 있었습니다.

1단계: 감각의 인식을 이름과 연결하기

예를 들면, 아이에게 빨간색과 파란색 두 가지 색을 보여 줍니다. 빨간색을 보여 주면서 "이것은 빨간색이야"라고 말해 주고, 파란색을 보여 주면서 "이것은 파란색이야"라고 말해 줍니다. 그리고 나서 아이의 눈에 잘 보이도록 실타래들을 탁자 위에 올려놓아요.

2단계: 이름과 일치하는 사물을 인지하기

아이에게 이렇게 말합니다. "빨간색을 가져와 볼래?" 그리고 이렇게 말해요. "파란색을 가져와 볼래?"

3단계: 사물과 일치하는 이름을 기억하기

아이에게 물건을 보여 주면서 이렇게 물어보세요. "이게 무엇이지?" 그러면 아이는 "빨간색"이라고 대답할 거예요.

세갱은 색깔들을 여러 번 보여 주면서 아이의 눈에 잘 보이게 두어야 한다고 강조합니다. 한 가지 색을 단독으로 제시하지 말고 항상 한 번에 두 가지 색상을 보여 주어야 한다고 조언하고 있어요. 대비하는 것이 색상을 기억하도록 도와주니까요. 장애아들에게 색깔을 가르치기에 이보다 더 좋은 방법은 없습니다. 또한 비장애아들에게는 세갱의 3단계 교육법에 앞서는 단계가 있어요. 진정한 감각 교육이 이루어지는 시기인데, 차별적으로 인식하는 능력을 습득합니다. 오직 자동적인 학습을 통해서만 가능해요. 이 점은 비장애아들의 장점이고, 이런 교육 방법이 인지 능력 발달에 더 큰 효과가 있을 수 있다는 예시이기도 합니다.

아이들은 이름과 자극을 연결시키는 것을 아주 좋아해요. 세 살이 되지 않은 아이 중 언어 발달이 조금 늦은 아이를 가르친 적이 있어요. 아이에게 작은 탁자를 가지고 창문 옆으로 오게 했어요. 저와 아이는 탁자 앞에 자리를 잡고 앉았어요. 아이는 제 오른편에 앉았습니다. 저는 여섯 개의 실타래를 짝을 지어 탁자 위에 올렸어요. 빨간색, 파란색, 노란색을 각각 두 개씩 준비했지요. 1단계 활동으로 실타래 중 하나를 아이의 앞에 놓고 마음에 드는지 물었습니다. 아이에게 어떻게 짝을 지어 놓아야 하는지 잘 보여 주면서 모든 색깔들을 똑같이 반복했어요. 그러고 나서 3단계로 넘어갔는데, 아이는 3가지 색깔을 구별하고 각 색깔의 이름을 발음할 수 있게 되었습니다. 아이는 아주 기분이 좋아서 저를 오랫동안 바라보면서 팔짝팔짝 뛰었습니다. 아이가 기뻐하는 것을 보면서 저도 크게 웃었지요. "이 색깔을 알겠니?"라고 묻자 아이는 계속 팔짝팔짝 뛰면서 "네, 네!"라고 대답했습니다. 아이는 제 주변을 돌며 춤을 추었습니다. 저의 질문을 즐겁게 기다리는 것 같았어요.

감각 교육 방법에는 중요한 것이 또 있습니다. 가능할 때마다 감각을 고립시키는 거예요. 예를 들면, 청각 훈련은 아주 조용한 곳뿐만 아니라 어두운 곳에서도 성공적으로 할 수 있어요. 촉각, 온도, 무게, 입체 인식 활동 같은 감각 교육을 위해 우리는 종종 아이들의 눈을 가립니다. 이유는 심리학적인 설명으로 가능한데, 아이들의 눈을 가리면 흥미가 크게 증가한다고 말하는 것으로 설명은 충분하겠습니다. 이 활동이 시끄럽기만 한 작업으로 변질되지 않도록 해야 해요. 아이의 관심이 눈을 가리고 있는 붕대가 아니라 감각 자극에 집중되게 해야 합니다. 의사들이 목소리를 조절하여 아이의 청각을 시험하는 것은 아주 보편적인 방법입니다. 목소리를 속삭이는 정도까지 줄입니다. 교사들은 이 방법을 반드시 알아야 합니다. 교실을 아주 조용하게 만들고, 창문을 어둡게 합니다. 아이들이 손으로 눈을 가리게 하고 머리를 숙이게 합니다. 그러고 나서 아이들의 이름을 한 명씩 속삭이는 목소리로 부릅니다. 가까이에 있는 아이들의 이름은 더 작은 목소리로 부르고 멀리 떨어져 있는 아이들의 이름은 더 또렷하게 부릅니다. 아이들은 어둠 속에서 자신의 이름을 부르는 희미한 목소리를 기다립니다. 주의 깊게 귀를 기울이면서 자신의 이름을 부르는 목소리를 향해 신나게 달려 나갈 준비를 하지요. 눈을 가리고 다양한 무게를 구별하는 놀이도 해 볼 수 있어요. 아이들이 압력 자극에 주의를 집중하게 합니다. 눈을 가리는 것은 즐거움을 증가시켜요. 아이는 추측할 수 있다는 것을 자랑스러워하거든요. 하지만 장애아들에게 나타나는 결과는 아주 다릅니다. 장애아들은 어둠 속에서 잠이 들거나 무질서한 행동을 하는 경우가 많아요. 눈가리개를 사용하면 가리개에 더 신경을 씁니다. 교육 활동의 목표를 달성하지 못하는 경우가 많지요.

우리가 교육을 위해 놀이를 이용하는 것은 사실입니다. 하지만 놀이는 주의를 산만하게 하는 무질서한 소음이 아니라 명확한 목표를 위해 준비된 자유로운 활동임을 이해해야 합니다. 이타르의 다음 글은 교육학의 개척자로서 실시했던 실험에 대해 많은 것을 이야기해 주고 있습니다. 실험들이 성공하지 못했던 가장 큰 이유는 수정할 수 있었던 오류들을 수정하지 못했기 때문이고, 부분적으로는 실험 대상의 정신 상태도 영향을 미쳤습니다.

IV: 이 마지막 실험에서는 이전 실험처럼 아이에게 자신이 인지한 소리를 반복하게 할 필요는 없었다. 아이의 주의를 분산시킬 뿐만 아니라 각 신체 기관을 따로 교육시키고자 하는 목적에도 벗어나기 때문이다. 그래서 소리를 단순하게 인식하는 것으로 제한했다. 결과를 확실히 하기 위해 아이를 내 앞에 위치시켰다. 아이의 눈은 가리고, 손은 주먹을 쥐게 했다. 내가 소리를 낼 때마다 아이는 손가락을 하나씩 펴도록 했다. 아이는 이 규칙을 잘 이해했고 소리가 들리자마자 손가락을 들어올렸다. 아이가 이런 이상한 수업을 재미있어 한 것은 의심할 여지가 없다. 실제로 아이가 사람의 목소리를 듣는 것이 정말로 재미있어서였는지 아니면 오랫동안 눈을 가리면서 느낀 짜증을 극복해서였는지는 모르겠다. 하지만 아이는 쉬는 시간에 눈가리개를 손에 들고 나에게 여러 번 다가왔다. 아이는 눈가리개를 머리 뒤로 묶어 주는 손길을 느끼면서 아주 즐거워했다.

V: 위에서 설명한 것과 같은 실험들을 통해서 아이가 소리의 강도에 관계없이 모든 목소리를 인식한다는 확신이 들었다. 그래서 소리를 비교해 보기로 했다. 이제는 더 이상 목소리를 단순히 알아차리는 것이 아니라 소리의 차이를 인식하고 단어가 발음될 때 나오는 소리

의 변형과 어조의 다양성을 평가하는 시험이 된 것이다. 앞선 과제와는 큰 차이가 있었다. 아이의 발달은 점진적인 노력에 달려있었고 아이는 문명을 향해 진보하고 있었다. 나는 아이가 이런 진전을 인식하지 못할 정도로 아주 조심스럽게 진행하고 있었다. 어려움에 직면했을 때, 인내심과 관대함으로 스스로를 더 강하게 무장해야 했다. 모음의 소리를 비교하는 것으로 시작했고, 여기에서도 손을 사용하여 실험 결과를 확인했다. 각 손가락을 사용하여 다섯 개의 모음을 각각 표시했다. 엄지손가락은 A 소리를 나타냈고 이 모음 소리를 들으면 엄지손가락을 들어올렸다. 검지손가락은 E 소리를 위한 신호였고, 가운데 손가락은 I 소리를 나타내는 식이었다.

VI: 가장 먼저 명확하게 구별되는 것은 O이고 그 다음은 A였다. 나머지 세 모음들은 구별이 훨씬 더 어려웠고 시간도 오래 걸렸다. 그럼에도 불구하고 귀는 그 소리들을 마침내 구분하기 시작했고 기쁨의 표현이 다시 살아났다. 아이의 웃음소리가 너무 커서 참을 수 없을 정도였다.

교육 활동을 계속하는 것이 불가능하다는 것을 알고 이타르는 눈가리개를 없애기로 결정했어요. 그러자 웃음이 멈추었습니다. 하지만 아이는 주변의 아주 작은 움직임에도 반응할 만큼 아주 산만해졌어요. 눈가리개가 필요했지만 수업 중에 너무 웃으면 안 된다는 것을 아이에게 이해시켜야 했어요. 이타르의 교정 방법과 감동적인 결과는 여기에서 말할 가치가 있습니다.

아이에게 나의 방식으로 겁을 주고 싶었지만 그렇게 할 수 없었다. 나는 탬버린으로 무장하고 아이가 실수를 할 때마다 탬버린을 가볍게 쳤다. 그러나 아이는 나의 교정 신호를 농담으로 받아들였고, 아이는 이전보다 더 시끄러워졌다. 조금 더 가혹하게 행동 교정을 해야겠다는 생각이 들었다. 아이는 심리적 상처가 체벌의 고통보다 크다는 것을 알게 되었고, 이는 아이의 어두워진 얼굴에서 고통과 기쁨이 섞인 채로 드러났다. 눈가리개 아래로 눈물이 흘러내렸고 아이는 눈가리개를 벗겨 달라고 했다. 창피함 또는 두려움 때문이었는지 혹은 너무 몰입해서인지는 모르겠지만 눈가리개에서 자유로워졌을 때에도 아이는 눈을 꼭 감은 채로 있었다. 아이의 감긴 눈꺼풀 사이로 이따금씩 눈물이 흘러나왔고, 나는 아이의 슬픈 얼굴에 웃을 수 없었다. 아… 여기에 쏟은 시간이 부질없는 것처럼 느껴졌다. 이 아이를 알게 된 것을 얼마나 후회했던가! 과학의 발전을 위해 아이를 순수하고 행복한 삶에서 떼어 놓은 사람들의 비인간적인 호기심을 얼마나 가혹하게 비난했던가!

이 방법의 특징은 자극의 분산입니다. 다음 장인 '교구를 이용한 감각 교육'에서 더 자세히 다루겠습니다. 여기에서는 강하게 대조되는 소수의 자극으로 시작해서 미세한 차이가 있는 다수의 자극으로 진행해야 한다는 정도로만 이해하면 됩니다. 예를 들면, 처음에는 빨간색과 파란색을 함께 제시하지요. 가장 짧은 막대를 가장 긴 막대 옆에 놓기도 하고 가장 두꺼운 것 옆에 가장 얇은 것을 놓는 식입니다. 이렇게 시작한 후에 색조가 미세하게 다른 것들을 보여 주거나 길이와 크기가 아주 조금 다른 것들을 보여 주는 방법으로 진행하는 것이지요.

Chapter
2

교구를 이용한 감각 교육

촉각과 열 감각 인식 교육

촉각과 열 감각 교육은 함께 진행됩니다. 촉각은 무엇인가를 만져야 느낄 수 있어요. 따뜻한 물에 손을 씻는 것은 아이들에게 청결을 알려 준다는 장점이 있어요. 아이들은 깨끗하지 않은 손으로 물건을 만지면 안 된다는 것을 배웁니다. 그래서 촉각 자극의 구별을 위한 활동에서는 손 씻기, 손톱 관리처럼 실생활의 동작들을 이용합니다.

보통 실생활에서 손가락 끝으로 감각을 느끼는 경우가 많기 때문에, 교육이 꼭 필요합니다. 한쪽 세숫대야에서 아이가 손에 비누칠을 잘하게 하고, 다른 한쪽 세숫대야에서는 미지근한 물로 손을 헹구어 줍니다. 그러고 나서 손에서 물기를 어떻게 닦아 내는지 보여 줍니다. 이런 방식으로 목욕을 준비하게 하지요. 그런 다음 아이에게 만지는 방법, 즉 표면을 만지는 방식을 가르칩니다. 이 활동을 위해 아이의 손가락을 잡고 표면 위에 그림을 그리듯이 아주 가볍게 여기저기 움직여 주세요. 아이가 만지는 동안 눈을 감게 하는 것도 좋은 방법이에요. 눈을 감으면 아이가 물건을 만지면서 차이점을 더 잘 느낄 수도 있어요. 표면의 차이를 시각의 도움 없이 구분하게 하는 것이지요. 아이는 이런 활동을 아주 빠르게 이해할 뿐만 아니라 재미있어 할 거예요. 이런 활동이 끝난 후, 아이들이 교사에게 다가와 눈을 감고 손바닥이나 옷을 아주 섬세하게 만지는 것은 흔히 있는 일입니다.

아이들은 촉각을 정말 잘 사용합니다. 부드럽고 감촉이 좋은 표면을 예민하게 만지는 것을 좋아하고 사포로 만든 카드의 질감 차이를 예리하게 구분해 냅니다. 교구는 다음과 같아요.

1. 직사각형 나무 판자를 동일한 직사각형 두 개로 나눈 다음, 첫 번째 판자의 표면은 매끄러운 종이로 덮고 나머지 하나는 사포로 덮습니다.
2. 나무 판자 위에 매끄러운 종잇조각과 사포 조각을 번갈아 연속으로 붙입니다.

또한 부드럽고 고운 판지부터 가장 거친 사포에 이르기까지 다양한 종잇조각을 이용할 수 있어요.

열 감각 활동을 위해서는 금속 그릇에 물을 담아서 사용해요. 물의 온도는 다르게 합니다. 물의 온도가 같은 그릇들이 있을 수 있기 때문에 온도계로 온도를 측정합니다. 물을 채우고 그릇의 표면을 만지면 열이 느껴지지요. 아이들이 찬물, 미지근한 물, 따뜻한 물에 손을 담그게 합니다. 이 활동 역시 아이들이 아주 좋아해요. 발도 똑같이 담가 보게 합니다.

작은 나뭇조각들을 이용하여 무게감을 느끼는 활동도 성공적이었어요. 먼저 나무판을 가로 6센티미터, 세로 8센티미터, 두께 0.5센티미터로 자릅니다. 등나무, 호두나무, 소나무 등으로 조각들을 만들었어요. 무게는 각각 24그램, 18그램, 12그램으로 6그램씩 차이가 나게 했지요. 이 나뭇조각들은 아주 매끄러워야 해요. 가능하면 거친 표면을 정리하고 나무의 자연색을 유지하도록 바니시를 바르면 좋아요. 아이는 색깔을 관찰하고 나뭇조각들이 무게가 다르다는 것을 알

로마의 프란치스코 수녀회 클로이스터(CLOISTER) 학교에서
색이 있는 천 조각을 가지고 놀이하는 아이들

게 되면 이 활동을 잘할 수 있습니다. 아이는 나뭇조각들 중 두 개를 가져가서 손바닥 위에 올려놓습니다. 손을 위아래로 움직이면서 무게감을 느껴 봅니다. 이 움직임은 조금씩 조금씩 무뎌집니다. 아이가 순수하게 무게의 차이만을 가지고 나뭇조각들을 구별하도록 눈을 감게 합니다. 이 활동을 하면서 아이는 무게를 '짐작'하는 것에 흥미를 느끼게 되지요. 아이들은 순서대로 무게를 짐작해 보며 자발적으로 눈가리개를 이용하기도 해요. 아이들은 즐겁게 웃으며 이 활동을 즐깁니다.

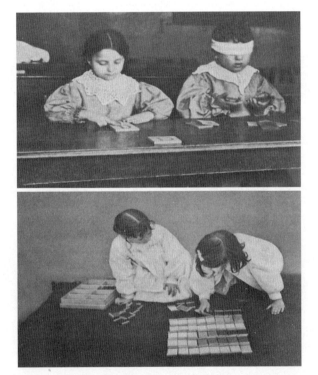

위 – 글자판을 만지는 여자아이와 무게로 물체를 구별하는 남자아이
아래 – 색상 천을 붙여 만든 나뭇조각들을 색깔 순서로 배열하기

입체감 인식 교육

이번 감각 교육은 촉각과 근육을 동시에 사용해야 해요. 두 감각을 기초로 놀라운 결과를 가져온 실험을 했습니다.

우리가 사용한 교구는 벽돌과 프뢰벨의 정육면체입니다. 아이가 두 개의 입체 형상에 집중하게 합니다. 아이가 사물들의 특징에 주의를 집중하도록 도움이 되는 말들을 반복적으로 해 주면서 물체들을 자세히 보게 해요. 그러고 나서 사물들을 눈으로 보지 않으면서 손으로 만진 후 정육면체는 오른쪽에, 벽돌은 왼쪽에 놓게 해요. 아이의 눈을 가리고 이 활동을 반복합니다. 두세 번 해 보면 거의 모든 아이들이 이 활동을 성공적으로 해냅니다. 총 24개의 벽돌과 정육면체가 아이의 관심을 끌 뿐만 아니라, 친구들이 자기를 지켜보고 있다는 사실 때문에 아이의 즐거움은 엄청나게 커집니다.

어느 날 세 살 된 여자아이에게 관심을 가진 적이 있어요. 아이들 중에서 가장 어린 편이었는데 이 활동을 완벽하게 반복적으로 해냈거든요. 아이를 탁자와 가까운 안락의자에 편안하게 앉힌 후, 24개의 벽돌과 정육면체들을 탁자 위에 꺼내 놓았습니다. 물건들을 잘 섞은 다음 아이에게 물건들의 모양을 구별해 정육면체는 오른쪽에, 벽돌은 왼쪽으로 옮겨 놓게 했어요. 아이의 눈을 가리고 아이는 가르쳐 준 대로 이 놀이를 다시 시작했습니다. 한쪽 손에 물건을 하나씩 들고 만지면서 물건을 구별하게 했습니다. 아이는 정육면체 두 개를 잡기도 하고 벽돌 두 개를 잡기도 했어요. 벽돌은 오른손으로 잡고 정육면체는 왼손으로 잡기도 했습니다. 그러면서 물체의 모양을 인식하고 모양이 다른 물건들을 적합한 곳으로 옮기는 연습을 통해 모양을 기억해야 했습니다. 이 활동은 세 살짜리 아이에게는 어려워 보였지요. 하지만 아이는 물체 두 개를 손으로 가져간 순간 그것들을 즉시 서로 교환했어요. 왼손에는 정육면체를, 오른손에는 벽돌을 손에 쥐었던 거예요. 우리가 가르친 것이지만 아이는 아마도 의무적으로 해야 하는 것이라고 믿은 것 같습니다. 아이는 처음 가볍게 만지자마자 그 물체들을 인식했습니다. 즉, 물건을 잡은 것과 동시에 인식이 이루어진 것이지요. 형태를 구별하기 위해 가르친 동작들이 불필요해 보였습니다.

연구를 계속하면서 이 어린 여자아이가 놀랍게도 양손을 모두 잘 사용할 수 있는 능력을 가지고 있다는 것을 알았어요. 양손을 동시에 교육하는 것이 바람직하다는 관점에서 연구의 폭이 넓어지게 되어 아주 기뻤습니다. 이 활동을 반복하면서 아이들은 물건을 만지기 전에 먼저 인식한다는 것을 알아냈습니다. 이는 어린아이일수록 특히 더 그렇습니다. 이런 면에서 우리의 교육 방법은 판단의 속도를 높일 수 있는 연상체조associative gymnastics를 만들어 냈습니다. 이 체조는 아주 어린 아이들에게 적용할 수 있다는 장점이 있었어요.

이러한 입체감 훈련은 여러 면에서 효과적입니다. 아이들은 열 감각 활동에서 본 것처럼 자극을 인식하는 활동을 재미있어하니까요.

아이들은 작은 물건들, 장난감, 작은 공, 그리고 여러가지 흔한 동전들을 들어 올릴 수 있어요. 아이들은 옥수수, 밀, 쌀 알갱이처럼 아주 미세하게 차이가 나는 작은 물건들을 구별하게 됩니다. 아이들은 눈에 의존하지 않고도 물건을 식별할 수 있다는 것을 아주 자랑스러워해요. 손을 뻗으면서 이렇게 외치지요. "여기 내 눈이 있어요.", "손으로 볼 수 있어요!" 아이들은 우리가 전혀 예상치 못한 발전을 보여주고 있어요. 새로운 목표를 달성하고 뛸 듯이 기뻐하는 아이들의 모습은 참으로 경이롭습니다.

미각과 후각 교육

이번 감각 교육이 가장 까다롭습니다. 지금까지 기록할 정도로 만족할 만한 결과를 얻은 적이 없어요. 일상적으로 사용했던 연습 방법들이 어린아이들에게 활용하기에는 실용적이지 못했다고 말할 수 있지요. 아이들의 후각은 충분히 발달되어 있지 않기 때문에, 후각으로 아이들의 관심을 이끌어 내기가 어렵습니다. 자주 사용하지 않는 활동을 해 보았습니다. 아이에게 제비꽃과 재스민 꽃 냄새를 맡게 합니다. 그리고 나서 아이의 눈을 가리고 이렇게 말하지요. "이제 꽃을 줄게." 아이가 꽃의 이름을 추측할 수 있도록 제비꽃 한 다발을 코 가까이로 대어 줍니다. 더 적은 수의 꽃을 주거나 심지어 한 송이만을 주기도 합니다. 후각 교육은 미각 교육처럼 점심 시간에 진행할 수 있어요. 아이들이 다양한 냄새를 맡아 볼 수 있는 시간이니까요.

미각 훈련에서는 쓴맛이나 신맛, 단맛, 짠맛 등 다양한 용액의 맛을 혀로 느껴 봅니다. 네 살 정도 된 아이들은 맛보기 놀이에 쉽게 빠져들어요. 아이들은 다양한 맛을 보는 것을 좋아해요. 매번 맛을 본 후에는 미지근한 물로 입을 꼼꼼하게 헹구는 법을 배웁니다. 미각 교육을 통해서 위생 교육도 함께 할 수 있어요.

시각 교육

I. 입체적 시각 인지

원통형 입체 블록 세트

입체 블록 세트는 나무로 만든 세 개의 블록으로 구성되어 있어요. 각 블록 세트는 길이 55센티미터, 높이 6센티미터, 폭 8센티미터입니다. 각 세트는 구멍이 있는 열 개의 조각으로 되어 있지요. 이 조각들의 모양은 원통형이고 상단 중앙에 고정된 작은 손잡이를 이용해서 움직일 수 있어요. 손잡이는 나무나 황동으로 만들어져 있고, 원통은 과학자가 사용하는 추와 아주 비슷하게 생겼어요. 첫 번째 세트에 있는 원통의 경우, 높이는 55밀리미터로 모두 동일하지만 지름은 차이가 있습니다. 가장 작은 것의 지름이 1센티미터이고 0.5센티미터씩 늘어나지요. 두 번째 세트의 경우, 원통의 지름은 첫 번째 세트에서 가장 큰 원통 지름의 절반 정도인 27밀리미터로 모두 동일합니다. 하지만 높이가 각각 다른데, 가장 작은 원통은 키가 1센티미터인 작은 원반에 불과해요. 갈수록 5밀리미터씩 증가하여 열 번째 원통의 높이는 55밀리미터가 되지요.

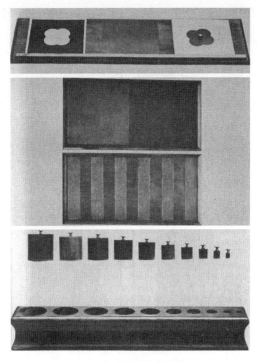

위 – 그림 그리기 책상과 삽입물

중간 – 사포가 나무판들을 부분적으로 덮고 있어서 표면에 거친 부분과 매끄러운 부분이 있음

아래 – 입체 블록 세트와 틀: 아이는 스스로 두께, 높이, 크기에 따라 사물을 구별하는 법을 배움

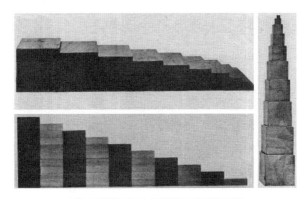

넓은 계단(왼쪽 위), 긴 계단(왼쪽 아래), 탑(오른쪽)

블록을 이용해서 아이들에게 두께, 길이, 크기에 대한 개념을 가르침

세 번째 세트는 높이와 지름이 모두 다른데, 높이 1센티미터, 지름 1센티미터부터 시작하여 높이와 지름이 0.5센티미터씩 늘어납니다. 이런 블록 세트를 가지고 놀면서 아이는 두께, 높이, 크기에 따라 물체를 구별할 수 있게 됩니다. 세 명의 아이가 모이면 이 세 가지 세트를 가지고 서로 교환하면서 다양한 방식으로 놀 수 있어요. 원통들을 틀에서 빼내어 탁자 위에 섞은 후 구멍에 다시 맞추는 거지요. 블록들은 단단한 소나무로 만들었고 매끈하게 손질하여 바니시를 칠했습니다.

박스형 블록 세트

크기가 큰 육면체로 구성된 블록 세트가 세 개 있습니다. 이 세트는 시설마다 각각 두 개씩 있는 편이 좋아요.

① 두께

이 블록 세트는 사각형 모양의 막대 열 개로 구성되어 있으며, 두꺼운 것부터 얇은 것까지 있어요. 가장 두꺼운 것의 밑변은 10센티미터이고 점차 1센티미터씩 줄어듭니다. 각 조각의 길이는 모두 20센티미터로 되어 있고, 색은 어두운 갈색이에요. 아이들은 블록 조각들을 바닥에 섞어 놓고 두께를 비교하면서 순서대로 배열합니다. 길이가 정확하게 일치한다는 것을 관찰할 수 있지요. 첫 번째 막대부터 마지막 막대까지 차례대로 놓으면 계단 모양이 만들어져요. 위로 올라갈수록 각 계단의 폭은 넓어집니다. 아이들은 가장 얇은 것 또는 가장 두꺼운 것 중 마음에 드는 것부터 시작할 수 있습니다. 이 놀이의 규칙은 바로 블록 세트 자체에 있어요. 큰 블록은 작은 구멍에 끼워 넣을 수 없고, 키가 더 큰 블록은 다른 블록들 위로 툭 튀어나옵니다. 계단 만들기 놀이를 하면서 아이들의 눈은 잘못 배열된 것들을 쉽게 알아차릴 수 있어요. 블록을 잘못 놓으면 계단의 모양이 이상해지니까요. 중간에 있는 계단의 높이가 갑자기 높아지거나, 위로 올라가면서 각 계단의 높이가 줄어들기도 해요.

② 길이

이 세트는 막대 열 개로 되어 있어요. 아이들은 이 막대 세트로 길이에 대한 개념을 알게 될 거예요. 막대는 4면으로 되어 있고 각 면의 폭은 3센티미터입니다. 첫 번째 막대의 길이는 1미터이고 가장 마지막 막대의 길이는 10센티미터예요. 막대의 길이는 첫 번째 막대부터 마지막 막대까지 각 10센티미터씩 줄어듭니다. 막대 위에는 빨간색과 파란색이 10센티미터 간격으로 번갈아 칠해져 있지요. 막대기들을 색깔에 맞추어 서로 가깝게 배열하면 색칠된 부분들이 가로로 이어져서 띠처럼 보이게 됩니다. 모든 막대를 배열하면 직각 삼각형처럼 생긴 파이프 오르간 모양이 되지요. 막대의 길이가 줄어드는 것이 직각삼각형의 빗변처럼 보입니다. 아이들은 마구 섞여 있는 막대들을 길이에 따라 순서대로 놓으면서 색깔이 일치하는 것을 관찰할 수 있어요. 이 놀이에서 실수는 아주 명확하게 보입니다. 막대를 잘못 놓으면 빗변을 따라서 줄어드는 길이가 일정하지 않게 되니까요. 블록 세트의 가장 중요한 특징은 산수 활동에 응용할 수 있다는 점입니다. 아이들은 블록 놀이를 하면서 1부터 10까지 세는 법을 배우고, 덧셈도 배울 수 있지요. 이것은 십진법과 미터법의 기본을 아는 것과 같아요.

③ 크기

이 블록 세트는 나무로 만든 정육면체 열 개로 구성되어 있고, 나무 표면은 장미색으로 칠해져 있어요. 아이들은 더 크거나 더 작은 물건을 구별할 수 있습니다. 가장 큰 정육면체의 밑변은 10센티미터이고 가장 작은 것은 1센티미터입니다. 각 정육면체의 밑변은 1센티미터씩 줄어들어요. 이 놀이는 정육면체를 크기 순서대로 하나씩 쌓아 올리는 것입니다. 가장 큰 정육면체를 맨 밑에 놓고 가장 작은 정육면체를 맨 위에 놓으면 작은 탑이 만들어지지요. 바닥에 카펫을 깔고 블록들을 그 위에 섞어 놓아요. 카펫 위에 탑을 세우면서 아이는 무릎을 꿇기도 하고 일어서기도 합니다. 이 놀이도 블록 자체를 통해 올바른 규칙을 확인할 수 있습니다. 만약 정육면체가 잘못 놓이면 탑의 기초에서 정상까지의 균형이 불완전하니까요. 이 놀이를 하면서 아이들이 가장 많이 하는 실수는 두 번째로 큰 블록을 맨 아래에 놓는 것입니다. 데 상크티스De Sanctis 검사에서 장애아들도 똑같은 실수를 저지르고는 했어요. "어떤 것이 가장 크지요?"라는 질문에 아이들은 가장 큰 것을 고르지 않고, 가장 큰 것과 크기가 제일 비슷한 것을 선택하고는 했습니다.

이 세 가지 블록 세트를 다른 놀이에 응용할 수도 있어요. 블록들을 카펫이나 탁자 위에 섞어 놓은 다음, 블록들을 조금 떨어진 다른 탁자 위에 순서대로 옮겨 놓는 거예요. 블록 조각들을 하나씩 옮기면서 아이들은 주의를 집중해서 걸어야 하고, 섞여 있던 블록의 크기를 기억해야 합니다.

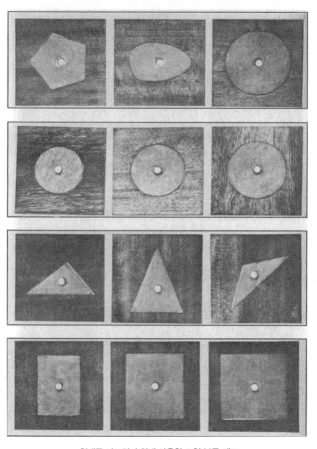

형태를 가르치기 위해 사용한 도형 블록 세트

카펫 위에 섞어 놓은 블록 조각들을 배열하는 단순한 활동은 3~4세 사이의 아이들에게 더 적합하고, 블록을 옮기면서 하는 놀이들은 4~5세 아이들에게 아주 효과적이에요. 분홍색 정육면체로 탑을 쌓는 놀이는 3세 미만의 아이들에게 매력적으로 다가갈 수 있습니다. 아이들은 탑을 쌓고 무너뜨리기를 반복하거든요.

위 – 나무로 만든 삽입형 도형 세트와 틀: 틀은 아이들이 좀 더 정교한 작업을 할 수 있도록 돕는다
아래 – 도형 블록 세트와 틀을 보관하는 함

II. 시각, 촉각, 근육 감각

나무로 만든 도형 끼우기 세트

이 도형 세트는 이타르와 세갱의 교육법을 참고해서 준비하였습니다. 앞선 교육자들이 사용했던 것들과 똑같은 형태로 만들어서 장애아를 위한 학교에서 사용했어요. 이 세트 안에는 커다란 나무판 두 개가 겹쳐진 채로 있습니다. 단단한 나무판을 아래에 깔고 그 위에 두 번째 나무판을 포개어 놓은 것이지요. 그리고 위에 있는 나무판을 다양한 도형으로 파서 공간을 만들었어요. 이 놀이는 나무 도형들을 그 파인 자리에 맞추는 거예요. 다루기 쉽게 손잡이도 만들었지요. 이 세트를 가지고 여러가지 놀이를 구상했는데, 색깔을 가르치기 위한 것들과 도형을 가르치는 것들로 구분했습니다. 색깔을 가르치는 것은 모두 원형으로 되어 있고, 모양을 가르치는 것들은 모두 파란색으로 칠했어요. 그리고 각각 색깔의 농담과 도형의 모양을 다양하게 만들었어요. 이 교구는 아주 비싸고 다루기도 힘들었습니다.

아이들과 다양한 시도를 한 후, 색깔을 가르치기 위한 평면 도형 세트는 완전히 제외했습니다. 아이들은 앞에 놓인 도형으로 나무판을 덮기만 하면 되는데 이런 활동은 아이들에게 시행착오의 기회를 줄 수 없었어요. 그래서 이 도형 세트에 새로운 개념을 적용하기로 했습니다. 지금 사용하고 있는 도형 세트들은 로마에 있는 성 미카엘 소년원에 있는 수공예 학교에 방문했을 때 모형을 보고 영감을 받아서 제작했어요. 도형을 그 모양이 그려진 틀 위에 맞추는 모형이었지요. 이 활동은 크기와 형태에 대한 정확도를 키우는 데 목적이 있어요. 도형의 틀은 작업의 정확성을 높일 수 있게 도와줍니다.

이 모형을 보고 이미 가지고 있던 도형 세트에 변화를 줄 생각을 하게 된 것이지요. 틀은 그대로 두고 직사각형 모양의 도형 세트를 가로 30센티미터, 세로 20센티미터의 직사각형 쟁반으로 만들기로 했어요. 이 쟁반은 짙은 파란색으로 칠해져 있고 검은 테두리가 쟁반을 둘러싸고 있습니다. 이 쟁반형 세트를 덮을 덮개가 함께 있고 그 안에는 여섯 개의 정사각형 틀이 들어 있어요. 형태에 변화를 주어서 다양한 조합을 만들 수 있는 것이 쟁반 도형 세트의 장점이에요. 여러 개의 정사각형 나무판으로 한 번에 두세 개의 기하학적 형태를 제시할 수 있고 다른 공간은 빈 상태로 두는 것이지요. 이 교구에 10센티미터 크기의 하얀색 정사각형 카드 세트를 추가했습니다. 이 카드들로 도형 모양 세트를 만들 수 있어요. 우선 파란색 종이를 도형 모양으로 오려 내어 흰색 카드 위에 올려 놓으면 쟁반 위에 여러 개의 도형 모음을 만들 수 있어요.

여섯 개의 쟁반 세트를 담는 서랍장도 만들었어요. 첫 번째 서랍에는 네 개의 정사각형 나무판과 두 개의 틀이 들어 있어요. 하나는 마름모꼴이고 다른 하나는 사다리꼴입니다. 두 번째 서랍에는 정사각형 하나와 직사각형 여섯 개가 들어 있어요. 직사각형들의 세로 길이는 동일하지만 가로 길이는 서로 달라요. 세 번째 서랍에는 지름이 다른 동그라미 여섯 개가 들어 있어요. 네 번째 서랍에는 삼각형 여섯 개가 들어 있습니다. 다섯 번째 서랍에는 오각형부터 십각형까지 다각형 여섯 개가 들어 있어요. 여섯 번째 서랍에는 곡선형 도형 여섯 개가 들어 있는데, 계란 모양 같은 타원형과 꽃처럼 생긴 도형입니다. 꽃처럼 생긴 도형은 네 개의 아치가 교차한 모양이에요.

도형 만들기 놀이에서 사용된 도형 카드들

도형 끼워 맞추기 놀이

이 놀이는 아이에게 큰 쟁반과 도형들을 제시하면서 시작합니다. 도형 세트를 꺼내어 탁자 위에 잘 섞어 놓고 아이에게 도형들을 다시 맞추게 합니다. 이 놀이는 아주 어린 아이들도 할 수 있어요. 꽤 오랫동안 아이의 주의를 집중시킬 수 있지만 입체 블록 놀이만큼은 아니에요. 이 놀이를 다섯 번 또는 여섯 번 이상 반복하는 아이들을 본 적은 없거든요. 그래도 아이들은 이 놀이에 많은 힘을 쏟습니다. 도형을 인식하기 위해서는 아주 유심히 봐야 하기 때문이지요.

처음에 아이들은 여러 번의 시도 끝에 도형을 끼워 맞출 수 있어요. 예를 들면 삼각형을 사다리꼴 자리에 끼워 보기도 하고 직사각형 자리에 끼워 보기도 하지요. 아이들은 직사각형을 가지고 어디에 끼워 넣어야 할지를 잘 살펴보고, 긴 면과 짧은 면을 교차로 여러 번 맞춰 본 후 틀에 잘 끼워 넣습니다. 이 수업을 3~4회 하고 나면 아이들은 변의 수가 많은 다각형도 안정감 있게 끼워 맞출 수 있게 됩니다. 이때가 바로 체계적인 관찰법을 가르칠 수 있는 순간입니다. 도형 틀 안에 있는 도형들에 변화를 주고 아이들에게 대조적인 도형부터 비슷하게 생긴 것들까지 제시합니다. 실수나 시행착오 없이 도형들을 습관적으로 끼워 맞출 수 있는 아이들에게는 아주 쉽습니다.

아이들에게 아주 대조적으로 생긴 도형들을 반복적으로 보여 주면서 시작해요. 도형에 대한 시각적 인지와 근육-촉각적 인지를 연결하면 아이가 도형을 더 잘 인식할 수 있어요. 아이에게 오른손 검지로 도형의 테두리를 만져 보게 한 다음에 도형 조각과 딱 맞는 틀의 윤곽선을 만져 보게 합니다. 이 동작이 아이의 습관이 되게 해야 해요. 아이들은 물건을 만지는 것을 좋아하기 때문에 이 동작을 잘 따라합니다. 장애아들을 대상으로 한 연구를 통해서 다양한 형태의 감각 기억 중 근육 감각 기억이 가장 먼저 발달한다는 것을 알았습니다. 실제로 많은 아이들이 눈으로 도형을 구별하지 못하더라도 만지면 구별할 수 있습니다. 도형의 윤곽선을 따라가면서 동작을 인식하는 것이지요. 아이들은 도형을 어디에 놓을지 헷갈려하지만 도형 조각과 틀의 윤곽선을 만지자마자 도형을 각각 알맞은 틀에 완벽하게 끼워 맞춥니다. 이처럼 근육-촉각적 감각과 시각을 연결하면 아이가 도형을 더 쉽게 인식하고 더 잘 기억할 수 있다는 것은 분명합니다. 이 활동은 도형 세트 자체가 절대적인 규칙이 되는데, 특정 도형은 해당 틀에만 끼워 넣을 수 있기 때문입니다. 아이 혼자 이 작업을 하게 하면, 아이는 스스로 사물의 형태를 시각적으로 인식합니다. 감각 교육이 저절로 이루어지는 순간이지요.

카드를 이용한 활동 3가지

1. 아이에게 나무 도형들과 도형 카드 여러 장을 줍니다. 카드를 탁자 위에 섞어 놓으면 아이가 한 줄로 배열합니다. 그리고 카드 위에 나무 도형들을 놓습니다. 이 활동은 아이의 눈이 통제합니다. 아이는 도형을 인식하고, 나무 도형들을 모양이 같은 종이 카드 위에 완벽하게 올려놓아야 해요. 여기에서 아이의 눈은 두 개의 조각을 합

치는 틀에 해당합니다. 카드를 나무 도형으로 덮는 것뿐만 아니라 도형의 테두리를 만지는 것에 익숙해지는데, 이것은 이 활동의 일부입니다. 아이는 항상 이 동작을 자발적으로 하니까요. 아이는 나무 도형을 놓은 후에 도형의 테두리를 다시 만집니다. 위에 덮어 둔 조각과 아래에 있는 카드의 모양이 정확하게 일치하도록 손가락으로 조정하는 것이지요.

2. 여러 장의 카드와 그에 일치하는 나무 도형 세트를 아이에게 줍니다. 아이는 구체적인 것에서 추상적인 것으로 점차적으로 진행합니다. 처음에는 고체 물건들로 시작해서 평면 도형으로 넘어가는 것

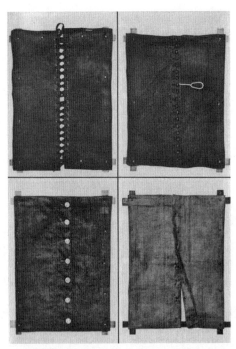

끈으로 매기, 신발 단추 채우기, 옷 단추 채우기, 후크 채우기 등
옷 입고 벗기의 다양한 과정을 보여 주는 틀

이지요. 즉, 평면 도형은 실물로 존재하지 않습니다. 아이는 선line을 봅니다. 그 선은 평면 도형의 추상적인 윤곽이 아니라 아이가 따라가야 하는 길입니다. 아이는 검지손가락으로 선을 따라가면서 실제로 어떤 흔적을 남기는 것 같은 느낌을 받게 됩니다. 손가락으로 그 도형의 윤곽선을 다 그리고 나면 도형이 모습을 드러낼 것 같은 느낌이지요. 이 움직임을 인도하는 것은 눈이지만, 이러한 움직임은 아이가 나무 도형의 윤곽선을 만질 때부터 이미 준비된 것입니다.

3. 아이에게 도형들이 검은색으로 그려진 카드를 보여 줍니다. 동시에 그림과 일치하는 나무 도형 조각들을 줍니다. 여기서 아이는 실제로 도형을 따라갑니다. 움직임의 결과에 대한 추상적인 개념을 갖게 되는 거예요. 예를 들면 이런 동작들을 연필로 그리면서 흔적을 남기기도 합니다. 이렇게 만들어진 선들이 시각과 촉각에 의해 도형으로 구체화되는 거예요. 나무 도형들을 겹쳐 놓는 활동을 하면서 아이들은 구체화된 그림을 기억할 수 있습니다.

Ⅲ. 색채 감각 교육

색채 감각 교육을 위한 교구는 다음과 같아요. 아이들과 실험을 하면서 만든 것입니다. 작고 납작한 나무판에 색깔이 있는 양모 또는 실크를 감아서 만들었어요. 양쪽 끝에는 작은 나무 테두리가 있어서 실크로 덮인 나무판이 탁자에 닿지 않게 합니다. 아이는 또한 색을 더럽히지 않기 위해 나무판의 끝부분을 잡아야 한다는 것을 배우지요. 그러면 교구를 다시 만들 필요 없이 오랫동안 사용할 수 있습니다.

색색의 실크로 감아서 만든 나무판들
(색채 감각을 가르치기 위해 사용되었다.)

나무판들은 8가지 색으로 되어 있고 색의 농담에 따라 각각 8단계로 되어 있어요. 그래서 전체적으로는 64색으로 구성되어 있지요. 8가지 색은 검정, 빨강, 주황, 노랑, 초록, 파랑, 보라, 갈색입니다. 검정은 회색부터 흰색까지 포함합니다. 64가지 색상 세트를 두 개 만들었기 때문에 각 활동마다 두 개씩 사용할 수 있어요. 따라서 전체 세트는 128개의 색상판으로 구성됩니다. 두 개의 상자에 나누어 보관하고 각 상자는 여덟 칸으로 나누어져 있어요. 한 상자 안에 64개의 색상판이 들어 있습니다.

색상판을 이용한 놀이

처음에는 빨간색, 파란색, 노란색처럼 강한 색 세 개를 선택하여 짝을 짓습니다. 여섯 개의 색상판을 아이 앞에 있는 탁자 위에 올려 놓습니다. 아이에게 하나씩 보여 준 후에 색상판을 섞고 같은 색을 찾아보게 합니다. 아이는 이런 식으로 색상판을 두 개씩 짝을 지어 배열합니다. 이 놀이에서 한 번에 8가지 또는 16가지까지 색을 늘릴 수 있습니다. 가장 진한 톤의 색을 사용했으면 연한 톤의 색상들을 같은 방식으로 진행합니다. 마지막으로 같은 계열의 색 두세 개를 색상의 톤을 달리하여 선택하고, 아이에게 색의 농담에 따라서 어떻게 배열해야 하는지 보여 줍니다. 이런 식으로 8단계를 모두 다 할 수 있어요. 이어서 빨간색과 파란색처럼 2가지 색을 선택하여 8단계 톤을 아이에게 보여 주고, 색의 농담에 따라 구분하고 묶는 방법을 보여 줍니다. 그 다음은 파란색과 보라색, 또는 노란색과 주황색처럼 가깝게 연결되는 색들로 진행합니다.

한 어린이의 집에서 이 놀이를 다양하게 응용하는 것을 보았습니다. 아주 성공적이고 흥미로웠으며 학습 속도도 아주 놀라웠지요. 아이들은 탁자 주변에 앉아 있고, 교사는 아이들 수만큼의 색상판을 탁자 위에 올려놓습니다. 예를 들어 아이들이 세 명이면 세 개의 색상판을 제시합니다. 각각의 아이들이 색을 선택하거나 교사가 각 아이에게 색을 배정합니다. 그리고 나서 색상판을 탁자 위에서 섞습니다. 아이들은 색상판 더미에서 자신의 색을 가지고 와서 색상판들을 농담에 따라 한 줄로 배열합니다. 아이들이 색 상자 전체를 가져와서 64개의 색상판을 모두 탁자 위에서 섞은 후에 색들을 빠르게 골라서 농담에 따라 배열하는 것도 보았어요. 미묘한 색과 색조들이 혼합된 작은 카펫을 만드는 것 같았습니다. 세 살 된 아이도 모든 색조들을 농담에 따라 배열할 수 있을 정도로 아이들의 습득 능력이 빨라서 깜짝 놀랐습니다.

색깔을 기억하는 놀이

아이에게 어떤 색을 보여 주고, 아이가 원하는 만큼 오랫동안 색을 보게 합니다. 그러고 나서 모든 색이 놓여 있는 탁자에 가서 조금 전에 본 것과 비슷한 색을 찾게 하는 거예요. 사소한 실수가 있더라도 아이들은 이 놀이를 아주 잘 해냅니다. 5살 아이들도 색을 선택하고 그 색이 맞는 것인지 판단하는 이 활동을 굉장히 좋아합니다. 초창기에는 피졸리Pizzoli가 고안한 도구를 사용했어요. 도구는 갈색의 작은 원반으로 되어 있는데, 맨 위에는 반달 모양의 구멍이 있습니다. 다양한 색들이 그 구멍 뒤로 지나가게 만들어져 있지요. 교사는 아이가 어떤 색에 집중하게 한 후에 원반을 돌립니다. 그리고 그 구멍을 통해 같은 색이 나타나는지 아이가 지켜보게 합니다. 이 도구는 아이를 소극적으로 만듭니다. 아이가 교구를 통제하지 못한다면 감각 교육을 제대로 할 수 없어요.

소리를 구별하기 위한 교육

소리(음악)를 구별하는 것과 관련해서는 독일과 미국의 주요 청각 장애인 기관에서 사용하는 교구를 참고하는 것이 바람직할 것입니다. 이 활동들은 언어 습득의 기초가 되는 내용이고, 사람의 목소리가 변하는 것에 대해 아이들이 주의를 기울이게 만듭니다. 어린아이들에게 있어 언어 교육은 아주 중요합니다. 이러한 활동들의 또 다른목표는 소음에 대해 교육시키고, 아이들이 소음과 소리들을 구별하고 비교할 수 있게 하는 것입니다. 이러한 감각 교육은 미적 취향을발휘한다는 점에서 가치가 있으며, 실용적인 교육에 적용될 수도 있어요. 청각에 대한 과학적 교육은 실제로는 적용할 수 없습니다. 다른 감각 교육들과는 달리 청각 교육은 아이 스스로의 활동을 통해이루어질 수 없는 것이 사실입니다. 소리의 단계적 차이를 만들어 내는 도구를 활용해야 하며, 한 번에 한 아이만 작업할 수 있어요. 다시말하면 소리를 구별하기 위해서는 절대적인 고요함이 필요합니다.

밀라노와 로마 프란체스코 수도원에 있는 어린이의 집의 교사였던마케로니Maccheroni는 나무틀에 매달린 열세 개의 종을 고안했습니다. 이 종들은 모두 똑같이 생겼지만, 망치로 때렸을 때 다음과 같이 열세 개의 음을 만들어 냈습니다.

이 세트는 이중으로 된 열세 개의 종과 네 개의 망치로 구성되어있습니다. 첫 번째 줄에 있는 종 하나를 때리면 아이는 두 번째 줄에서 일치하는 소리를 찾아내야 합니다. 이 활동은 굉장히 어렵습니다.

아이는 일정한 힘으로 종을 치는 방법을 모르기 때문에 매번 소리의 강도가 달라집니다. 교사가 종을 친다고 해도 아이들은 소리들을 구별하기 힘들어요. 이 도구는 지금의 형태로는 실용적이지 못하지요. 그래서 소리를 구분하는 활동을 위해 피졸리의 호루라기를 사용합니다. 소음의 단계를 구별하기 위해서는 모래나 자갈 등으로 채워진 작은 상자들을 이용합니다. 상자를 흔들면 소음이 만들어지지요.

　청각을 위한 수업은 이렇게 진행해요. 우선 일상적인 방식대로 조용한 환경을 유지하도록 하면서 더 조용히 만듭니다. "쉬! 쉬!"처럼 날카롭고 짧은 소리를 연속으로 발음하고, 다시 길고 가볍게 속삭이듯이 소리 냅니다. 아이들이 조금씩 관심을 갖게 되면 아이들에게 "더 조용히, 움직이지 말고, 더 조용히"라고 말합니다. 그러고 나서 다시 "쉬! 쉬!" 소리를 냅니다. 거의 들릴 듯 말 듯한 목소리로 "더 조용히 가만히"라고 반복합니다. 아주 낮게 속삭입니다. "이제 시계 소리가 들리네. 파리가 나는 소리도 들려요. 정원에서 나무들이 속삭이는 소리도 들려요." 아이들은 굉장히 재미있어하면서도 아주 정숙합니다. 방 안은 마치 아무도 없는 것처럼 느껴질 정도예요. 아이들에게 다시 속삭입니다. "눈을 감아 보아요." 이 활동을 반복하면 아이들은 움직이지 않고, 완전히 정적인 상태에 익숙해집니다. 아이들 중 누군가 정적을 깨면 한마디의 소리와 몸짓만으로 다시 완전한 질서 상태로 바로 되돌릴 수 있어요.

우리는 고요함 속에서 대조적인 성격의 크고 작은 소리와 소음을 만들어 봤어요. 차이가 큰 소리를 먼저 제시한 후에 점차적으로 비슷한 소리를 제시했습니다. 이타르는 1805년에 북과 종을 사용하여 최고의 결과를 얻어냈습니다. 그는 북소리를 점진적으로 크게 냈고, 조화로운 종소리를 만들어 냈습니다. 오르간의 다이아페이슨(소리굽쇠), 호루라기, 상자 소리는 아이에게 매력적이지 않았으며 청각 교육에 도움이 되지 않았습니다. 북과 종처럼 상반되는 악기들이 인류의 삶에서 증오와 사랑 또는 전쟁과 종교를 표현해 왔다는 사실은 시사하는 바가 있습니다.

주변이 조용해졌을 때, 좋은 음색의 종을 울리는 것은 교육적일 것입니다. 조용하고 달콤하고 맑은 진동이 아이들의 몸 전체에 전달되니까요. 선별된 종소리를 통해 평화가 아이들의 몸속으로 스며들었습니다. 아이들은 무질서하고 듣기 싫은 소음을 싫어하게 되었고, 그런 소리를 내지 않게 되었습니다.

음악 교육을 받은 사람은 거슬리는 불협화음이 들리면 고통받습니다. 유아기에 이런 교육이 얼마나 중요한지는 더 설명할 필요가 없지요. 새로운 세대의 아이들은 혼동과 불협화음에서 자유로워져야 합니다. 가난한 사람들이 버려진 채로 모여 살고 있는 낙후된 거주지에서는 이러한 불협화음이 귀를 때립니다.

음악 교육

음악 교육은 반드시 체계적으로 진행되어야 해요. 어린아이들은 훌륭한 음악가의 연주를 그냥 지나치곤 합니다. 마치 동물이 지나가는 것처럼 말이지요. 아이들은 섬세한 소리를 인식하지 못합니다. 거리의 아이들은 손풍금 연주자 주변에 모여듭니다. 마치 음악 대신에 들려오는 소음에 환호하듯이 소리지르면서요.

음악 교육을 위해서는 음악뿐만 아니라 악기를 만들어야 합니다. 그러한 악기는 소리를 구분하는 것뿐만 아니라 박자 감각을 깨울 수 있어야 해요. 평화와 고요함 속에서 이미 떨리고 있는 근육에 자극을 주는 거예요. 아마도 하프처럼 단순한 현악기가 가장 편리할 것으로 생각됩니다. 현악기는 북, 종과 함께 인류의 고전적인 악기예요. 또한 하프는 개인의 친밀한 삶과 같은 악기입니다. 신화 속 오르페우스와 요정의 손에는 하프가 있지요. 사랑 이야기에서는 짓궂은 왕자의 마음을 사로잡은 공주의 손에 하프가 있습니다.

아이들에게 등을 돌리고 연주하는 교사는 결코 음악적 감각을 교육할 수 없어요. 자세뿐만 아니라 시선 등 모든 면에서 아이들의 관심을 끌어야 해요. 아이들을 향해 몸을 구부리고, 아이들을 자신 주변으로 모은 다음 자유롭게 두는 교사는 단순한 리듬의 연주를 통해 아이들의 영혼과 관계를 맺으며 이야기합니다. 여기에 교사의 목소리가 더해지면 훨씬 더 좋을 것입니다.

아이들은 자유롭게 따르도록 두어야 하고 아이들에게 노래를 강요해서는 안 됩니다. 이런 식으로 교사는 모든 아이가 따라할 수 있는 노래를 '교육에 맞게' 선택할 수 있어요. 복잡한 리듬을 다양한 나이에 맞게 조절해도 괜찮습니다. 나이가 많은 아이들뿐만 아니라 어린아이들도 따라할 수 있어야 하니까요. 어쨌든 단순하고 원시적인 악기들이 어린아이들의 영혼 속에 있는 음악을 깨우기에 적합하다고 믿습니다.

어린아이들의 근육 능력에 대해 더 알아내기 위해, 밀라노의 교사에게 여러가지 시도를 해 볼 것을 요청했어요. 교사는 피아노를 이용하여 아이들이 음색보다 리듬에 민감하다는 것을 관찰하고자 했어요. 리듬이 근육 운동의 협응에 미치는 영향을 연구하기 위해 리듬에 기초하여 작은 춤곡을 만들었습니다. 그리고 음악의 교육적 효과를 발견하고 크게 놀랐지요. 아이들은 거리에 살고 있었고, 거의 공통적으로 뛰어다니는 습관을 가지고 있었음에도 불구하고 아이들의 행동과 움직임에 자발적인 질서를 유도할 수 있었습니다. 음악적 리듬 활동을 반복하면서 아이들의 뛰는 행동은 조금씩 줄어들었어요. 어느 날 교사가 왜 행동이 변한 것인지 물어보자, 몇몇 아이들은 아무 말 없이 교사를 바라보기만 했어요. 나이가 많은 아이들은 아래와 같이 다양하게 대답했습니다.

"뛰는 것은 좋지 않아요."
"뛰는 것은 추해요."
"뛰는 것은 예의가 없어요."

확실히 우리 교육 방법의 아름다운 승리였습니다. 이 경험은 아이들의 근육 감각을 교육하는 것이 가능하다는 것을 보여 주었습니다. 그리고 근육 기억과 다른 형태의 감각 기억이 나란히 발달하는 것이 얼마나 섬세한 것인지를 보여 줍니다.

청력 민감도 테스트

이 실험은 순수하게 감각을 측정하는 것에 의존하지 않지만 아주 유용합니다. 아이의 청각적 예민함에 대한 대략적인 지식을 얻을 수 있거든요. 이 활동을 위해서는 우선 완벽한 침묵의 상태를 유지해야 해요. 그러고 나서 시계의 째깍거리는 소리와 귀에 잘 들리지 않을 정도로 작은 소리에 집중해야 합니다. 이제 아이들을 한 명씩 옆방으로 부릅니다. 아주 작은 목소리로 아이들의 이름을 불러요. 우리는 아이들에게 침묵의 진정한 의미를 가르칠 필요가 있는데, 이를 위한 침묵의 놀이가 몇 가지 있어요.

"선생님이 얼마나 조용해질 수 있는지 보여 줄게요"라고 말하면서 아이들의 관심을 집중시킵니다. 서고, 앉고, 움직이지 않고 조용히 자세를 유지하는 등 다양한 자세를 취합니다. 아주 작아서 들리지 않을 수도 있지만, 손가락을 움직이는 것만으로도 소리가 날 수 있어요. 숨소리도 들릴 수 있지요. 그래도 절대적인 침묵을 유지합니다. 쉬운 일은 아니지요. 아이를 불러 교사가 하는 대로 따라하게 합니다. 아이가 발의 위치를 바꾸면 소리가 납니다. 의자의 팔걸이 쪽으로 팔을 뻗습니다. 역시 소리가 나지요. 아이의 숨소리도 들립니다. 아이의 움직임 중간중간에 간단한 설명을 추가합니다. 다른 아이들은 이 모습을 유심히 보면서 경청하지요. 아이들은 스스로도 모르는 사이에 얼마나 많은 소음들을 내고 있는지, 그리고 조용함에도 단계가 있다는 것을 알게 되지요. 이 활동 전에는 미처 알지 못했던 사실입니다. 절대적인 침묵은 아무것도 움직이지 않을 때 생긴다는 것을 알게 되지요. 아이들은 교사가 마치 존재하지 않는 것처럼 조용히 방 안에 서 있는 것을 보고 아주 신기해합니다. 아이들이 교사를 따라하고 더 잘하려고 노력할 때, 교사는 여기저기 무심코 움직이는 아이들의 발을 잘 살핍니다. 아이들은 움직이지 않기 위해 온몸에 신경을 곤두세우지요.

아이들이 이런 활동을 하다 보면 우리가 조용히 하라고 말하는 것과는 차원이 다른 조용함이 형성됩니다. 마치 생명체가 사라지고 방에는 아무도 없는 것처럼 느껴지지요. 그러면 시계가 째깍거리는 소리가 들리기 시작합니다. 고요함 속에 시계 소리는 점점 더 크게 들립니다. 마침내 새가 지저귀는 소리, 아이들이 지나가는 소리 등 정원에서 다양한 소리가 들려옵니다. 아이들은 마치 스스로를 정복한 것처럼 매료되어서 조용히 앉아 있게 됩니다. 이때 교사가 이렇게 말합니다. "여기는 이제 아무도 없구나. 아이들이 모두 사라졌어." 이제 창문을 어둡게 하고 아이들에게 머리를 숙이고 눈을 감으라고 말합니다. 이 자세를 취하면 어둠 속에 절대적인 정적이 흐르지요. "이제 작은 목소리가 이름을 부를 거예요."라고 말합니다. 그러고는 아이들의 뒤쪽으로 가서 열려 있는 문에 선 채로 작게 말합니다.

이 목소리는 아이들의 마음에 다다르고 영혼을 부르는 것처럼 들립니다. 한 명씩 이름을 부를 때마다 아이들은 머리를 들고 눈을 뜹니다. 그러고는 일어서서 의자도 움직이지 않고 발끝으로 조용히 걷습니다. 거의 아무 소리도 들리지 않을 정도이지만 아이의 발소리는 고요함 속에 울립니다. 문에 다다르면 환희에 찬 얼굴로 교실 안으로 들어옵니다. 터져 나오는 웃음을 겨우 참습니다. 선생님 뒤에 얼굴을 숨기려는 아이도 있고 동상처럼 조용히 서 있는 친구들을 지켜보는 아이도 있을 수 있어요. 이름이 불리는 아이들은 자신이 특별하다고 느끼고 선물이나 상을 받은 것처럼 느낍니다. 가장 조용한 아이부터 시작하면 곧 모두의 이름이 불릴 거라는 것을 알게 됩니다. 아이들은 최대한 조용히 하려고 노력하지요. 세 살 된 아이가 재채기를 참아 내는 것을 본 적도 있습니다. 숨을 잠깐 멈추면서 재채기를 참아 내는 아이의 노력에 깜짝 놀랐습니다.

이 놀이는 이루 말할 수 없을 만큼 아이들을 즐겁게 합니다. 아이들의 얼굴이 기쁨으로 가득 차는 것을 볼 수 있어요. 처음에는 아이들에게 사탕이나 장난감을 보여 준 다음, 이름이 불리는 아이들에게 주려고 했지요. 아이들을 설득하려면 선물이 필요하다고 생각했는데, 그런 것들은 필요 없다는 것을 곧 깨달았습니다. 아이들은 고요함을 유지하기 위해 필요한 노력을 하면서 그 감각과 조용함 그 자체를 즐겼습니다. 이것이 아이들을 위한 보상입니다. 아이들은 사탕이나 장난감 같은 것들을 잊은 지 오래입니다. 세 살 된 아이들도 움직이지 않고 자세를 유지했습니다. 방 안에 있던 40명의 아이들이 모두 나갈 때까지 말이지요. 아이의 마음이 그 자체로 보상이 될 수 있고 특별한 기쁨을 줄 수 있다는 것을 알았습니다. 이런 활동들을 하고 나니 아이들이 저에게 더 가까이 다가오고 더 온순해지고 사랑스러워졌어요. 우리는 세상과 잠시 떨어져 있었고, 더 가깝게 소통했습니다. 아이들의 이름을 개별적으로 부르면 아이들은 그 목소리를 받아들이고 행복해합니다.

침묵의 수업

완벽한 침묵을 가르치는 데 성공한 이야기를 해 보겠습니다. 어느 날 어린이의 집에 들어섰는데, 4개월 된 아기를 안고 있는 어머니를 정원에서 마주쳤어요. 아기는 포대기에 싸여 있었는데, 이는 로마 사람들의 관습이었지요. 우리는 이 모습을 번데기처럼 보인다고 해요. 이 작은 아기는 마치 평화의 상징처럼 보였어요. 아기는 제 품에 안겼을 때도 아주 조용하고 얌전히 있었어요. 아이를 안고 교실로 가자 아이들이 달려왔어요. 아이들은 항상 팔을 활짝 펼치고 제 주변에 모여듭니다. 치마를 잡아당기기도 하고 제 앞에서 넘어지기도 합니다. 웃으면서 아이들에게 '번데기'를 보여 주었어요. 아이들은 정체를 알아채고는 기쁨의 눈빛을 반짝이면서 제 주위를 팔짝팔짝 뛰었어요. 하지만 제 품 안에 있는 아기를 만지지는 않았습니다.

아이들에게 둘러싸인 채로 교실 안으로 들어가서 평소와는 달리 큰 의자에 앉았어요. 말하자면 위엄 있게 앉은 거예요. 아이들은 제

품 안에 있는 아기를 부드럽게 지켜봤어요. 말을 하는 사람은 아무도 없었어요. 드디어 제가 아이들에게 말했습니다. "작은 선생님을 모셔 왔어요." 깜짝 놀란 눈빛과 웃음소리가 터져 나왔지요. "그래요, 아기 선생님입니다. 아무도 이 아기처럼 조용하게 있는 법을 모르니까요." 그러자 아이들은 자세를 바꾸더니 조용해졌어요. "어느 누구도 이 아기처럼 팔과 다리를 조용하게 두지 못하지요." 그러자 아이들 모두 팔과 다리의 위치에 더 신경을 씁니다. 저는 웃으면서 아이들을 바라 봤어요. "그래요. 여러분의 팔과 다리는 이 아기처럼 조용하지 않아요. 여러분은 조금씩 움직이지만 이 아기는 조금도 움직이지 않아요. 어느 누구도 이 아기처럼 조용할 수 없어요." 아이들의 표정이 심각해집니다. 아기가 자신들보다 더 낫다고 느낀 것입니다. "어느 누구도 이 아기처럼 조용할 수 없어요." 침묵이 흐릅니다. "아기의 숨소리를 들어 보아요. 숨소리가 아주 작아요. 까치발로 이리 오세요."

아이들이 자리에서 일어나 까치발로 천천히 다가와서 아기를 향해 허리를 숙입니다. 침묵이 흐릅니다. "어느 누구도 이 아기처럼 조용하게 숨 쉴 수 없어요." 아이들은 놀란 눈으로 주위를 바라봅니다. 아이들은 가만히 앉아 있어도 소리가 난다는 것과 이 작은 아기의 침묵이 어른의 침묵보다 심오하다고 생각해 본 적이 없었으니까요. 아이들은 거의 숨을 멈추었습니다. 저는 일어서서 "조용히 나가요. 조용히. 발소리가 나지 않게 발끝으로 걸어요"라고 말했습니다. 아이들을 뒤따라가면서 "아직도 소리가 들리네요. 하지만 아기는 아무런 소리도 내지 않아요. 조용하게 밖으로 나갑니다"라고 하자 아이들은 미소를 지었어요. 제가 하는 말을 이해한 겁니다. 열려 있는 창문으로 가서 아기를 엄마의 품으로 되돌려 주었어요. 아기의 엄마는 우리를 지켜보고 있었습니다. 아기가 남긴 매력이 아이들의 영혼을 감싼 것 같았어요. 새로운 생명에는 형언할 수 없는 위엄이 있습니다. 아이들도 새로운 생명의 평화로운 침묵 속에서 아름다움을 느꼈을 것입니다.

Chapter

3

감각 교육에 대한 정리

우리의 감각 교육은 심리학 연구에서 새로운 장을 열었다고 믿습니다. 완벽한 유아 감각 훈련법을 만든 것은 아니지만, 가치 있는 결과를 기대할 수 있을 거예요. 실험심리학은 지금까지 감각을 측정하는 도구를 완성하는 데 관심을 기울였습니다. 아무도 개인의 감각을 체계적으로 준비시키려는 시도를 한 적이 없지요. 심리 측정은 도구의 완성보다는 개인의 교육에 더 많은 관심을 가져야 한다고 믿어요. 하지만 이런 과학적인 문제는 옆으로 밀어두고, 우리는 감각 교육에 교육학적인 관심을 더해야 합니다.

교육에서 우리의 목표는 대체로 두 가지 측면, 즉 생물학적인 것과 사회적인 것으로 정리됩니다. 생물학적인 측면에서 보면 교육은 개인의 자연적인 발달을 돕는 것이고, 사회적인 관점에서는 개인을 환경에 준비시키는 것입니다. 개인이 환경을 이용하는 방법을 가르치기 위해 기술적인 교육이 존재하지요. 이런 관점에서는 감각 교육이 매우 중요합니다. 실제로 감각의 발달은 인지적 활동보다 앞서기도 해요. 3세에서 7세 사이에 감각이 발달하는데, 이 시기에 감각이 잘 발달할 수 있도록 도와주어야 합니다. 예를 들면 언어 능력이 완전히 발달하기 전에 언어 형성에 도움이 되는 자극을 줄 필요가 있어요. 어린아이들을 위한 교육은 모두 이런 원칙에 따라야 합니다. 아이들의 몸과 마음이 자연스럽게 발달할 수 있도록 도와야 해요. 감각이 집중적으로 발달하는 이 시기가 지나고 나면 개인을 환경에 적응시키는 데 많은 관심을 기울여야 합니다.

교육에서 이 두 가지 측면은 항상 서로 맞물려서 진행되지만 아이의 나이에 따라 비중이 달라집니다. 3세에서 7세 사이는 신체적 발달의 속도가 아주 빠른 시기이고 감각 활동을 위한 때입니다. 아이는 감각이 발달하면서 주변 환경에 더 관심을 가지게 됩니다. 수동적인 호기심의 상태라고 볼 수 있지요. 자극은 아이의 관심을 끌어당깁니다. 그러므로 감각 자극을 체계적으로 가르쳐서 아이가 받아들이는 감각이 이성적인 방식으로 발달할 수 있게 해야 합니다. 이런 감각 훈련은 강한 정신을 형성하는 기초가 될 거예요. 그뿐 아니라 감각 교육을 통해 학교에서 간과하는 아이의 결함을 찾아서 교정할 수도 있어요. 난청과 근시 같은 결함이 고착되면 아이는 주변 환경을 이용할 능력을 회복할 수 없습니다. 그러므로, 감각 기관과 신경 통로를 완성시키는 감각 교육은 생리학적인 활동이면서 인지적 교육을 직접적으로 준비하는 활동이기도 합니다.

개인을 환경에 적응시키는 교육은 간접적으로 이루어집니다. 현대 문명인들은 주변 환경을 잘 관찰하는 사람들이에요. 주변 환경의 풍요로움을 최대한 활용해야 하니까요. 오늘날의 예술은 그리스 시대와 마찬가지로 진리를 관찰하는 것에 기초를 두고 있습니다. 실증 과학은 관찰과 발견 그리고 관찰한 것과 발견한 것들을 적용하는 것에 기초합니다. 실증 과학의 진보는 지난 세기 동안 문명적인 환경을 크게 변형시켰어요. 이 모든 것들의 기초에 관찰이 있습니다.

감각 교육은 아이들을 관찰자로 만들 뿐만 아니라 실생활을 준비하는 데에 직접적인 도움이 됩니다. 우리는 실제 생활에 필요한 것이 무엇인지에 대해 아주 불완전한 생각을 해 왔다고 믿어요. 아이들에게 지적인 내용을 먼저 가르치고 그 원리대로 하게 했지요. 예를 들면, 특정 물건에 대해 먼저 이야기하고 아이들이 이해하면 그 물건을 가지고 어떠한 과업을 수행하게 합니다. 하지만, 아이들은 개념을 이해하더라도 종종 주어진 일을 어려워합니다. 교육에서 가장 중요한 요소가 빠졌기 때문이지요. 바로 감각을 완성하는 것입니다.

몇 가지 예시로 좀더 자세히 설명해 보겠습니다. 우리는 요리사에게 신선한 생선을 사오라고 말합니다. 요리사는 이 지시 사항을 이해하고 신선한 생선을 사러 시장에 갑니다. 그러나 요리사가 눈으로 보고 냄새를 맡는 등 생선의 신선도를 판단하는 법을 모른다면 주어진 임무를 달성할 수 없지요. 이러한 결함은 요리 과정에서 훨씬 더 분명하게 드러납니다. 요리사는 책에 나온 요리법과 조리 시간 등을 정확하게 알고 있을 거예요. 음식을 접시에 보기 좋게 담는 것도 잘 할 수 있을 테지요. 그런데 감각에 결함이 있다면, 음식이 완성되는 정확한 순간을 냄새로 결정할 수 있을까요? 또는 눈으로 보거나 맛을 보고 양념을 넣는 순간을 결정할 수 있을까요? 감각이 충분히 준비되지 않았다면 분명히 실수를 할 거예요. 감각으로 판단하는 능력은 오랜 연습을 통해서만 얻을 수 있습니다. 성인이 되면 습득하기 어려워지지요.

의사의 경우도 마찬가지입니다. 맥박의 특성을 이론적으로 공부하는 의대생은 맥박에 대해 세상에서 가장 잘 알지도 모릅니다. 하지만 손가락이 감각을 읽어 내지 못한다면 그 의대생의 공부는 헛수고일 뿐이지요. 이 의대생은 의사가 되기 전에 감각 자극을 구별할 수 있는 능력을 먼저 키워야 합니다. 심장 박동도 마찬가지예요. 심장 박동에 대해 이론적으로 공부할 수는 있지만, 귀로 심장 소리를 구별하는 것은 감각 연습을 통해서만 배울 수 있습니다. 미묘한 떨림이나 움직임에 대해 모두 똑같이 적용되지요. 우리는 종종 이런 미묘한 떨림이나 움직임을 구별하는 능력이 부족한 의사들을 자주 봅니다. 특히 온도 자극을 잘 느끼지 못하는 의사에게는 체온계가 필수적인 도구입니다.

꼭 훌륭한 의사가 되지 않더라도 학식이 풍부할 수 있겠지만, 훌륭한 의사가 되기 위해서는 긴 수련이 필요합니다. 이 긴 수련은 지루하고 때로는 비효율적인 감각 훈련이지요. 멋진 이론들을 공부한 후에는 환자를 관찰하고 검사하여 알아낸 질병의 증상을 기록하는 힘든 노동에 시달리게 됩니다. 이는 이론으로부터 실질적인 결과를 얻기 위해서 반드시 해야 하는 일이지요. 아주 전형적인 진단 방법들이 있어요. 손으로 몸의 여러 부분을 눌러 보기도 하고, 두드려 보기도 하지요. 진동이나 울림, 숨소리, 그 외에도 질병을 진단할 수 있게 하는 소리들을 듣기도 합니다. 젊은 의사들은 낙담하기도 하고 긴 시간을 허비하기도 합니다. 증상을 확인하고 진단을 내리는데 미숙한 사람에게 막중한 책임의 의사 자격을 주어서는 안 됩니다. 하지만 그런 일이 벌어지고 있지요. 의학은 감각 교육에 기초합니다. 그럼에도 불구하고 학교는 고전적인 이론 수업으로 의사를 양성합니다. 의사의 뛰어난 지적 능력은 부족한 감각 앞에서는 쓸모가 없습니다.

어느 날, 한 외과의사가 구루병의 대표적인 증상을 알아보는 법에 대해 엄마들에게 설명하는 것을 들었어요. 의사는 질병이 초기 단계이고 의료 지원이 효과적일 때 엄마들이 아이들을 진료소로 데려오기를 바랐습니다. 엄마들은 의사의 설명을 잘 이해했지만, 기형의 신호를 알아볼 수는 없었어요. 정상적인 상태에서 아주 약간 벗어난 것을 구분할 수 있는 감각적인 훈련을 받지 못했으니까요. 그런 수업들은 쓸모가 없었습니다. 잠깐만 생각해 보면 불량 식품 논란은 감각이 발달하지 못해서 생긴다는 것을 알 수 있어요. 감각 교육이 부족하기 때문에 사기꾼들이 사람들을 속일 수 있는 것입니다. 모든 종류의 사기는 피해자의 무지를 파고 듭니다. 구매자는 상인이 정직하다고 믿거나 회사와 상표를 믿습니다. 구매자가 스스로 판단할 능력이 부족하기 때문이지요. 사람들은 다양한 물건의 특성을 자신의 감각으로 구분하지 못합니다. 사실상 감각 훈련이 부족하면 지적인 능력은 쓸모가 없다고 말할 수도 있어요. 다양한 자극들을 정확하게 구별하는 것은 실생활에서 아주 필수적이라는 것을 우리 모두 알고 있지요.

그러나 성인에게 감각 교육을 진행하는 것은 참 어렵습니다. 다 자란 뒤에 피아니스트처럼 연주할 수 있는 손을 만들기 힘든 것과 같지요. 교육으로 감각의 발달을 완성하고 싶다면 유아기에 감각 교육을 체계적으로 시작해야 하고, 아이가 사회생활을 할 수 있도록 준비하는 전체 교육 기간 동안 계속되어야 합니다. 예술 교육과 도덕 교육은 이러한 감각 교육과 밀접한 관련이 있습니다. 감각을 증폭시키고 자극의 미세한 차이를 인식하는 능력이 발달하면서 감성은 정교해지고 기쁨도 커지니까요. 아름다움은 대조가 아니라 조화 속에 있고, 조화는 세련미입니다. 그러므로 우리가 조화를 감상하려면 섬세한 감각이 필요하지요. 조잡한 감각을 가진 사람은 자연의 조화로움을 알아볼 수 없어요. 이런 사람에게 세상은 좁고 메말라 보입니다. 미적인 즐거움을 주는 것들이 우리 주변에 무궁무진하지만, 마치 짐승처럼 이런 아름다움을 알아보지 못하고 지나치는 거예요. 쾌락을 즐기다 보면 사악한 습관이 생깁니다. 사실 강한 자극은 감각을 날카롭게 하는 것이 아니라 무디어지게 하거든요. 그래서 사람들은 점점 더 강하고 더 심한 자극을 원하게 됩니다. 빈민가의 아이들은 자위 행위, 알코올 중독, 어른들의 관능적인 행위 등에 많이 노출됩니다. 이러한 것들은 지적인 즐거움을 모르고 감각이 무디어진 불행한 사람들의 쾌락적인 모습일 뿐입니다.

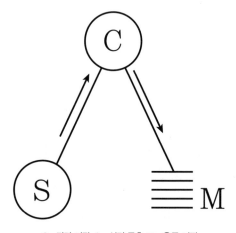

S - 감각 기관, C - 신경 중추, M - 운동 기관

실제로 생리학적 관점에서 감각 교육의 중요성은 신경계의 기능을 나타내는 간단한 그림에 잘 나타나 있어요. 외부 자극은 감각 기관을 통해 들어오고 신경 중추로 전달되면 그에 맞는 운동 신호가 발생하지요. 운동 신호는 운동 기관에 전달되고 운동 기관을 실제로 움직이게 합니다. 이 그림은 척수 반사를 간단하게 표현하고 있지만, 더 복잡한 신경계의 작동을 설명할 수도 있습니다. 말초 신경계를 가진 사람은 주변 환경에서 다양한 자극을 수집해요. 그래서 주변 환경과 직접 의사소통할 수 있지요. 정신은 중추 신경계와 관련해서

발달하고 인간의 사회적 활동은 정신 운동 기관에 의한 육체 노동, 쓰기, 말하기 등 개인의 행위를 통해 나타납니다.

교육은 감각을 위한 활동을 중요하게 다루어야 합니다. 그렇지 않으면 아이를 환경에서 격리시키는 것과 같아요. 만약 아이의 지적인 능력만 발달시킨다면 세상과 소통하지 못하는 철학자를 키우는 것과 같고, 실용적인 인간으로 키우지 못할 거예요. 교육의 주요한 목표는 아이를 외부 세계와 직접 소통하게 하는 것인데, 이를 놓치는 셈입니다.

Chapter
4

지식 교육

> "아이를 감각 교육에서 관념으로 이끌다."
> – 에드워드 세갱 (Edward Séguin)

감각 훈련은 반복을 통해 아동의 정신 감각 과정이 완성되는 일종의 자발적 교육입니다. 교사는 아이를 감각에서 관념으로 이끌어야 하는데, 구체적인 것에서 추상적인 것 그리고 관념의 연상으로 이어지게 합니다. 이를 위해 교사는 아이의 내적인 관심을 분리하여 인식에 집중시키는 방법을 사용해야 해요. 즉, 아이의 관심이 한 가지의 외부 자극에 고정되게 해야 합니다. 교사는 아이의 의식 영역을 수업의 대상에만 한정되게 해야 하는데, 예를 들면 감각 교육 시간에는 훈련시키고자 하는 그 감각만을 분리하는 것이지요. 이렇게 하기 위해서는 특별한 기법이 필요해요. 교육자는 가능한 한 개입을 자제해야 하지만, 아이가 스스로 지치게 내버려 두어서는 안 됩니다. 여기에서 교사는 개인의 한계와 지각의 차이라는 요소를 가장 강하게 느끼게 되지요. 다시 말하면, 교사의 기술은 이런 개입의 질에 있습니다.

교사의 과업에서 확실하고 의심의 여지가 없는 부분은 사물의 이름을 정확하게 말할 수 있도록 가르치는 것입니다. 필요한 명사와 형용사를 정확히 발음해야 해요. 교사가 단어들을 분명하고 또렷한 목소리로 발음해야 아이들이 그 단어를 구성하는 다양한 소리들을 분명하게 인식할 수 있으니까요. 예를 들어, 촉각을 연습하는 활동에서 매끄러운 카드와 거친 카드를 만지면서 "부드럽다", "거칠다"라고 소리 내어 말해야 해요. 목소리를 다양하게 하여 단어를 반복적으로 발음합니다. 목소리의 톤과 발음은 아주 명확해야 합니다. "부드럽다, 부드럽다, 부드럽다. 거칠다, 거칠다, 거칠다." 뜨겁고 차가운 감각을 다룰 때도 마찬가지입니다. "차갑다", "뜨겁다", "미지근하다"와 같이 또렷한 목소리로 말해 줘야 합니다. "뜨겁다", "더 뜨겁다", "덜 뜨겁다"처럼 응용할 수도 있어요.

이 교육에서 중요한 몇 가지 사항이 있습니다. 첫째, 사물의 이름을 배우는 수업은 단순하게 이름과 그 대상을 연결시키거나 그 이름이 나타내는 추상적인 개념을 연상시키는 것이어야 해요. 그래서 대상과 이름은 아이의 마음속에 하나로 묶여야 합니다. 그 대상의 이름을 들었을 때 아이의 마음속에서 다른 것이 떠오르지 않아야 하지요. 두 번째로, 교사는 자신의 수업이 이 목표를 달성했는지 아이들을 계속 시험해야 해요. 시험은 반드시 수업에서 배운 것으로, 제한된 인지 영역 안에서 해야 합니다.

첫 번째 시험은 대상의 이름이 아이의 마음속에서 대상과 여전히 잘 연결되어 있는지 보는 것입니다. 수업과 시험 사이에는 어느 정도 시간이 필요해요. 아이가 배운 것을 조용히 생각해야 하니까요. 그러고 나서 대상의 이름이나 형용사를 천천히 명확하게 발음하면서 아이에게 묻습니다. "어떤 것이 부드럽지? 어떤 것이 거칠지?" 아이가 손가락으로 대상을 가리키면 교사는 연상이 잘 이루어졌는지 알 수 있어요. 그러나 아이가 물건을 가리키지 않거나 실수를 하면 어떻게 해야 할까요? 바로 교정하지 말고 다음날 다시 수업을 진행해야 합니다. 아이가 단어와 단어가 가리키는 대상을 연결시키지 못할 경우에는 감각 자극과 그 단어를 반복하는 수밖에 없어요. 다시 말하면 수업을 반복하는 거예요. 아이가 실패했을 때에는 아직 우리가 바라는 대로 정신적인 연상을 할 때가 준비가 되지 않았다는 것을 인정해야 합니다. 그러므로 다음 때를 기다려야 하는 거예요. 아이의 실수를 교정할 때 "아니야. 틀렸어"라고 말한다면 아이에게는 꾸지람이 되어 아이가 배운 단어들보다 더 강한 인상을 남깁니다. 그러면 아이의 학습은 뒤처지게 되지요. 반대로 실수 뒤에 따라오는 침묵은 의식의 영역을 깨끗하게 합니다. 다음 수업이 성공적으로 이어질 수 있지요. 실수를 지적하면 아이는 낙담할 수도 있고, 그 단어를 기억하기 위해 과도한 노력을 하게 됩니다. 가능하다면 아이에게 부자연스러운 노력을 시키지 않고, 아이의 마음을 힘들게 하지 않는 것이 우리의 의무이기도 합니다.

세 번째로, 아이가 실수하지 않고 잘했다면 움직이는 활동을 합니다. 즉, 단어를 직접 발음하는 것이지요. 교사가 아이에게 "이것은 어때?"라고 물으면 아이는 부드럽다는 대답을 해야 합니다. 이때 교사는 아이에게 해당 단어를 정확하게 발음하는 법을 가르칩니다. 크게 숨을 들이쉬고는 큰 목소리로 말합니다. "부드럽다." 이렇게 하면서 교사는 아이의 발음에서 문제를 찾을 수도 있어요. 아이는 아기처럼 말하는 버릇을 아직도 가지고 있을 수도 있습니다.

아이가 배운 개념들을 일반화하는 것은 주변 환경에 적용하는 것을 의미하는데, 이와 관련한 수업을 몇 달 동안 하는 것은 권장하지 않아요. 대신 아이들이 주변 환경을 자발적으로 탐구하도록 기다려야 해요. 부드러운 카드와 거친 카드를 여러 번 만져 본 후에 자발적으로 다른 물건들의 표면을 만져 보고 "부드러워", "거칠어", "이건 벨 벳이야"라고 반복적으로 말하는 아이들도 있습니다. 이런 것을 탐구 정신의 자발적 폭발이라고 부릅니다. 이런 경우 아이들은 새로운 발견의 즐거움을 경험합니다. 주변에서 새로운 감각 자극을 찾으면서 만족감을 느끼고 스스로 자발적인 관찰자가 되지요. 교사는 아이가 언제 어떻게 이런 일반화에 다다르는지 아주 세심하게 지켜봐야 합니다. 예를 들면, 네 살 된 아이가 정원을 뛰어다니다가 갑자기 멈추고 큰 소리로 외칩니다. "와! 하늘이 파랗다!" 그러고는 한동안 파랗게 펼쳐진 하늘을 올려다봅니다. 하루는 어린이의 집에 들어섰을 때, 아이들 대여섯이 제 주변에 조용히 모였습니다. 그리고 제 손과 옷을 가볍게 만지면서 "부드러워", "이건 벨벳이야", "거칠어"라고 말하기 시작했어요. 다른 아이들도 가까이 와서 심각한 얼굴을 하고 저를 만지면서 같은 단어들을 반복했어요. 교사는 아이들이 저에게서 떨어지기를 바랐지만 저는 교사에게 괜찮으니 조용히 있으라는 신호를 줬어요. 저는 움직이지 않고 조용히 가만히 있었지요. 아이들의 자발적인 지적 활동에 감동을 받았거든요. 우리 교육 방법의 위대한 승리는 바로 아이의 자발적인 발전을 이끌어 내는 것입니다.

하루는 미술 시간에 한 아이가 나무 밑그림 안에 색을 채워 넣기 위해 빨간색 크레용을 들었어요. 아이가 크레용으로 나뭇가지에 색을 칠하려 할 때였어요. 그때 교사는 "나뭇가지가 빨간색인 것 같니?"라고 물으면서 참견하고 싶어했어요. 저는 교사를 잠깐 멈추고 아이가 나무에 색을 칠하게 두었지요. 이 그림은 우리에게는 아주 소중했습니다. 아이의 관찰력이 아직 완전하지 않다는 것을 보여 주었으니까요. 이 상황을 다루기 위해 색채 감각을 위한 놀이를 활용했습니다. 이 아이는 매일 다른 아이들과 정원에 나가서 언제든지 나뭇가지를 보면서 주변에 있는 색깔에 관심을 갖게 되었지요. 나뭇가지가 빨간색이 아니라는 것을 깨닫는 행복한 순간이 다가올 거예요. 하늘을 바라본 후 하늘이 파란색이라는 사실을 알게 되는 것처럼 말이지요. 이후 그 아이는 갈색 크레용으로 나뭇가지에 색을 칠하고 나뭇잎은 녹색으로 칠했어요.

이제 아이들의 지적 발달을 시험해 볼 차례입니다. 우리가 아이에게 "관찰해 보자"라고 말한다고 해서 아이가 관찰자가 되는 것은 아니에요. 아이에게 관찰을 위한 능력과 도구를 제공해야 합니다. 이는 감각 훈련을 통해서만 가능하지요. 감각을 기르는 활동을 하면 자동적인 교육이 가능합니다. 정교화되고 잘 훈련된 감각은 주변 환경을 더 자세히 관찰할 수 있게 도와주니까요. 아이의 관심을 유도하고 정신 감각 훈련을 할 수 있는 방법은 아주 다양합니다.

반면에, 감각 교육을 할 때 특정 대상의 성질에 대하여 한정적인 개념만 가르쳐 주면 감각 훈련은 결실을 맺지 못합니다. 예를 들면 교사가 상투적인 방식으로 색깔의 이름을 말해 주면 그 특징에 대한 생각을 전달하는 것이지 색채 감각 교육을 하는 것이 아니에요. 아이들은 색깔들을 피상적으로 알게 되고 잘 기억하지 못합니다. 색에 대한 아이들의 연상 작용은 교사가 정해 준 범위 안에만 머무를 거예요. 과거의 방식대로 가르치는 교사는 개념을 일반화할 뿐입니다. 예를 들면, "이 꽃은 무슨 색이지?", "이 리본의 색은 무슨 색이지?" 이런 식으로 질문하지요. 그러면 아이의 관심은 교사가 제안한 예시들에 고정될 수밖에 없어요.

아이들을 시계에 비유해 보겠습니다. 과거의 교육은 마치 손가락으로 시곗바늘을 움직이는 것과 같아요. 시곗바늘은 우리가 원하는 대로 원을 그리면서 움직이지만, 그것은 우리의 손가락 때문에 움직이는 거예요. 새로운 교육은 태엽을 감는 것과 같아요. 전체적으로 작동할 수 있도록 설정해야 합니다. 아이들의 정신은 자발적으로 발달하고, 교사가 아니라 아이의 잠재력과 직접적으로 연결됩니다. 자발적인 정신 활동은 감각 교육을 하면서 시작되고 관찰하는 능력에 의해 유지됩니다. 예를 들어 사냥개는 이미 잠재적인 능력이 있어요. 주인의 교육을 통해 능력이 생기는 것이 아니라, 스스로 가지고 있는 날카로운 감각에 의해 생기는 거예요. 이런 생리학적인 특징이 올바른 환경에 적용되면 감각의 인식이 향상되고 사냥개는 사냥을 즐기게 되고 추적에 대한 열정이 생깁니다. 피아니스트도 마찬가지입니다. 음악적인 감각과 손의 민첩성을 동시에 연마할 때 피아노를 열정적으로 연주할 수 있어요. 이 두 가지를 모두 완성시키는 것은 피아니스트 내면에 있는 개성에 맞는 길을 찾을 때에 가능해집니다. 물리학자는 조화의 법칙을 잘 알지만 아주 간단한 음악적인 구성은 이해하지 못할 수도 있어요. 물리학자의 연구가 아무리 방대하더라도 자신이 연구하는 분야에 한정될 뿐입니다.

어린아이들을 교육하는 목적은 아이의 정신, 영혼, 신체적인 개성이 자발적으로 발현될 수 있게 돕는 것입니다. 그래서 감각을 발달시킬 수 있는 교구를 제공한 후에 아이의 관찰 활동이 발현될 때까지 기다려야 합니다. 어린아이의 개성이 발달하는 행동을 측정하는 것이 교육자의 자질입니다. 아이들은 올바른 태도를 가진 교사에게 심도 깊은 개인차를 드러냅니다. 이런 차이들은 교사의 다양한 도움을 필요로 해요. 교사의 간섭이 거의 필요 없는 경우도 있고, 실제로 교사의 가르침이 필요한 것들도 있어요. 그러므로 교사는 적극적인 개입을 최소화하는 원칙에 따라 가르쳐야 해요. 이런 원칙을 효과적으로 지킬 수 있도록 만든 놀이와 활동들을 소개합니다.

눈을 가리고 하는 놀이

눈 가리기 놀이는 일반적인 감각 훈련에 대부분 사용됩니다.

촉각

교구를 보관하는 작은 상자가 있어요. 상자 안에는 다양한 직사각형 조각들을 보관하는 작은 서랍들이 있어요. 벨벳, 실크, 리넨과 같은 천 조각들입니다. 아이들에게 이 직물 조각들을 만져 보게 하고 이름도 가르쳐 줍니다. '거칠다', '아주 얇다', '부드럽다' 등 직물의 특성도 가르쳐 줘요. 그러고 나서 아이를 탁자에 앉게 합니다. 다른 아이가 아이를 지켜볼 수 있게 해요. 아이의 눈을 가리고 천 조각들을 하나씩 탁자 위에 올려 놓은 다음, 아이가 하나씩 만지게 합니다. 아이는 천 조각들을 구기기도 하고 손가락으로 비비기도 하면서 어떤 직물인지 알아냅니다. "이것은 벨벳이에요. 이것은 아주 얇은 리넨이에요. 이것은 거친 옷 조각이에요." 이렇게 외치지요. 이 활동은 아이들의 흥미를 불러일으킵니다. 예상하지 못한 물건을 제시하면 아이의 반응을 기다리는 동안 약간의 긴장감이 생기지요.

무게

무게감을 가르치기 위해 준비된 나뭇조각들에 아이의 주의를 집중시키고, 무게의 차이를 다시 한번 느껴 보게 해요. 색깔이 어둡고 무거운 것들은 오른쪽에 놓게 하고, 색깔이 밝고 가벼운 것들은 왼쪽에 놓게 합니다. 아이의 눈을 가리고 나뭇조각을 두 개씩 가져오는 놀이를 진행해요. 아이는 색깔이 같은 것 두 개를 가져오기도 하고 색이 다른 것들을 가져오기도 하지만 선택한 것들을 책상 위에서 서로 반대 위치에 놓아야 해요. 이 놀이는 아주 흥미진진합니다. 예를 들면 색이 어두운 조각들을 잡은 아이는 손을 바꾸어 가면서 무게를 가늠해 본 후에 둘 모두를 오른쪽에 배치합니다. 다른 아이들은 아주 긴장된 상태로 아이를 지켜보면서 안도의 한숨을 내쉽니다. 놀이를 하면서 아이들의 함성이 나오면 이 아이는 마치 손으로 나뭇조각의 색을 보는 것 같은 느낌을 가져요.

입체감과 형태

앞선 놀이와 비슷한 활동입니다. 아이는 서로 다른 동전 또는 일반 콩과 완두콩을 구별해야 합니다. 이 놀이는 앞선 활동만큼 긴장감을 불러일으키지는 않아요. 하지만 사물의 고유한 특성들과 이름을 대상과 연관시키는 데에 유용합니다.

시각 교육을 통해 주변 환경 관찰하기

명명법

올바른 명칭을 가르치는 것은 교육에서 아주 중요합니다. 사실 명명법은 언어의 정확한 사용을 준비하는 것인데, 항상 만족스러운 결과로 이어지지는 않습니다. 예를 들어, 많은 아이들이 '두껍다'와 '크다', '길다'와 '높다'를 같은 의미로 사용합니다. 교사는 이미 설명한 방법들과 교육 자료를 이용하여 정확하고 명확한 개념들을 쉽게 확립하고, 이러한 개념들과 적합한 단어들을 연결시킬 수 있어요.

입체감

아이는 3가지 블록 세트를 오랫동안 가지고 놀면서 관련된 활동을 안정감 있게 수행할 수 있게 됩니다. 이 상태에서 교사는 높이가 같은 원통형 추를 모두 꺼내어 탁자 위에 하나씩 배열합니다. 그러고 나서 극단적으로 차이가 나는 추를 두 개 고릅니다. 예를 들면 가장 두꺼운 것과 가장 얇은 것을 선택하여 탁자 위에 나란히 놓아요. 차이가 아주 뚜렷하게 보이게 말이지요. 올려놓은 추들을 가져다 비교하여 큰 차이가 있다는 것에 주목하게 합니다. 원통형 추의 높이가 같다는 것을 여러 번 보여 주면서 "두껍다/얇다"라고 반복합니다. 이렇게 한 후에 아이가 잘 따라오는지 확인합니다. "가장 두꺼운 것을 주세요. 가장 얇은 것을 주세요"라고 하면서 말이지요. 그 다음에 "이것은 무엇인가요?"라고 명칭을 물어봅니다. 교사는 양쪽 끝에 있는 것들을 제외하고 다음으로 끝 부분에 있는 것들로 반복하면서 준비된 원통형 추를 모두 사용할 때까지 반복합니다. 그 다음에는 무작위로 진행할 수 있어요. "이것보다 조금 더 두꺼운 것을 가져오세요" 또는 "이것보다 조금 얇은 것을 주세요"처럼 말입니다.

두 번째 블록 세트를 가지고 똑같이 진행합니다. 먼저, 블록 조각들을 직각으로 세웁니다. 그리고 "이것이 키가 가장 크네요", "이것이 키가 가장 작네요"라고 말합니다. 탁자 위에 나란히 놓고 바닥 부분이 똑같다는 것을 보여 줍니다. 매번 아주 대조적인 것들을 선택하기 위해 이전에 한 것처럼 양쪽 끝에 있는 것들부터 시작합니다.

세 번째 세트의 블록 조각들을 단계별로 배열합니다. 첫 번째 블록을 보여 주면서 "이것이 가장 커요"라고 말하고, 마지막 블록을 보여 주면서 "이것이 가장 작아요"라고 말합니다. 선택한 블록들을 나란히 놓고 높이와 바닥이 어떻게 다른지 관찰하게 합니다. 그러고는 앞선 두 활동과 똑같은 방식으로 진행합니다. 삼각기둥 세트, 막대 세트, 정육면체 세트로도 비슷한 활동을 할 수 있어요. 삼각기둥 조각들은 두껍기도 하고 얇기도 하지만 길이는 동일합니다. 막대 조각들은 길고 짧지만 두께는 동일합니다. 다양한 정육면체 조각들은 크기와 높이가 다릅니다.

이러한 개념이 환경에 가장 쉽게 적용되는 경우는 인체 측정기로 신체를 측정할 때입니다. 아이들은 몸을 재면서 "내가 더 크다. 네가 더 두껍다"라는 말을 하며 서로 비교하기 시작합니다. 아이들이 작은 손을 내밀어 손이 깨끗하다는 것을 보여 주고, 교사도 손을 뻗어 깨끗한 손을 보여 줄 때도 이런 비교를 합니다. 손의 크기가 차이가 나면 웃음이 나오기도 해요. 아이들은 자기 몸을 재면서 하는 놀이를 아주 잘 해냅니다. 나란히 서서 서로를 바라보며 어떻게 다른지 결론을 내리지요. 어른의 옆에 선 후, 키가 많이 차이나는 것을 보고 호기심과 흥미를 느낍니다.

형태

아이가 도형 블록들의 모양을 확실하게 구별할 수 있다면 명칭을 알려 주는 수업을 시작할 수 있습니다. 정사각형과 원처럼 형태가 아주 다른 것 두 개로 시작해야 해요. 도형과 관련된 모든 명칭들을 가르칠 필요는 없으며 정사각형, 원, 직사각형, 삼각형, 타원형처럼 아주 친숙한 것들로 시작합니다. 직사각형은 좁고 길다는 것을 보여 주고, 정사각형은 모든 변의 길이가 같지만 크기는 크거나 작다는 것을 보여 줍니다. 다른 도형들의 다양한 길이와 넓이도 보여 줍니다. 이런 것들은 블록을 이용해서 쉽게 보여 줄 수 있어요. 정사각형은 틀에 잘 들어가고 직사각형은 방향을 돌리면 틀에 안 들어가니까요. 아이들은 이런 활동을 재미있어 합니다.

타원과 원의 차이도 같은 방식으로 보여 줄 수 있어요. 원은 어떤 식으로 놓아도 틀에 잘 들어가지만 타원은 방향을 돌리면 들어가지 않아요. 이때 타원과 원의 차이를 마지막 단계까지 알려 주지 않습니다. 이런 도형 놀이를 아주 좋아하거나 차이에 대해 물어보는 아이들에게만 알려 주세요. 아이들이 이런 차이를 나중에 저절로 알게 되기를 바라기 때문이에요. 아마도 초등학교에 들어갈 때쯤이면 저절로 알게 되겠지요.

많은 사람들이 우리가 기하학을 가르친다고 오해하거나, 이 교육이 어린아이들에게는 너무 이르다고 생각할 수도 있어요. 또는 우리가 아이들에게 도형을 보여 줄 때, 좀 더 구체적인 입체를 사용해야 한다고 생각할 수도 있지요. 그런 편견에 대해서는 이렇게 말해 주고 싶어요. 도형을 관찰하는 것은 그것을 분석하는 것이 아닙니다. 기하학은 이런 분석에서 시작하는 거예요. 예를 들면, 아이에게 변과 각도 등을 설명한다면 기하학의 영역이라고 말할 수 있겠지요. 또한 '정사각형은 변이 네 개이고 변의 길이가 모두 같다'고 가르친다면 너무 이른 것이 맞습니다. 하지만 형태를 관찰하는 것은 이 시기의 아이들에게 특별히 빠른 교육이 아니에요. 아이들이 앉아서 저녁 식사를 하는 탁자의 면은 직사각형일 거예요. 음식을 담는 접시는 원형입니다. 아이들이 너무 어리니까 탁자와 접시를 보게 하면 안 된다고 할 수 있나요? 우리가 보여 주는 블록 세트들은 도형의 모양에 관심을 가지게 할 뿐입니다. 도형의 이름을 배우는 것은 아이들이 사물을 부르는 법을 배우는 것과 유사합니다. 아이들은 접시와 연결 지어서 '둥글다'라는 단어를 집에서 반복적으로 듣습니다. 그런데 왜 우리는 아이들에게 원, 정사각형, 타원형이라는 단어들을 가르치는 것이 너무 이르다고 생각해야 하나요? 아이들은 부모들이 사각형 탁자, 타원형 탁자라고 말하는 것을 들을 거예요. 우리가 도와주지 않으면 흔하게 사용되는 단어들은 아이들의 마음속에 오랫동안 의문으로 남아있을 것입니다.

아이들은 어른들의 언어와 주변에 있는 물건들의 의미를 이해하기 위해 혼자서 힘든 노력을 하고 있습니다. 적절하고 합리적인 교육은 아이들이 과도한 노력을 할 필요 없도록 도와줍니다. 아이를 지치게 하지 않고 지식에 대한 욕구를 충족시켜 줄 수 있어요. 실제로 아이들은 기쁨을 다양한 모습으로 표현하면서 만족감을 드러냅니다. 동시에 자신이 잘못 발음하는 단어에 관심을 갖게 됩니다. 단어를 잘못 발음하도록 내버려 두면 아이의 언어 사용은 온전하게 발달하지 않아요. 대개 잘못된 발음은 주변 사람들의 발음을 따라하기 때문에 발생합니다. 그러므로 교사는 아이의 호기심을 자극하는 사물들을 분명하게 발음해야 해요. 그래야 그런 실수를 막을 수 있습니다.

여기서 다시 널리 퍼져 있는 편견에 마주합니다. 가만히 있는 아이는 정신적 활동도 쉬고 있을 거라는 잘못된 믿음이지요. 만약 그렇다면 아이는 세상과 동떨어져 있을 거예요. 하지만 오히려 우리는 아이가 아주 조금씩 다양한 개념들과 단어들을 정복하는 것을 볼 수 있어요. 아이는 인생의 여행자예요. 여행 도중에 새로운 것들을 관찰하고, 주변에 있는 다른 사람들이 말하는 것들을 이해하려고 노력합니다. 유아 교육은 잘못된 방향으로 노력이 낭비되는 것을 줄여주는 방식이어야 해요. 아이들의 노력은 성취의 기쁨으로 바뀌고 무한히 확장되어야 합니다. 우리는 여행자를 위한 안내자입니다. 지적이고 교양 있는 안내자로서 헛된 담론에 빠지지 않아야 해요. 여행자가 관심을 보이는 예술 작품을 간결하게 설명하고, 원하는 것을 관찰할 수 있도록 도와주어야 합니다. 아이들이 인생에서 가장 중요하고 아름다운 것들을 관찰하게 이끄는 것은 교사의 특권입니다. 아이들이 쓸모없는 것들에 힘과 시간을 뺏기지 않게 해야 해요. 아이들이 여정에서 즐거움과 만족감을 찾을 수 있게 도와주어야 합니다.

아이들에게 도형의 모양을 평면보다 정육면체, 구처럼 입체로 제시하는 것이 더 적합하다고 말하는 것은 편견입니다. 입체를 시각적으로 인식하는 것은 평면을 시각적으로 인식하는 것보다 더 복잡하지요. 이 사실을 차치하고, 좀 더 순수하게 실생활의 교육이라는 관점에서 볼까요? 우리가 매일 주변에서 보는 많은 물건들은 평면적인 모습에 더 가깝습니다. 문, 창문, 액자, 탁자 모두 입체적인 사물이지만 차원들 중 하나는 크게 줄어들어 2차원적인 평면의 모습으로 보입니다. 평면의 형태가 우세하기 때문에 물건의 모양을 설명할 때 창은 직사각형, 액자는 타원형, 탁자는 정사각형이라는 식으로 말하지요. 우리는 평면 부분으로 전체 모양이 결정되는 입체 사물들에 주목합니다. 그런 것들이 우리의 평면 도형 세트로 표현되니까요. 아이들은 이런 식으로 주변의 평면적 형태를 자주 인식하지만, 입체적인 도형은 쉽게 알아챌 수 없을 거예요. 아이는 탁자가 직사각형이라는 것을 관찰한 후 오랜 시간이 지나야 테이블 다리가 길쭉한 원통형이라는 사실을 알게 될 것입니다. 그래서 우리는 집이 삼각기둥 또는 정육면체 모양이라는 사실을 말하지 않습니다. 순수하게 입체적인 도형은 우리 주변에 있는 일상적인 물건에는 존재하지 않고, 여러 형태가 조합되어 나타나지요. 집의 복잡한 형태를 한눈에 파악하는 것은 어려워요. 그래서 아이는 집의 모양을 형태가 아니라, 마음에 떠오르는 그림으로 인식합니다. 창문과 문, 그리고 집 안에 있는 많은 입체적 사물들을 평면적 모양으로 받아들이지요. 따라서 평면 도형 세트들을 통해 도형에 관한 지식을 보여 주는 것은 아이에게 외부 세계를 열어 주고, 세상의 비밀로 이끌어 주는 마법의 열쇠와 같습니다.

어느 날 한 초등학생 아이와 함께 핀치안 언덕Pincian Hill을 걷고 있었어요. 아이는 도형의 모양을 배웠고 평면 도형을 분석할 수도 있었습니다. 포폴로 광장과 그 뒤로 도시의 전경이 보이는 가장 높은 테라스에 도착했을 때, 저는 손을 뻗으며 말했습니다. "인간이 만든 모든 것들이 거대한 도형처럼 보이는구나." 실제로 회색 건물들에 수백 가지 직사각형, 타원형, 삼각형, 반원들이 장식되어 있었습니다. 획일적으로 펼쳐진 건물들은 인간 지성의 한계를 증명하는 것 같았어요. 반면에 근처 정원에는 나무와 꽃들이 다양한 형태로 자연의 모습들을 뽐내고 있었습니다. 아이는 이런 모습을 관찰해 본 적이 없어요. 각도, 변 등 도형에 대해 공부했지만, 그 이상은 생각하지 않은 채로 이 무미건조한 작업에 싫증이 났던 거예요. 처음에 아이는 인간이 기하학적 도형들을 한데 뭉쳐 놓았다는 생각을 비웃었지만, 앞에 펼쳐진 건물들을 오랫동안 바라보더니 생생한 관심이 얼굴에 퍼지기 시작했어요. 폰테 마르게리타Ponte Margherita의 오른쪽에는 공장을 짓고 있었고, 그 철골 구조는 직사각형이 반복되는 것처럼 보였습니다. 아이가 "정말 지루한 일이야!"라고 말했습니다. 그러고 나서 근처의 정원으로 갔어요. 잠시 조용히 서서 땅에서 자유롭게 솟아난 풀과 꽃들을 보면서 "아름답다!"라고 감탄했습니다. '아름답다'라는 말은 아이의 영혼을 일깨우는 말이었지요.

이 경험을 통해 평면 도형을 관찰하는 것과 작은 정원에서 자라는 식물들을 관찰하는 것은 지식 교육뿐만 아니라 영혼의 교육을 위해서도 소중하다는 생각을 하게 되었습니다. 이런 이유로 주변의 모습들을 관찰하는 것뿐만 아니라 인간이 만든 것과 자연이 만든 것을 구별하게 하고 평가하는 교육을 하고 싶었습니다.

① 자유롭게 그리기

아이들에게 하얀 종이와 연필을 주고 원하는 대로 그림을 그리게 했어요. 이런 그림들은 실험심리학자들에게는 아주 흥미로운 것들입니다. 아이의 관찰하는 능력과 개인적인 성향을 보여 주니까요. 대체적으로 첫 번째 그림은 형태가 없고 혼란스럽습니다. 교사는 아이에게 무엇을 그리려고 했는지 물어보고 그림 아래에 기록해야 합니다. 그림들은 점차 조금씩 알아볼 수 있는 정도가 되고 아이가 주변의 모습을 관찰하는 능력이 발전하고 있다는 것을 보여 줍니다. 종종 어떤 대상에 대한 자세한 모습들이 거친 스케치에 담기기도 합니다. 아이가 원하는 대로 그린 것이기 때문에 아이의 관심을 가장 강하게 끌어당긴 것이 무엇이었는지도 드러납니다.

② 밑그림 안에 색 채우기

이런 그림들은 글씨 쓰기를 준비하는 것과 이어지기 때문에 아주 중요합니다. 자유롭게 그리기는 형태 감각뿐만 아니라 색 감각에도 도움이 됩니다. 다시 말해, 그림은 아이가 주변에 있는 사물들의 형태를 관찰하는 것처럼 색깔을 관찰하는 능력을 보여 줄 수 있으니까요. 쓰기에 관한 부분에서 더 자세히 이야기하겠습니다. 이 활동은 검은색으로 그려진 밑그림을 색연필로 채우는 작업입니다. 밑그림은 간단한 도형들로, 아이들이 교실이나 집, 정원에서 자주 보는 것들이지요. 아이가 색깔을 선택하고 색을 칠하면 아이가 그 사물의 색을 관찰했는지 알 수 있습니다.

점토로 만들기

이 활동은 자유롭게 그림 그리기와 밑그림을 색칠하는 것과 비슷합니다. 아이는 점토를 가지고 무엇이든 원하는 것을 만듭니다. 가장 뚜렷하게 기억하고 가장 깊은 인상을 받은 것들을 만듭니다. 우리는 점토와 나무 쟁반을 아이에게 주고 아이의 작품이 완성될 때까지 기다리지요. 우리는 아이들이 만든 아주 멋진 작품들을 보관하고 있습니다. 관찰한 사물들을 아주 놀라울 정도로 자세하게 보여 주는 것들도 있습니다. 가장 놀라운 것은 이런 작품들이 모양뿐만 아니라 아이들이 학교에서 다루었던 물건들의 크기까지 기록한다는 것입니다. 많은 아이들이 주방 가구, 물병, 냄비, 프라이팬 등 집에서 본 물건들을 만듭니다. 때때로 어린 동생이 있는 요람을 보여 주기도 해요. 그림 아래에 기록을 남겨둔 것처럼 처음에는 이런 작품들 위에 설명을 적어 둘 필요가 있어요. 어느 정도 시간이 지나면 어떤 것들을 형상화한 건지 쉽게 식별되고, 아이들은 기하학적 입체 모양들을 만드는 방법도 배웁니다. 이런 점토 작품들은 아이들의 개별적인 차이를 명확하게 보여 주는 소중한 자료가 됩니다. 아이들을 더 잘 이해할 수 있게 도와주니까요. 아이들의 작품은 나이에 따른 심리적인 발달을 보여 주기 때문에 교육 방법에도 중요합니다. 또한 교사가 교육에 개입하는 문제에 있어 귀중한 지침이 되지요. 자신의 작품을 위해 관찰을 잘 하는 아이는 주변 세계도 잘 관찰할 가능성이 높아요. 다양한 감각과 개념들을 좀 더 정확하게 활용할 수 있도록 하는 간접적인 도움을 통해 이러한 목표를 향해 다가갈 수 있어요. 이런 아이들은 자발적인 글쓰기 활동에 빠르게 다다를 수 있습니다. 점토 작업의 형태가 정해지지 않고 불명확한 상태인 아이들은 아마도 교사의 개입이 필요할 거예요. 교사는 아이들이 주변에 있는 사물들에 구체적인 방식으로 관심을 갖게 해야 합니다.

도형의 기하학적인 분석: 측면, 각도, 중심

도형을 기하학적으로 분석하는 것은 아주 어린 아이들에게는 적합하지 않아요. 그래서 이런 분석을 도입하기 위한 방법을 찾았습니다. 직사각형에만 제한하고 분석이 포함된 놀이를 이용하여 아이들의 관심이 분석에 집중되지 않게 했어요. 이 놀이는 개념을 아주 분명하게 제시합니다.

직사각형은 아이들의 탁자를 이용합니다. 이 놀이는 탁자에 식사를 준비하는 것으로 구성됩니다. 아이들의 집에는 장난감 가게에서 볼 수 있는 장난감 주방 세트들이 있습니다. 여기에는 저녁 식사용 접시, 수프 접시, 수프 그릇, 소금통, 유리잔, 포도주를 담는 병, 작은 칼, 포크, 숟가락 등이 있어요. 아이들에게 6인용 식탁을 준비하게 합니다. 긴 면에는 각각 두 사람의 자리를 준비하고 짧은 면에는 각각 한 사람을 위한 자리를 준비하게 해요. 아이들은 지시대로 식기들을 올려 놓습니다. 식탁 중앙에 수프를 담은 그릇을 놓게 합니다. 구석에는 냅킨을 둡니다. 그리고 아이들에게 이렇게 말합니다. "이 접시는 식탁의 짧은 면 중앙에 놓아요." 이제 아이들이 식탁을 바라보게 하고 이렇게 말해 줍니다. "이쪽 구석에 뭔가 부족하네요. 이쪽 면에는 유리잔이 필요해요. 식탁의 긴 쪽 면에 모든 것이 잘 놓였는지 볼까요? 짧은 면에도 준비가 다 되었나요? 네 귀퉁이에 부족한 것이 있나요?"

8살 이전에는 더 복잡한 분석을 진행할 수는 없다고 생각합니다. 아이들이 도형 블록 중 하나를 꺼내어 자발적으로 면의 수와 각의 수를 세야 한다고 믿어요. 우리가 아이들에게 그런 개념들을 가르치면 아이들은 분명히 배울 수 있을 거예요. 하지만 이것은 단순히 공식을 배우는 것이지 실제로 경험을 적용하는 것이 아닙니다.

색 감각을 위한 활동들

우리가 해야 할 색상 연습은 이미 언급했어요. 여기에서는 이러한 연습의 연속성에 대해 더 설명하고자 합니다.

그림 그리기

아이들이 색연필로 채워야 하는 밑그림을 많이 준비합니다. 나중에는 붓과 수채화 물감을 준비합니다. 첫 번째 그림은 꽃, 나비, 나무, 동물들입니다. 다음으로 풀, 하늘, 집, 사람들을 담은 풍경화를 그리는 단계로 넘어가요. 이런 그림들은 색상과 관련하여 아이가 주변 환경을 잘 관찰하고 있고 자연스럽게 발달하고 있는지 알 수 있게 합니다. 아이가 색깔들을 선택하고 작품에 자유롭게 칠하게 둡니다. 예를 들면 닭에 빨간색을 칠하고 소는 녹색으로 칠한다면 아이는 아직 관찰을 잘 하지 못하는 거예요. 그림 그리기는 색 감각 교육의 효과도 보여 줍니다. 아이가 섬세하고 조화로운 색 또는 강하고 대조적인 색들을 선택함에 따라서 우리는 아이의 색 감각이 정교하게 발달하고 있는지 판단할 수 있어요. 아이들은 밑그림에 나타난 대상들의 색을 기억해야 하기 때문에 주변을 더 잘 관찰하게 됩니다. 밑그림 안에 정확한 색을 칠해 넣을 수 있는 아이들만이 더 어려운 그림에 도전할 수 있어요. 이런 그림들은 아주 쉽고 효과적이에요. 때때로 진정한 예술 작품이 나오기도 해요.

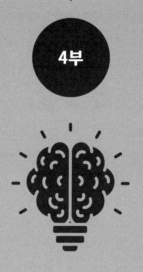

4부

언어와 숫자를 가르치다

Chapter

1

읽기와 쓰기를 위한 교육

자연스럽게 문자 언어 습득하기

로마의 특수 학교에서 교사로 있을 때, 읽기와 쓰기를 가르치기 위하여 다양한 교구로 실용적이고 독창적인 실험을 시작했어요. 이타르와 세갱은 글씨 쓰기를 가르치는 방법을 구체적으로 제시하지는 않았습니다. 다만 세갱은 쓰기 교육에 대해서 이런 말을 남겼어요.

"그림 그리기에서 글씨 쓰기로 넘어가는 것은 아주 자연스러운 응용이다. 예를 들면, D는 원의 일부로 볼 수 있고 A는 두 개의 사선이 위에서 결합한 모습이다."

"우리는 더 이상 아이가 어떻게 글씨 쓰기를 배울 것인가에 대해 걱정할 필요가 없다. 아이는 그림을 그리듯이 쓰면 되고, 알파벳을 비교하고 유추하는 방식으로 글자를 쓸 필요가 없다."

그러니까, 세갱에 따르면 우리는 쓰기를 가르칠 필요가 없어요. 그림을 그릴 수 있는 아이는 글씨도 쓸 수 있으니까요. 그러나 세갱은 글자의 '모양'에 대한 설명을 많이 하고, 아이들이 어떤 방식으로 글자를 써야 하는지에 대해서는 설명하지 않고 있어요. 이런 방법은 적용하는 데 어려움이 많습니다.

글씨와 그림은 여러 방향의 선이 합쳐진 것일 뿐이다. 우선, 다양한 선들을 그려 보도록 가르쳐야 한다. 그러고 나서 다양한 방향과 서로 다른 위치에 있는 선들을 그려 보게 한다. 이런 선들을 합쳐서 단순한 모양부터 복잡한 모양까지 다양한 도형들을 만들도록 한다. 그러므로 아이들이 직선과 곡선, 수평선, 수직선 그리고 다양한 사선을 구별할 수 있게 가르쳐야 한다. 마지막으로 도형을 만들 때 여러 개의 선들이 연결되는 주요 지점을 명확히 짚고 넘어가야 한다.

그림에 대한 이런 논리적인 분석은 모든 면에서 필수적이고, 글씨를 쓰는 것은 이런 그리기를 하면서 가능해질 것이다. 이미 많은 글자들을 써 본 아이도 수직선이나 수평선을 그리는 법을 배우는 데 6일이 걸렸다. 곡선과 사선을 그리기까지는 15일이 걸렸다. 정해진 방향으로 선을 그리기 전에 종이 위로 손동작을 보여 주는데, 많은 아이들이 오랫동안 흉내도 내지 못한다. 모방을 잘하는 아이들조차 내가 보여 준 것과 반대 방향으로 선을 그렸고, 두 선이 만나는 점을 헷갈려 했다. 선과 배열에 대한 지식이 평면과 그 위에 그려야 하는 것들을 이해하는 데에 도움이 되는 것은 사실이다. 하지만 수직선,

수평선, 사선 그리고 곡선을 그리는 것을 가르치기 위해서는 아이들의 지적 발달과 손의 조작 능력을 고려해야만 한다.

수직선은 눈과 손이 자연스럽게 위아래로 따라가는 선이다. 수평선은 눈과 손의 움직임에 있어서 자연스럽지 않다. 평면의 중앙에서 시작해서 옆쪽으로 끝까지 손을 움직여야 하기 때문이다. 사선은 좀 더 복잡하고 상대적인 개념을 전제로 한다. 곡선은 다른 선들과 많은 차이가 있기 때문에 곡선을 배우기 위해서는 더 많은 시간이 필요하다. 그렇다면 가장 단순한 선은 수직선이다. 나는 아이들에게 수직선에 대해 이렇게 가르쳤다.

"첫 번째 공식은 다음과 같아요. 한 점에서 다른 점까지 연결하는 직선을 그립니다."

이런 원칙으로 칠판에 점 두 개를 찍은 다음, 수직으로 연결하였다. 아이들도 종이 위에 똑같이 연습하였다. 어떤 아이들은 수직선이 점의 오른쪽으로 비껴가게 그렸고, 왼쪽으로 비껴가게 그리는 아이들도 있었다. 손이 사방으로 움직이는 아이들도 있었다. 이는 손의 장애보다는 지능과 시각의 장애 때문에 생기는 편차인데, 이를 막기 위해 평면의 범위를 제한하는 것이 좋겠다는 생각이 들었다. 아이들이 연결해야 하는 두 점의 좌우에 수직선을 그렸다. 아이들은 두 선 사이에 평행한 선을 그리면 된다. 이 두 선으로 충분하지 않은 경우에는 종이 위에 막대자 두 개를 수직으로 놓았다. 손이 잘못 움직여서 생기는 편차를 완벽하게 막을 수 있었지만, 이런 물리적인 장애물의 효과는 오래 가지 않기 때문에 자 대신 평행선을 다시 사용하기로 했다. 두 개의 평행선 중 하나를 지우는 방법을 썼다. 오른쪽에 있는 선을 지우기도 하고 왼쪽 선을 지우기도 했다. 그러다가 두 선을 모두 지웠다. 그 다음에는 수직선과 꼭대기에 있는 시작점도 지웠다. 마침내 아이는 물리적인 통제와 비교 대상 없이도 수직선을 그릴 수 있게 되었다.

이후 동일한 방법과 난이도로 수평선을 그리게 했다. 시작이 좋다면 아이가 가운데에서 시작해서 끝까지 그릴 때까지 기다려야 한다. 점 두 개로 손의 움직임을 도와주기 어려울 경우, 수평선을 그려 주거나 막대자를 사용했다. 마침내 아이가 수평선을 그릴 수 있게 되었고, 수평선 위에 막대자를 직각으로 놓았다. 아이는 이런 식으로 수직선과 수평선이 무엇인지를 이해하고 도형을 그릴 때 이 두 개념의 관계를 볼 수 있을 것이다.

선을 그릴 때, 수직선과 수평선 다음에 바로 사선을 배울 것 같지만 그렇지 않다. 사선은 기울기에 있어서 수직선처럼 보이고, 방향은 수평선처럼 보이기 때문에 수직선과 수평선의 특성을 모두 가지고 있다. 이처럼 다른 선들과의 관계성 때문에 사선의 개념을 이해하는 것은 복잡하다.

세갱은 사선을 설명하기 위해 많이 노력했어요. 아이들에게 두 개의 평행선 사이에서 선을 그리게 했고 아이들에게 수직선의 좌우로,

수평선의 위아래로 네 개의 선을 그리게 한 후에 결론을 내렸어요.

이 문제에 대한 해결책을 찾았다. 수직선, 수평선, 사선, 그리고 결합하여 원을 만드는 네 개의 곡선들은 글자를 구성하는 모든 선들을 만들어 낸다. 이 지점에서 이타르와 나는 오랫동안 멈추어 있었다. 아이들은 이미 모든 선을 알고 있다. 다음 단계는 아이들에게 아주 단순한 도형부터 그리게 하는 것이었다. 이타르는 일반적인 생각에 따라 정사각형부터 시작할 것을 조언했고, 나는 3개월 동안 조언을 따랐으나 아이들을 이해시킬 수 없었다.

도형과 관련된 여러 실험을 거친 뒤, 비로소 세갱은 가장 쉽게 그릴 수 있는 도형은 삼각형이라는 것을 깨달았습니다.

세 개의 선이 만나면 항상 삼각형이 된다. 하지만 네 개의 선은 평행을 유지하여 정사각형이 되는 경우가 아니라면, 100가지 다른 방향에서 만날 수 있다. 이런 실험들을 통해 나는 장애아들에게 그리기와 쓰기를 가르치기 위한 첫 번째 원리를 생각해 냈다. 이 원리를 적용하는 것은 너무 쉬워서 더 논의할 필요가 없다.

앞선 연구자들은 장애아들에게 글씨 쓰는 법을 이렇게 가르쳤습니다. 이타르는 벽에 못을 박고 삼각형, 정사각형, 원 같은 입체 도형을 나무로 만들어 벽에 걸었습니다. 그리고 벽에 도형들의 테두리를 따라 똑같이 그렸어요. 도형들을 벽에서 떼어내고 '아베롱의 아이'에게 모양이 맞는 그림을 찾아서 도형들을 벽에 걸게 했어요. 이 활동에서 이타르는 평면 도형을 생각해 냈습니다. 마침내 나무로 만든 글자를 가지고 똑같이 진행했습니다. 벽에 못을 박고 글자 모양대로 그림을 그린 후에 아이는 그림에 맞게 나무로 만든 글자 모형을 벽에 걸었다 떼었다 했습니다. 나중에 세갱은 벽 대신에 바닥에 놓는 평면 글자 모형을 사용했습니다. 바닥에 글자들을 그려 놓고 그 위에 글자들을 올려 놓는 방식이었어요. 20년 후에도 세갱은 이 방법을 바꾸지 않았습니다.

이타르와 세갱의 방법에 대한 비판은 불가피해 보입니다. 글씨를 똑바로 쓰는 것과 도형을 이용해 쓰기를 연습하는 것은 중학교 학생들에게나 기대할 수 있습니다. 세갱은 아주 특이한 방식으로 개념을 혼란스럽게 합니다. 그는 "아이들이 수직선은 쉽게 그리겠지만, 자연스러운 현상에 의해 수평선은 휘어지게 그릴 수밖에 없다"라고 말합니다. 관찰은 절대적으로 객관적이어야 해요. 다시 말하면 어떤 예상을 하지 말아야 합니다. 이 경우에 세갱은 도형을 통해 글씨 쓰는 것을 준비할 수 있을 거라고 예상했지만 글씨를 쓰기 위해 필요한 자연적인 과정을 알아내지 못했어요. 게다가 아이가 그리는 선은 부정확할 뿐만 아니라, 편차는 손이 아니라 눈과 지능 때문이라고 생각했습니다. 그래서 아이들의 시선을 바로잡고 선의 방향을 설명하는 데 몇 주 또는 몇 달씩이나 힘을 기울였어요.

세갱은 좋은 방법은 우월한 것에서 시작되어야 한다고 느꼈던 것 같습니다. 기하학이 더 우월한 것이고, 아동의 지능은 추상적인 것들과 관계가 있을 때 관심을 기울일 가치가 있다고 생각했지요. 과연 그럴까요? 평범한 사람들을 관찰해 봅시다. 그들은 많이 아는 것을 자랑스러워하고 단순한 것은 무시합니다. 천재로 통하는 사람들의 생각도 알아봅시다. 뉴턴이 야외에 조용히 앉아 있을 때, 사과가 나무에서 떨어졌습니다. 그는 이것을 보고 "왜?"라는 의문을 떠올렸어요. 사과가 나무에서 떨어지는 현상은 결코 사소하지 않아요. 천재의 머릿속에는 떨어지는 과일과 만유인력이 나란히 자리잡고 있었습니다. 뉴턴이 아이들의 스승이었다면 별이 총총한 밤에 세상을 바라보도록 이끌었을 거예요. 하지만 지식을 최고로 여기는 사람은 아이가 천문학의 핵심인 미적분을 먼저 이해해야 한다고 생각했을지도 모릅니다. 갈릴레오 갈릴레이는 높은 곳에 매달려 흔들거리는 등불을 보고 진자의 법칙을 발견했어요. 단순함은 마음에서 모든 선입견을 버리는 것입니다. 그러면 새로운 것을 발견할 수 있어요.

발견의 역사를 살펴보면, 그런 발견들이 객관적인 관찰과 논리적인 사고에서 나왔다는 것을 알게 됩니다. 단순한 것들이지만 이 두 가지를 가지고 있는 사람들은 아주 드물지요. 예를 들어, 라브랑 Laveran이 적혈구를 침범하는 말라리아 기생충을 발견할 때까지 아무도 곤충이 우리에게 기생충을 옮길 가능성에 대해 의심하지 않았어요. 이상하지 않나요? 오히려 이 질병이 아프리카 바람이나 습기 때문에 전염된다는 이론을 믿었지요. 실제로 그랬다면 새로운 발견의 길을 개척했겠지만, 그 이론들은 이렇다 할 근거가 없었습니다.

세갱의 교육법을 되돌아보면 우리에게 또 다른 진실을 보여 주고 있으며, 우리가 따라가야 할 힘든 길이기도 합니다. 이것은 복잡한 것에 대한 본능과도 관련이 있는데, 우리는 복잡한 것을 이해하려는 경향이 있습니다. 세갱은 아이들에게 글씨 쓰는 법을 가르치기 위해 기하학을 가르쳤습니다. 아이들이 기하학의 추상성을 이해하게 만드려고 노력했던 거예요.

우리는 아직도 아이가 쓰기를 배우려면 먼저 세로로 획을 그려야 한다고 믿습니다. 이런 확신은 아주 보편적입니다. 그러나 동그란 알파벳을 쓸 때, 반드시 직선과 예각으로 시작해야 한다는 것은 부자연스럽지요. 처음 글자를 쓰는 사람이 알파벳 O의 아름다운 곡선을 물 흐르듯이 따라가는 것은 어려울 거예요. 아이들은 종이를 뻣뻣한 선과 예각으로 채우며 쓰기 연습을 해야 했습니다. 아이들이 제일 먼저 직선부터 배워야 한다는 낡은 생각은 어디서 시작된 것일까요? 우리는 왜 곡선 그리기를 연습하지 않나요? 잠시만 선입견을 버리고 좀 더 단순한 방식으로 해 봅시다. 우리는 글쓰기를 배우는 아이들의 노력을 덜어 줄 수 있을 거예요.

꼭 수직선을 그리는 것부터 시작할 필요가 있을까요? 논리적으로 생각한다면 대답은 "아니오"입니다. 이런 연습을 따라하는 것은 아이들에게 힘든 일입니다. 시작은 쉬워야 하는데, 펜을 위아래로 움직이는 것은 어려운 동작이거든요. 전문적으로 글씨를 쓰는 사람이라면 글자의 규칙성을 유지하면서 전체 페이지를 채울 수 있고, 적당히 잘 쓰는 사람은 보기 좋을 정도로 채울 수 있어요. 사실 직선은 두 지점을 최단 거리로 연결하는 특성이 있어요. 그 방향에서 벗어나면 직선이 아닌 것처럼 보입니다. 대개 완벽한 직선보다는 방향이 어긋난 선을 그리기가 쉽습니다. 어른들에게 칠판에 직선을 그어 보라고 하면 여러 방향의 직선들이 나올 거예요. 서로 다른 쪽에서 시작하지만, 거의 모두가 선을 똑바로 그릴 수 있습니다.

그렇다면, 정해진 지점에서 특정 방향으로 가는 선을 그려 보라고 하면 어떨까요? 더 많은 실수가 나타납니다. 선을 곧게 그리려면 추진력을 모아야 합니다. 정확한 한계 내에서 짧은 선을 그리라고 하면 실수가 많이 나올 거예요. 정해진 방향성을 유지하는 데 필요한 추진력이 약해지기 때문입니다. 글씨 쓰기를 가르칠 때에는 필기도구를 쥐는 방식도 정해 줍니다. 아이들이 잡고 싶은 대로 잡게 하지 않아요. 글씨를 배우기 위해 자발적으로 해야 하는 첫 번째 행위에 가장 의식적이고 제한된 방식으로 접근하고 있는 거지요. 처음으로 글씨를 쓰는 아이에게 선들을 평행하게 그리라고 하는 것은 어렵고 힘든 일입니다. 아이는 이런 행위에 대한 의미를 모르기 때문에 아무런 목적 의식이 없어요. 한번은 프랑스 장애아들의 공책을 본 적이 있습니다. 종이에 수직선이 빽빽하게 그려져 있었는데, 그 선들은 마치 C자처럼 보였지요. 부아쟁Voisin도 이런 현상에 대해 언급하고 있어요. 장애아는 비장애아보다 지속성이 떨어지기 때문에 글씨를 따라하려는 노력이 조금씩 약해집니다. 직선이 곡선으로 변형되고 점점 더 C자 모양으로 변하지요. 이는 강요된 동작이 점점 자연스러운 동작으로 바뀌는 것을 보여 주는 예시입니다.

그렇다면 아이들의 자발적인 그림들을 관찰해 봅시다. 예를 들면, 떨어진 나뭇가지를 주울 때, 흙으로 덮인 정원의 길을 걸어 갈 때 짧은 직선들은 보이지 않고 긴 곡선들이 다양하게 교차되는 것이 보입니다. 세갱도 아이들이 그린 수평선이 곡선으로 바뀌는 현상을 봤습니다. 그는 이런 현상을 지평선을 모방하는 것이라고 생각했어요. 수직선을 그리는 연습을 통해 알파벳 쓰기를 가르친다는 것은 상당히 비논리적으로 보입니다.

알파벳에는 직선이 존재한다고 말하는 사람도 있습니다. 맞아요. 하지만 글씨 쓰기를 처음 배울 때 온전한 형태의 한 가지 특성을 골라서 연습해야 할 이유는 없습니다. 우리는 알파벳을 이런 식으로 분석해서 직선과 곡선들을 찾아낼 수 있고, 대화를 분석해서 문법적인 규칙을 알아낼 수 있어요. 하지만 글자를 구성하는 부분들을 개별적으로 연습하지 않고, 글자에 대한 분석과 관계없이 글자를 쓰면 왜 안 되나요? 우리가 문법을 배운 후에만 말을 할 수 있다면 정말 슬플 거예요. 마치 미적분학을 공부해야만 하늘에 있는 별을 볼 수 있다고 말하는 것과 같지요. 또, 아이에게 글씨 쓰기를 가르치기 전에 선의 변화와 기하학에 대해 가르쳐야 한다는 생각과도 거의 같습니다. 글씨를 쓰기 위해 알파벳 기호를 구성하는 부분을 분석적으로 이해해야 한다면 정말 안타까운 일일 거예요. 실제로 쓰기를 배우는 데 필요하다고 믿는 노력은 순전히 인위적인 노력입니다. 글씨 쓰기를 위한 노력이 아니라 가르치는 방법에 관한 노력이니까요. 잠시 동안 이와 관련한 모든 이론을 버립시다. 문화나 관습에 너무 얽매이지 말아요. 인류가 어떻게 글을 쓰기 시작했는지, 글쓰기의 기원이 무엇인지에는 관심이 없습니다. 세로획으로 시작해야 한다는 오래된 신념도 버려요. 우리가 찾고자 하는 진리처럼 분명하고 편견이 없도록 노력해요.

글씨를 쓰는 사람을 관찰하면서 동작들을 분석해 봅시다. 즉, 글씨를 쓸 때 따라오는 기계적인 움직임들을 잘 분석해 봅시다. 글씨가 아니라 글씨를 쓰는 사람을 살펴야 한다는 것은 두말할 나위가 없어요. 행위의 대상이 아닌 행위자를 봐야 하는 거예요. 행위를 하는 사람부터 시작하는 방법은 이전의 방법과 매우 다른 독창적인 방법이 될 거예요. 글씨 쓰기의 새로운 시대를 의미하고, 인류학에 근거를 두고 있지요. 사실 글씨 쓰기 교육을 이렇게 시작했을 때 새로운 교육 방법에 이름을 붙이는 것을 생각하지는 않았지만 인류학을 공부한 것이 이 방법에 영감을 준 것은 분명해요. 하지만 놀랍게도 실제 경험으로 자연스러워 보이는 이름이 떠올랐습니다. 바로 '자연스럽게 이루어지는 글씨 쓰기 교육법'입니다.

장애아들을 가르치면서 다음과 같은 사실을 발견했습니다. 11세가 된 한 여자아이가 있었는데, 정상적인 손의 힘과 운동 능력을 가지고 있었음에도 바느질을 할 수 없었어요. 바늘을 위아래로 통과시키고 여러 개의 실을 꿰는 것과 같은 첫 번째 단계조차도 하지 못했습니다. 아이에게 프뢰벨 매트를 통해 바느질하는 동작을 하도록 했어요. 프뢰벨 매트에는 여러 장의 종이가 가로 방향으로 꿰어져 있어요. 저는 이 활동에서 바느질 동작과 글씨 쓰기 동작 사이에 유사점을 생각하며 이 여자아이를 유심히 관찰했습니다. 아이가 짜깁기 활동을 능숙하게 할 수 있게 되었을 때, 실제로 바느질을 다시 해보게 했어요. 아이가 실제로 짜깁기를 잘하는 것을 확인했어요. 그때부터 바느질은 정식 수업이 되었습니다. 아이에게 실제로 바느질을 시키지 않으면서도 바느질에 필요한 손동작들을 준비시킬 수 있다는 것을 알았어요. 아이가 실제로 과업을 수행하기 전에 그 과업을 하는 방법을 가르쳐야 합니다. 특히 실제 과업이 아닌 그 과업을 준비하는 동작을 통해 반복적으로 연습할 수 있습니다. 그리고 나서 아이들에게 실제 과업을 제시하면 바로 그 일을 할 수 있어요.

글씨 쓰기도 이런 식으로 준비할 수 있다는 생각에 아주 흥분되었지요. 이 단순함에 깜짝 놀랐습니다. 바느질을 못하는 아이를 관찰하기 전에 이 방법을 생각해 내지 못했다는 것에 화가 났어요. 이미 아이들에게 평면 도형 세트를 만져 보게 했기 때문에 이제 아이들에게 알파벳 모양의 도형들을 손가락으로 만지면서 느끼는 것만 가르치면 됩니다. 필기체로 된 아름다운 알파벳 세트를 만들었는데, 소문자는 8센티미터 높이로, 대문자의 크기는 소문자와의 비율에 맞게 만들었어요. 재질은 나무이고 두께는 0.5센티미터입니다. 자음은 파란색으로, 모음은 빨간색으로 칠했어요. 글자의 밑면은 에나멜 대신에 구리로 도금하여 내구성을 높였지요. 나무로 만든 알파벳 세트는 한 개뿐이지만, 알파벳 세트와 색과 크기가 같은 알파벳 카드 세트를 많이 준비했습니다. 알파벳의 각 문자로 시작하는 사물의 그림도 준비했어요. 그림 위에는 해당하는 글자의 대문자와 소문자를 적었습니다. 이 그림들은 글자의 소리를 기억하게 하는 역할을 하고, 인쇄된 글자들은 책을 읽는 것을 도와줍니다. 이런 그림들은 새로운 개념을 나타내지는 않지만, 이전에는 없었던 배열을 완성했습니다.

아이들에게 알파벳 글자들을 카드 위에 어떻게 배열해야 하는지 보여 준 후에 알파벳 글자의 모양을 반복적으로 만지게 하는 것이 이 방법의 특징입니다. 이 놀이를 다양한 방식으로 진행했고, 아이들은 글자를 직접 쓰지 않으면서도 글자를 쓸 때 필요한 동작들을 배울 수 있습니다. 이때, 전에는 하지 못했던 생각이 떠올랐습니다. 글씨를 쓸 때 우리는 두 가지 다른 형태의 동작을 한다는 거예요. 글자의 모양을 그리는 동작과 필기도구를 조작하는 동작입니다. 실제로 장애아들은 모든 글자를 손으로 만져 볼 수는 있지만, 아직 연필을 손에 쥐는 방법을 몰랐습니다. 작은 막대기를 단단하게 잡고 조작하는 것은 글씨를 쓰는 움직임과는 다른 움직임을 습득하는 것입니다. 그러므로 다양한 글자의 모양을 쓰기 위해서는 이 근육의 움직임을 함께 익혀야 해요.

아이들이 손가락으로 글자를 만지면 글씨를 쓰는 동작의 특징을 느낄 수 있어요. 그러면 자동으로 운동 신경이 작동되고 각 글자를 움직이는 근육을 기억할 수 있어요. 이제 필기도구를 잡고 조작할 때 필요한 근육을 움직여야 해요. 필기도구를 조작하는 법을 익히기 위해 두 가지 단계를 추가해서 설명할게요. 우선 아이가 오른손 검지로 글자를 만지고 나서 검지와 중지로 글자를 만지게 합니다. 그 다음, 작은 나무 막대를 펜처럼 잡고 글자들의 모양을 따라가게 해요. 나무 막대는 글씨를 쓰는 것처럼 쥐어야 해요. 그리고 아이가 나무 막대를 쥔 채로, 또 쥐지 않은 채로 똑같은 동작을 반복하게 합니다.

도형을 만지면서 아이들의 손가락은 이미 훈련이 되었지만 아직 충분하지 않아요. 어른들도 유리를 통해서 보이는 그림을 보고 연필로 그 선을 완벽하게 그려 낼 수는 없어요. 아이들도 손가락 또는 막대기로 그림을 항상 정확하게 따라가지는 않아요. 교구는 어떤 통제도 제공하지 않습니다. 아이의 시선으로 손가락이 글자 위에 계속 있는지를 확인할 수 있는 정도일 뿐입니다. 저는 동작을 더 정확하게 따르고 동작의 실행을 보다 직접적으로 안내하려면 글자 위에 음각을 만들 필요가 있다고 생각했어요. 나무 막대가 선을 따라 잘 움직일 수 있을 정도로 깊은 홈을 만들어야 해요. 이런 교구를 만들기 위한 디자인을 마쳤지만, 비용이 너무 많이 들어서 계획을 실행하지는 못했습니다.

저는 이 방법을 여러 번 실행한 후에 교사들에게 자세히 설명해 주었어요. 이 강의는 책으로 만들어져 200명이 넘는 초등학교 교사들에게 제공되었는데, 페레리Ferreri 교수는 이에 대해 아래처럼 이야기했어요.

이 시점에서 우리는 빨간색을 칠한 모음 카드를 제시했다. 아이의 눈에는 빨간색으로 된 불규칙적인 도형이 보일 것이다. 아이에게 빨간색으로 되어 있는 모음 글자들을 주고, 그 모음들이 그려져 있는 카드 위에 겹쳐 놓게 했다. 아이에게 글자 모양대로 손으로 만지게 한 다음에 각 글자의 이름을 말해 주었다. 모음들은 모양이 비슷한 대로 카드 위에 배열되었다.

o e a i u

그러고 나서, 아이에게 글자를 찾아보게 했다. 예를 들면, "o를 찾아서 자리에 갖다 놓아 보자." "이 글자가 뭐지?" 이렇게 물어보았다. 그 글자를 보기만 한 아이들은 잘 맞추지 못하였다. 하지만 아이들은 글자를 만지면서 그 글자를 구별해 냈고, 시각과 운동에 관한 흥미로운 것들을 관찰할 수 있었다. 우리는 아이들에게 카드 위에 그려진 글자들을 만지게 했다. 처음에는 검지손가락으로만 만지게 했고 다음에는 검지와 중지로 함께 만지게 했다. 그 다음으로는 글자를 쓰는 것과 같은 방식으로 나무 막대기를 펜처럼 손에 쥐고 만지게 했다. 자음에는 파란색을 칠했고, 모양이 비슷한 대로 카드 위에 배열했다. 모음을 공부할 때 했듯이 나무로 만든 자음 알파벳 글자들을 카드 위에 올려 놓았다. 자음 카드 옆에는 물건의 이름을 표시할 수 있는 일련의 다른 카드들이 있었다. 이름 근처에는 같은 색으로 칠해진 작은 글자들을 놓았다. 교사는 발음 방법에 따라서 자음을 발음하면서 글자를 보여 주었다. 그리고 물건의 이름을 발음하고 첫 글자를 강조하면서 카드를 보여 주었다. 예를 들면, 교사는 'p-pear' 처럼 발음하고, "p를 가져와서 제자리에 놓아요. 그리고 손으로 만져 보세요."라고 아이들에게 말하였다.

　이런 방법으로 우리는 아이들의 언어적인 결함을 연구하였다. 글씨를 쓰는 방식으로 글자의 모양을 따라가는 것은 글씨 쓰기를 위한 근육을 훈련시키는 것이다. 이런 방법으로 배운 어떤 여자아이는 알파벳 글자를 전부 인지하지는 못했지만 펜으로 모든 알파벳 글자들을 쓸 수 있었다. 아이가 쓴 글자는 높이가 8센티미터 정도였고, 놀라울 정도로 규칙적이었다. 이 아이는 손도 잘 움직였다. 글씨를 쓰는 방식으로 글자를 보고, 인식하고, 만지는 아이는 읽기와 쓰기를 동시에 준비할 수 있게 된다. 글자를 만지면서 눈으로 보면 감각이 상호 작용하여 이미지가 더 빠르게 고정된다. 이후에 두 감각은 분리되는데, 보는 것은 읽기와 관련이 있고 만지는 것은 쓰기와 관련이 있다. 아이들의 개별적인 특성에 따라 읽기를 먼저 배우는 아이들이 있고 쓰기를 먼저 배우는 아이들도 있다.

1899년경에 읽기와 쓰기를 위한 기본적인 교육법을 시작했어요. 어느 날 장애가 있는 아이가 제가 준 분필로 칠판에 알파벳 전체를 쓰는 것을 보고 깜짝 놀랐습니다. 이 정도 단계까지 이렇게 빨리 다다를 수 있을 것이라고는 생각하지 못했습니다. 이미 말한 것처럼 펜으로 글씨를 쓸 수는 있지만 인식하지 못하는 아이들이 많았으니까요. 근육 감각은 유아기 시절에 가장 쉽게 발달하기 때문에 아이들에게 글씨 쓰기는 아주 쉬울 수도 있다는 것을 알았습니다. 하지만 읽기는 훨씬 더 긴 시간이 필요합니다. 좀 더 수준 높은 인지적 발달이 필요하거든요. 단어를 이해하기 위해서는 기호와 목소리의 변조를 해석해야 합니다. 이 모든 것은 지적 능력이 필요한 과업이에요. 반면에 아이가 글씨를 쓸 때에는 말하는 소리를 해석해서 기호로 변환하고 손으로 받아 적습니다. 글씨 쓰기는 알아들을 수 있는 소리를 변환시킨다는 면에서 말하기와 비슷한 면이 있어요. 반면에 읽기는 추상적인 인지 영역의 일부예요. 시각적인 기호의 개념을 해석해야 하니까요.

첫 번째 글쓰기 수업은 1907년 11월 초에 시작했습니다. 산 로렌조에 있는 어린이의 집 두 곳의 취임 첫날부터 일상생활의 놀이와 감각 교육을 시작했어요. 한 곳은 1월 6일이었고 다른 한 곳은 3월 7일이었어요. 하지만 글쓰기 활동은 아직 시작하지 않았습니다. 다른 사람들처럼 읽기와 쓰기는 가능한 한 늦게 시작해야 하고, 6세 이전에는 피해야 한다는 편견을 가지고 있었거든요. 하지만 아이들은 자신들이 지적으로 이미 놀라울 정도로 성장했다는 것을 증명하려는 것처럼 보였어요. 아이들은 스스로 옷을 갈아입을 수 있었고, 혼자 씻을 줄도 알았어요. 바닥을 쓸고, 가구에 쌓인 먼지를 털고, 방을 정리하고, 상자를 여닫고, 다양한 자물쇠의 열쇠를 관리하는 방법도 알고 있었습니다. 선반에 있는 물건들을 완벽하게 정리했고 식물들을 돌볼 수도 있었어요. 사물을 잘 관찰할 수 있었고, 손으로 만져 본 다음 무엇인지 알 수도 있었어요. 그리고 많은 아이들이 우리에게 다가와 읽기와 쓰기를 가르쳐 달라고 요구하기도 했습니다. 심지어 거절당한 몇몇 아이들은 칠판에 O자를 자랑스럽게 써 보이기도 했어요. 마침내 많은 어머니들이 아이들에게 글쓰기를 가르쳐 달라고 부탁하면서 이렇게 말했습니다. "여기 아이들은 많은 것들을 쉽게 배웁니다. 읽기와 쓰기를 가르쳐 주신다면 아이들은 힘들어하지 않고 금방 배울 거예요." 아이들이 어려움 없이 읽기와 쓰기를 배울 수 있을 것이라는 어머니들의 신념은 저에게 큰 인상을 남겼어요. 8월 방학 기간 중에 고민하다가 처음에는 9월에 있을 개학과 함께 시범적으로 해 보기로 결정했습니다. 하지만 다시 생각한 뒤 9월에는 방학 때문에 중단된 것들을 하고, 초등학교가 개교하는 10월까지는 읽기와 쓰기를 하지 않기로 결정했습니다. 이렇게 하면 초등학교 1학년생들과 우리 아이들을 비교할 수 있는 장점이 있었습니다.

9월에 교구를 만들 사람을 찾기 시작했지만, 마땅한 사람을 찾을 수 없었어요. 아주 멋진 알파벳 세트를 준비하고 싶었지만 포기하고 평범하게 에나멜을 칠한 것으로 만족해야 했습니다. 글자 카드도 준비되지 않아서 부족한 것이 많았습니다. 그렇게 10월이 지났습니다. 초등학교에 들어간 아이들은 벌써 세로줄 그리기 활동을 다 마쳤고, 우리 아이들은 아직도 대기 중이었어요. 그래서 종이를 오려 내어 대충 색을 칠해 글자를 만들기로 했습니다. 촉감을 위해 사포를 오려 붙였습니다. 마치 초기에 촉각 활동에서 사용했던 교구 같은 것들이 만들어졌어요. 이렇게 교구를 만들고 나서야 특수 학교에서 사용한 교구가 얼마나 대단한 것이었는지 깨달았습니다. 이렇게 두 달을 허비했지요. 지금에 여유가 있었다면 아주 멋진 알파벳 세트를 준비할 수 있었겠지만 어쩔 수 없었지요.

종이로 만든 알파벳 세트는 쉽게 복제가 가능할 뿐만 아니라 글자를 인식하는 것과 단어를 조합하는 것까지 한 번에 할 수 있다는 것을 깨달았습니다. 사포로 만든 알파벳 세트는 제가 그동안 찾던 것이었어요. 아이들이 손가락으로 글자를 쉽게 느낄 수 있는 재료였으니까요. 이제 촉각을 이용하여 글씨 쓰기를 가르칠 수 있으니, 시각에만 의존하지 않아도 됩니다. 방과 후에 교사 두 명과 함께 글자를 만들기 위해 열정적으로 종이와 사포를 오려 냈습니다. 우선 먼저 파란색으로 칠하고 나서 카드 위에 올려 놓았어요. 그리고 작업하는 동안 온전한 교육 방법이 마음속에 펼쳐졌습니다. 아주 단순하고 이전에 본 적이 없던 방법이라는 생각에 절로 미소가 지어졌지요.

아주 흥미로운 경험을 이야기해 볼게요. 어느 날 교사 한 명이 아파서 제 학생이었던 안나 페델리Anna Fedeli 양을 임시 교사로 보냈습니다. 저는 하루가 마무리될 즈음에 페델리 양을 보러 갔습니다. 페델리 양은 알파벳을 두 가지 모습으로 변형해서 사용하고 있었어요. 하나는 아이가 글자의 방향을 인식할 수 있도록 각각의 글자 뒤에 흰 종이를 가로로 배치했고, 아이는 이것을 종종 돌리거나 뒤집었어요. 다른 하나는 판지로 보관함을 만드는 거였어요. 각각의 알파벳 글자를 보관하는 칸이 있었기 때문에, 알파벳 글자들을 뭉텅이로 섞어서 보관할 필요가 없었습니다. 저는 피넬리 양이 바느질하여 만든 이 낡은 보관함을 아직도 가지고 있어요. 당시 피넬리 양은 웃으면서 이 보관함을 보여 주었어요. 볼품없이 만들었다고 미안해했지만 저는 이 보관함에 아주 열광했어요. 이 보관함 안에 있던 글자들을 보자마자 아이들을 가르치기에 아주 훌륭한 도구라고 생각했습니다. 실제로 아이들은 눈으로 모든 글자들을 비교할 수 있었을 뿐만 아니라, 필요한 것을 고를 수도 있었으니까요.

여기서 한마디만 더 하고 싶네요. 크리스마스가 한 달 반도 남지 않은 시점에 초등학교 1학년 아이들은 모음 O를 쓰느라 고생하고 있었지만 이때 저의 학생들 중 네 살 된 아이 두 명이 동무의 이름을 쓸 수 있게 되었습니다. 에도아르도 탈라모Edoardo Talamo에게 감사의 말씀을 전하는 편지였는데, 아이들은 얼룩도 없이 종이 위에 글씨를 잘 적었습니다. 이것은 초등학교 3학년 정도는 되어야 할 수 있는 수준이었지요.

Chapter

2

교구를 이용한
읽기와 쓰기 교육

첫 번째 단계: 필기도구를 이용한 근육 훈련

쓰기를 도와주는 준비 활동

준비물: 작은 나무 탁자 두 개, 금속 도형 세트, 밑그림, 색연필

각 탁자는 정사각형 모양의 도형 틀 네 개를 올려 놓을 수 있을 정도의 넓이이고, 틀 안에는 평면 도형 세트가 장착되어 있어요. 도형 세트처럼 틀의 중앙에는 진한 파란색 사각형이 있어요. 금속 도형 세트의 크기와 모양은 나무로 만들어진 평면 도형 세트를 본떠서 만들었습니다.

활동 방법

교사가 사용하는 탁자를 나란히 놓거나, 아이들의 작은 탁자를 나란히 놓으면 두 개의 작은 탁자는 하나의 긴 탁자처럼 됩니다. 아이들은 맞춤 틀을 사용하여 하나 이상의 도형을 선택할 수 있습니다. 이 금속 도형 맞추기 세트와 나무 도형 맞추기 세트는 아주 유사합니다. 나무 도형 세트에서는 아이들이 도형 조각들을 자유롭게 선택하고 나무틀에 놓았어요. 이번에는 아이들이 도형을 선택하여 종이 위에 놓고 색연필로 도형의 테두리를 따라 그립니다. 도형을 들어 올리면 종이 위에는 가운데가 비어 있는 도형 그림이 남게 됩니다.

아이들이 도형을 그린 것은 이번이 처음이에요. 지금까지는 카드 위에 그려진 도형 그림에 도형 조각을 올려놓기만 했으니까요. 이제 도형을 아이가 직접 그린 그림 위에 올려 놓습니다. 다음 단계는 색이 다른 색연필로 도형의 테두리 선을 따라 그리는 거예요. 도형 조각을 들어 올리면 종이 위에 두 가지 색으로 그려진 도형이 보입니다.

도형의 추상적인 개념이 처음으로 실제 그림으로 현실화됩니다. 형태가 다른 두 개의 도형 조각이었지만 색연필을 사용하여 똑같이 선으로 표현한 그림이에요. 이 사실은 아이에게 강한 인상을 남깁니다. 아이는 동일한 도형이 아주 다른 방법으로 다시 만들어지는 것을 알고 깜짝 놀라지요. 마치 손을 안내하던 도구가 실제로 도형과 똑같이 생긴 그림을 만든 것처럼 생각하는지 신기한 표정으로 오랫동안 바라봅니다. 이런 활동을 통해 아이들은 도형의 선을 따라가는 법을 배우지요.

그러고 나서 필기도구를 쥐고 조작하는 것과 관련된 근육의 움직임을 직접적으로 준비하는 활동을 시작합니다. 아이는 자기가 쓸 색 연필을 골라요. 자기가 그린 도형의 밑그림에 색을 채웁니다. 이때, 테두리 선을 넘어가지 않도록 지도해요. 아이는 도형의 테두리 선에 주의를 집중하고, 그 선이 도형을 결정한다는 개념을 확실히 합니다. 도형 하나에 색을 채우는 활동은 공책 열 페이지에 수직선을 그리는 움직임과도 같아요. 쓰기를 위한 근육 훈련을 하는 것이지만, 그래도 아이는 지치지 않습니다. 자기가 원하는 대로 자유롭게 하니까요. 아이의 눈은 밝게 색칠한 커다란 도형에 고정됩니다. 처음에 아이들은 큰 정사각형, 삼각형, 타원형, 사다리꼴로 공책을 채웁니다. 그러고 나서 빨강, 주황, 초록, 파랑, 하늘색, 분홍색으로 색칠합니다. 이후 도형을 그리고 색을 칠할 때 진한 파란색과 갈색으로 색을 점차 제한하고 금속 도형의 모양만 그리게 합니다. 많은 아이들이 도형의 중앙에 주황색 원을 그려요. 도형을 고정하는 작은 황동 손잡이를 표현한 것입니다. 아이들은 선반 위에서 본 것들을 정확하게 그렸다는 사실에 굉장히 기뻐합니다. 마치 진짜 화가가 된 기분을 느끼지요.

아이들이 그리는 그림을 관찰해 보면 특징적인 모습이 있습니다. 먼저, 아이들이 색칠을 위해 긋는 선이 테두리 밖으로 점점 덜 나가게 되고, 마침내 선들이 테두리 안에 완벽하게 자리잡습니다. 가운데 부분과 가장자리가 모두 일정하게 채워지지요.

다음으로, 아이들이 색칠을 위해 긋는 선은 처음에는 짧고 무질서

합니다. 그러다가 점점 더 길어지고, 거의 평행선처럼 되며 점차 규칙적인 세로선이 되지요. 아이들이 연필을 사용하는 방법을 완벽하게 익히면서 필기도구를 사용하기 위해 필요한 근육이 형성됩니다. 이런 활동을 다양하게 하기 위해 이미 설명된 밑그림을 사용합니다. 이런 그림들을 통해서 연필을 조작하는 능력이 완성됩니다. 다양한 길이의 선을 그리다 보면 점점 더 안정감 있게 연필을 사용할 수 있으니까요.

아이들이 도형에 색칠한 것들을 계산하면 한 명당 공책 몇 권씩은 될 거예요. 아이들이 연필을 사용할 때 보여 주는 안정감은 거의 초등학교 3학년 수준입니다. 이제 연필이나 펜을 손에 쥐면 마치 오랫동안 필기도구를 사용한 사람처럼 잘 사용합니다. 이렇게 짧은 시간 동안 어떤 도구의 사용법을 완벽하게 익히는 것은 쉽지 않다고 생각해요. 아이들은 글씨 쓰는 법을 배운 후에도 이 연습을 계속하면서 발전합니다. 문자 기호는 다양하고 복잡하니까요. 아이들이 따라 하는 동작들은 본질적으로 동일하며 반복할수록 점점 더 완벽해져요. 아이들은 자신이 완성한 그림을 자랑스러워합니다. 이런 예비 동작을 통해 글씨 쓰기 동작이 완성됩니다. 펜을 사용하는 동작이 점점 더 안정적으로 되는 것은 쓰기 연습을 반복적으로 해서가 아니라 색칠하기 연습을 계속한 덕택입니다. 이런 방법으로 아이들은 실제로 글씨를 쓰지 않고도 글씨 쓰기를 배울 수 있습니다.

두 번째 단계: 알파벳의 시각적 이미지와 쓰기에 필요한 동작 기억하기

준비물

사포로 만든 알파벳 글자를 붙인 카드 여러 장이 필요해요. 카드의 크기와 모양은 각 글자에 맞게 맞춥니다. 밝은 색의 사포로 어두운 색의 카드 위에 모음을 만듭니다. 검은색 사포로 하얀색 카드 위에 자음을 만듭니다. 모양이 대조적이거나 비슷한 것으로 그룹을 지어 배열합니다. 글자를 명료한 글씨체로 자르고, 음영 부분을 넓게 했어요. 초등학교에서 사용하는 글씨체를 사용하기로 했습니다.

활동 방법

알파벳을 가르칠 때에는 소리를 발음하면서 모음으로 시작해서 자음으로 진행합니다. 알파벳 글자의 이름을 가르치는 것이 아닙니다. 자음의 경우에는 모음과 바로 결합하여 음절을 형성하고 반복적으로 발음합니다. 이 활동은 3단계로 진행합니다.

1. 글자의 소리와 시각 및 근육 촉감 연결하기

교사는 아이에게 모음 카드 2장을 제시합니다. 예를 들면 i와 o의 소리를 들려주고 아이에게 글씨의 모양을 따라가게 합니다. 이때 아이에게 글자의 모양을 어떻게 따라가야 하는지 보여 주고, 필요하다면 아이의 오른손 검지를 사포 위로 가져가 글씨 모양을 느껴 보게 해요. 글자를 따라가는 법을 알면 기호를 쓰는 방향을 알게 됩니다. 아이들은 사포의 거친 촉감을 느끼면서 글자의 모양을 빠르게 배웁니다. 실수에 대한 두려움 없이 알파벳을 쓰는 동작을 계속 반복하기도 합니다. 만약 아이의 손가락이 사포에서 벗어나면, 카드의 매끈한 감촉 때문에 아이들은 자기가 틀렸다는 것을 바로 알아차립니다. 글자의 모양을 촉감으로 추적하는 것에 익숙해지면 아이들은 눈을 감은 채로 아주 재미있게 반복합니다. 아이들의 손동작을 이끄는 것은 글자의 시각적 이미지가 아니라 근육 기억에 입력된 촉각입니다.

교사가 아이들에게 글자를 보여 주고 글자의 모양을 따라가게 하면서 세 감각이 동시에 발달합니다. 바로 시각, 촉각 그리고 근육 감각입니다. 아이들은 이런 활동을 통해 알파벳 기호를 시각으로만 습득할 때보다 훨씬 빠르게 기억합니다. 어린아이들에게 있어 가장 오랫동안 지속되고 가장 잘 준비되어 있는 것이 근육 기억력입니다. 실제로 아이들은 글자들을 보기만 했을 때는 잘 모르지만, 만지면 무슨 글자인지 아는 경우도 있어요. 이런 이미지들은 알파벳의 소리와 동시에 연결됩니다.

2. 인식

아이들은 글자의 소리를 듣고 일치하는 글자들을 인식할 수 있어야 해요. 예를 들어, 교사가 아이에게 "o를 주세요. i를 주세요"라고 했을 때, 아이들은 눈으로 그 글자들을 알아보지 못할 수도 있어요. 그렇다면 교사는 아이에게 글자들을 만지게 하고, 그래도 아이가 글자를 인식하지 못하면 일단 수업을 멈춰야 해요. 그리고 다음 날에 다시 합니다. 이미 앞에서 이야기한 대로 실수를 밖으로 드러낼 필요는 없어요. 아이가 반응할 준비가 되지 않았을 때에 아이에게 강요해서는 안 됩니다.

3. 언어

알파벳 글자들을 탁자 위에 올려 놓은 채로 아이에게 "이것은 무엇이지요?"라고 물어봅니다. 아이는 o와 i라고 대답해야 합니다.

자음을 가르칠 때에는 교사가 자음의 소리를 발음하고 나서 모음과 결합합니다. 이렇게 만들어진 음절을 발음하고, 다른 모음들을 사용하여 이 연습을 번갈아 해요. 교사는 자음의 소리를 강조해서 반복적으로 발음해야 합니다. 예를 들면 "m, m, m, ma, me, mi, m, m"처럼 말이지요. 아이가 자음의 소리를 반복하게 하고 나서 모음과 연결합니다. 자음을 배우기 전에 모음을 전부 가르칠 필요는 없습니다. 또 아이는 자음을 하나만 알아도 단어를 조합할 수 있지요. 하지만 이것은 교육자가 판단할 몫으로 남겨 두겠습니다. 자음들을 가르칠 때 어떤 특별한 규칙을 따르는 것이 실용적인지는 모르겠습니다. 아이가 글자에 대한 호기심이 있을 때 원하는 자음을 가르칠 수 있어요. 한 물건의 이름을 들은 아이는 어떤 자음으로 그 단어가 만들어지는지 알고 싶어 합니다. 아이의 이런 의지가 글자를 배우는 것과 관련된 그 어떤 규칙보다도 효과적입니다.

아이는 자음의 소리를 발음하는 것을 즐거워합니다. 알파벳 글자처럼 수수께끼 같은 기호가 나타내는 다양한 소리는 아이들에게 아주 신기하게 다가와요. 아이들이 자유롭게 놀던 어느 날, 저는 30개월 된 아이와 함께 테라스에 있었습니다. 잠시 자리를 비운 아이의 엄마 대신 아이를 돌보고 있었지요. 의자 여러 군데에 우리가 사용하는 알파벳들이 흩어져 있었어요. 저는 알파벳들을 상자에 정리하여 근처에 있는 의자 위에 올려놓았습니다. 그러자 저를 바라보고 있던 한 어린아이가 상자로 다가가 글자 하나를 손으로 잡았어요. 그글자는 f였어요. 그 순간 한 줄로 뛰어가던 아이들이 글자를 보고 그에 상응하는 소리를 합창하며 지나갔어요. 아이는 뛰어간 아이들에게 관심을 주지는 않은 채 f를 내려놓고 r을 집어 들었습니다. 아이들이 다시 달려와서 아이를 보고 웃으면서 "r, r, r!"이라고 외치기 시작했어요. 이 아이는 지나가던 아이들이 자기 손에 있는 글자의 소리를 낸다는 것을 깨달았어요. 아이는 이것을 아주 즐거워했고 저는 아이가 이 놀이를 얼마나 오랫동안 즐기는지 관찰하고 싶었습니다. 아이는 자그마치 45분 동안이나 이 놀이를 했어요. 아이들도 이 어린아이에게 관심을 주기 시작했고, 주변에 모여들어 즐겁게 웃었습니다. 어린아이는 손으로 f를 여러 번 들고 다른 아이들의 소리를 들은 후에 마침내 "f, f, f!"라고 소리내면서 저에게 글자를 보여 주었습니다. 이 아이는 아주 혼란스럽게 들리는 소리들 중에서도 이 자음의 소리를 배운 것입니다. 달리는 아이들의 시선을 처음 사로잡았던 이 긴 글자는 아이에게 큰 인상을 남겼습니다.

알파벳 기호를 각각 어떻게 발음해야 하는지 보여 줄 필요는 없어요. 언어의 불완전한 발달과 관련된 결함들이 드러나면 교사는 그것들을 하나씩 기록해야 합니다. 이렇게 하다 보면 아이의 언어 발달에 관한 기록이 쌓이고, 아이들을 개별적으로 가르치는 데에 도움이 됩니다. 언어적 결함을 바로잡으려면 아이의 발달과 관련된 생리학적인 규칙을 따르고, 수업할 때 그 문제들을 수정하는 것이 도움이 될 거예요. 하지만, 아이가 말을 잘하고 모든 소리를 발음할 수 있다면 수업 시간에 어떤 글자를 선택할 것인지는 중요하지 않아요.

어른이 되어도 계속되는 언어적 결함들은 대부분 유아기 동안에 언어를 익히면서 발생한 기능적인 오류들 때문이에요. 아이가 아직 어릴 때 언어 발달의 방향을 제대로 잡는다면 더 실용적이고 소중한 결과를 얻을 수 있을 것입니다. 문제가 되는 발음들은 방언을 쓰면서 발생하는 경우가 많은데, 유아기 이후에는 교정하는 것이 거의 불가능해요. 하지만 어린아이들의 언어 발달에 적합한 교육 방법을 사용하면 손쉽게 해결할 수도 있어요.

우리는 여기에서 신체적 문제나 질병과 관련한 문제 때문에 발생하는 언어적 결함을 말하는 것이 아닙니다. 틀린 소리를 반복하거나 불완전한 발음을 따라하면서 생기는 오류를 말하는 거예요.

자, 쓰기를 가르치기 위해 사용한 방법으로 다시 돌아옵시다. 이런 쓰기 연습들을 통해 아이들이 펜을 바르게 잡고 글자들을 쓰는 데 필요한 근육을 훈련시킬 수 있어요. 분필이나 연필을 한 번도 손에 쥐지 않고도 알파벳의 모든 글자들과 간단한 음절들을 쓸 준비가 될 거예요. 나아가, 쓰기를 가르치면서 읽기를 동시에 가르치기 시작했어요. 아이에게 어떤 글자를 제시하고 소리를 발음하면, 아이는 시각과 근육 촉각을 이용하여 글자의 이미지를 고정합니다. 그리고 소리를 시각적 기호와 연결하지요. 눈으로 보고 인식하면 읽는 것이고, 그 이미지를 손으로 따라가면 쓰기입니다. 처음에 아이는 이 두 행위를 하나로 받아들이는데, 성장하면서 읽기와 쓰기의 두 가지 과정으로 분화됩니다. 이 과정에서 아이는 먼저 읽기를 배우고 쓰기를 배울지, 아니면 둘 중 어떤 것이 더 쉬울지에 대해 고민하지 않습니다. 우리는 모든 편견을 없애고 이런 질문에 대한 대답을 경험을 통해서 기다려야 해요. 어떤 능력이 다른 것보다 먼저 발달하는 데에는 개인차가 있을 거라고 생각해요. 심리학적으로 가장 흥미로운 연구이고 개인의 자유로운 발달에 근거한 교육 방법으로 확장해야 합니다.

세 번째 단계: 단어 구성을 위한 연습

준비물

알파벳이 주요한 교구입니다. 여기에 사용된 알파벳 글자들은 앞서 사용했던 사포로 만든 것들과 모양과 크기가 동일합니다. 다만 판지를 잘라내어 만들었다는 것이 차이점이지요. 각 글자는 아이가 쉽게 다룰 수 있고 원하는 곳에 놓을 수 있는 물건을 나타냅니다. 각 글자마다 예시가 있고 알파벳 글자 보관함도 제작했어요. 이 보관함들은 깊이가 아주 얕고 칸막이로 공간이 분리되어 있어서 똑같은 글자 네 개를 묶어서 각 칸마다 넣을 수 있습니다. 칸의 크기는 조금씩 다른데, 글자들의 크기에 맞게 만들었어요. 글자가 떨어져 나가지 않게 각 칸의 바닥에는 풀칠이 되어 있어요. 글자 카드는 아이들이 사용한 후에 보관함에 보관하기 쉽게 제작하였습니다. 모음 카드는 파란색 판지로 만들고 자음은 빨간색으로 만들었어요. 이런 알파벳 카드뿐만 아니라 대문자 세트도 같이 준비했습니다. 판지 위에 사포를 붙여서 제작했지요. 숫자 카드도 같은 방식으로 만들었습니다.

활동 방법

아이가 모음과 자음을 알게 되면 아이가 아는 모든 모음과 자음을 담은 큰 상자를 아이 앞에 놓습니다. 교사는 단어를 아주 분명하게 발음해야 합니다. 예를 들면, "mama"를 아주 또렷하게 여러 번 발음해요. 아이는 m을 잡아서 탁자 위에 올려 놓습니다. 교사는 "ma-ma"를 반복합니다. 아이는 a를 m 옆에 놓습니다. 그러면 아이는 다른 음절도 쉽게 만들 수 있을 거예요. 그러나 아이가 단어를 읽는 것은 쉽지 않아요. 단어를 소리 내어 읽기 위해서는 일정 수준 이상의 노력이 필요해요. 이 경우 아이에게 분명한 발음을 들려주며 읽도록 독려하고, 한두 번 정도 함께 단어를 읽어 줍니다. 아이가 이 놀이를 잘 이해하면 아이는 아주 적극적으로 소리를 냅니다. 어떤 단어를 아이에게 들려줄 때에는 단어를 구성하는 글자들을 개별적으로 잘 발음해 주어야 해요. 그러면 아이는 소리와 일치하는 글자들을 하나씩 찾아서 그 단어를 만들 수 있습니다.

이 놀이를 하면서 아이를 관찰하는 것은 아주 흥미롭습니다. 아이는 온 정신을 집중하여 상자를 바라봅니다. 입술을 아주 미세하게 움직이며 필요한 글자들을 하나씩 집어 올리는데, 틀리는 경우가 거의 없지요. 입술이 움직인다는 것은 아이가 스스로 단어의 소리를 기호로 변환하여 인식하는 것입니다. 교사가 분명한 발음으로 소리내어 읽어 준다면 아이는 어떤 단어라도 만들어 낼 수 있어요. 그러나 우리는 일반적으로 잘 알려진 단어만을 읽어 줍니다. 아이가 단어를 조합하면서 어떤 개념을 형성하기를 바라기 때문입니다. 친숙한 단어들을 사용하면 아이는 그 단어의 소리를 음미하면서 여러번 반복하여 읽습니다.

이런 활동이 중요한 이유는 복합적이에요. 아이는 자기가 말하는 모든 소리에 일치하는 물건을 찾아내면서, 소리 내어 발음하는 것들을 분석하고 수정합니다. 아이가 소리를 듣고 단어를 조합하기 위해서는 명확한 발음이 필수적입니다. 그래서 들리는 소리와 그 소리를 나타내는 기호를 연결함으로써 철자를 정확하고 완벽하게 기억하기 위한 단단한 기초를 다집니다. 아울러 단어를 조합하는 것은 그 자체로 지적인 활동이에요. 소리로 들리는 단어는 아이가 해결해야 할 문제입니다. 아이는 글자를 기억하고 다른 글자들 중에서 필요한 글자들을 선택하여 올바른 순서대로 배열합니다. 아이가 그 단어를 다시 읽으면 문제를 해결했다는 것이지요. 아이가 단어를 조합하고 소리 내어 읽을 수 있다는 것은 아이의 마음속에 개념이 형성되었다는 의미입니다. 자기가 만든 단어를 다른 아이들이 읽는 것을 듣는다면 만족감과 자신감이 차오릅니다. 글자를 이용하여 다른 사람들과 연결될 수 있다는 것은 아이에게 깊은 인상을 남깁니다. 아이에게 문자 언어는 가장 수준이 높은 지적 성취이자 보상이니까요.

촉각 훈련(왼쪽)
사포와 매끄러운 판지 위를 손가락으로 번갈아 만지면서 거친 것과 매끄러운 것의 차이를 알게 된다.
도형 맞추기 세트를 제자리에 맞추면서 다른 모양을 구별한다.
손으로 만지며 쓰기와 읽기를 배우는 아이들(오른쪽)
아이는 사포로 된 글자들을 손가락으로 만지면서 글자들의 모양을 구별한다.
글자 카드를 조합하여 단어를 만든다.

아이가 단어를 만들고 읽는 것을 마치면 글자들을 모두 보관함에 정리하게 합니다. 아이에게 이런 습관을 갖게 하는 것도 우리의 일이니까요. 이것도 글자를 비교하고 선택하는 두 활동의 결합입니다. 우선 모든 글자들을 담은 상자에서 필요한 것을 꺼냅니다. 그리고 나서 각 글자를 담아야 하는 칸을 찾습니다. 이 세 가지 활동들은 하나로 통합됩니다. 소리에 일치하는 글자의 이미지를 고정하는 것이지요. 이는 낡은 교육 방식보다 학습 속도가 훨씬 빨라요. 아이

글자를 만지는 아이들(왼쪽)
왼쪽의 아이는 아주 철저한 준비 연습을 통해 가볍고 미묘한 촉감을 습득한다.
오른쪽에 있는 아이는 아직 그 정도로 훈련되지 않았다.
글자 카드로 단어 만들기(오른쪽)

들은 이미 알고 있는 단어의 소리를 듣거나 생각할 때 단어를 조합하기 위해 필요한 글자들을 마음의 눈으로 볼 수 있습니다. 어느 날 디 도나토Di Donato 교수는 어린이의 집에 방문하여 네 살 된 아이에게 자신의 이름을 들려주었어요. 그 아이는 작은 글자들을 조합하여 'diton'이라는 단어를 만들었습니다. 교수는 자기 이름을 "Di donato"라고 더 명확하게 다시 발음해 주었어요. 아이는 diton의 글자들을 흩뜨리지 않고 to를 집어 한쪽으로 옮긴 후에, 그 빈자리에 do를 놓았습니다. 그리고 나서 a를 n 뒤에 놓고, 옆으로 밀어 두었던 to를 붙여서 단어를 완성해 냈어요. 단어를 좀 더 명확하게 발음해 주었을 때, 아이는 그 단어에서 to의 위치가 단어의 맨 뒤라는 것을 깨닫고 올바른 위치로 옮겼던 거예요. 아이를 지켜보던 모든 사람들이 깜짝 놀랐습니다. 아이가 소리로 들은 단어를 조합할 때 아이의 마음속에는 글자의 이미지가 분명하게 자리잡고 있었다는 것을 알 수 있어요. 이 놀라운 성공은 반복적이고 자발적인 훈련을 통해서 아이의 지능이 발달되었기 때문에 가능했습니다. 이 아이는 단한 번도 글씨를 써 본 적이 없었지만 쓰기를 위해 필요한 모든 동작들을 익혔습니다. 받아쓰기를 할 때 단어를 쓰는 법과 단어의 구성을 생각하는 아이는 눈을 감은 채로도 글씨를 쓸 수 있어요. 글자를 쓰기 위해 어떻게 움직여야 하는지를 잘 알고 있고, 필기도구도 거의 무의식적으로 사용할 수 있으니까요.

이 3단계 학습은 문자 언어를 습득하기 위한 모든 방법을 포함합니다. 이러한 방법의 의미는 명확합니다. 읽기와 쓰기 능력을 키우기 위해 정신적 및 신체적 활동이 개별적이면서 철저하게 준비되어야 하고, 기호나 글자를 만들고 필기도구를 다루기 위해 필요한 근육 운동을 준비해야 합니다. 단어를 조합하는 것은 보고 들은 이미지 사이를 연결하는 정신적 활동입니다. 아이가 무의식적으로 도형안을 규칙적인 수직선으로 채우고, 눈을 감은 채로 글자들을 만지고 나서 허공에 손가락으로 그 모양을 그릴 수 있는 순간이 옵니다. 여기에 더해 아이는 손을 자유롭게 움직일 수 있는 능력을 습득하게 되고, 어느 순간 저절로 쓰기를 할 수 있는 능력이 터져 나옵니다. 정말로 놀라운 결과이지요. 베티니Bettini 양이 지도했던 어린이의 집에서는 쓰기를 가르치는 방식에 특히 주의를 기울였고, 우리는 아주 멋진 글쓰기 표본들을 얻을 수 있었어요. 이 학교에서의 성공을 이 것보다 더 잘 설명할 수 없을 것 같습니다.

햇빛과 공기가 봄 같았던 12월의 어느 아름다운 날에 아이들과 지붕 위로 올라갔습니다. 아이들은 자유롭게 놀고 있었고 몇몇 아이들이 제 주변으로 모였습니다. 저는 굴뚝 옆에 앉아 있었고, 제 옆에 앉아 있던 다섯 살 난 작은 아이에게 "이 굴뚝 그림을 그려 볼래?"라고 말하며 분필 한 개를 건네주었어요. 아이는 몸을 숙였고 타일로 된 바닥 위에 굴뚝을 스케치했습니다. 저는 아이들에게 늘 하던 대로 아이의 작품을 칭찬하며 격려해 주었어요. 아이는 웃으면서 저를 쳐다보았어요. 어떤 기쁨의 행동이 터져 나올 것처럼 잠시 시간이 멈춘 듯했습니다. 그러더니 "글씨를 쓸 수 있어요! 쓸 수 있어요!"라고 외쳤습니다. 무릎을 다시 바닥에 대고 앉아서 아이는 바닥에 'hand'라고 적었습니다. 그러고는 열정이 충만하여 'chimney', 'roof'도 썼습니다. 글씨를 쓰면서 아이는 계속 "쓸 수 있어요! 어떻게 쓰면 되는지 알아요!"라고 외쳤어요. 아이가 기뻐서 외치는 소리를 듣고 다른 아이들이 모여들더니 아이를 에워쌌습니다. 그러고는 아주 놀란 눈으로 아이의 작품을 쳐다봤습니다. 두세 명의 아이들이 흥분해서 "분필을 주세요. 나도 쓸 수 있어요"라고 말했습니다. 실제로 그 아이들은 mama, hand, John, chimney, Ada 등 다양한 단어들을 바닥에 썼습니다. 아이들은 글씨를 쓸 목적으로 분필이나 어떤 도구를 손에 쥔 적이 없었어요. 아이들이 무언가를 쓴 것은 그때가 처음이었지요. 그전까지는 단어를 말하면서 손으로 따라할 뿐이었습니다.

아기가 말하는 것을 처음 들었을 때 엄마는 말로 표현할 수 없을 정도의 기쁨을 느낍니다. 아마도 아기들이 처음으로 말하는 단어는 '엄마'일 거예요. 아이들도 처음으로 단어를 말하면서 스스로 엄청난 환희를 느꼈을 테지요. 처음에 아이들은 글씨를 쓰기 위한 준비와 실제 행동을 연결할 수 없습니다. 하지만 성장하면서 쓰는 방법을 알게 된 거예요. 다시 말하면 글씨를 쓰는 것은 아이들 안에 내재되어 있던 자연의 선물 중 하나로 볼 수 있습니다. 아이들이 더 성장하고 더 강해질수록 글씨를 쓰는 법을 알게 되는 아름다운 날이 올 거라고 믿습니다. 곧 현실이 될 일이지요. 아이들은 말을 하면서 먼저 무의식적으로 자신을 준비하고 단어의 발음으로 이어지는 심리-근육 메커니즘을 완성합니다. 쓰기의 경우에도 거의 동일합니다. 다만 쓰기 능력은 직접적인 교육의 도움과 동작의 연습을 통해 더 빠르고 완벽하게 발달할 수 있어요.

쓰기 능력은 쉽게 달성되더라도 그 준비는 부분적이지 않고 전체적입니다. 쓰기를 위해 필요한 모든 움직임은 아이의 내부에 존재합니다. 문자 언어는 점진적으로 발달하지 않고 폭발적으로 발달합니다. 즉, 아이는 어느 날 갑자기 단어를 쓸 수 있게 됩니다. 아이들의 쓰기 능력을 본 처음 며칠은 깊은 감동에 휩싸였지요. 마치 꿈속을 거니는 듯했고, 기적적인 업적을 도운 것 같은 기분이었습니다.

처음으로 단어를 써본 아이는 즐거움으로 가득 찬 상태가 됩니다. 대개 첫 단어는 바닥에 쓰게 됩니다. 그리고 나서 아이는 단어 앞에 무릎을 꿇고 앉아서 단어를 더 자세히 바라봅니다. 첫 단어를 쓰고 나면 아이들은 여기저기에 미친 듯이 계속 씁니다. 저는 아이들이 칠판 주변에 모여드는 것을 보았습니다. 칠판 앞에 서 있는 아이들 뒤에는 의자 위에 올라선 아이들이 앞선 아이들 머리 위에서 글씨를 쓰고 있었습니다. 방해를 받아 화가 난 아이들은 글씨를 쓸 수 있는 자리를 확보하기 위해 의자를 뒤집기도 했지요. 창문이나 문을 낙서로 뒤덮는 아이들도 있었습니다. 똑같은 일들이 집에서도 벌어지고 있었습니다. 방바닥뿐만 아니라 심지어 빵 덩어리 위에 글씨를 쓰는 아이들도 있었어요. 엄마들은 집을 지키기 위해 아이들에게 종이와 연필을 선물해야 했어요.

아이들에게 쓰기를 격려할 시기를 결정하는 것은 교사의 판단입니다. 그 시기는 아이가 3단계의 준비 활동을 완벽히 했지만 아직 글씨를 쓰지 못할 때이겠지요. 아이가 쓰기 활동에서 뒤처질 때에는 과도한 노력에 빠질 위험이 있어요. 아이는 이미 알파벳 전체를 다 알고 자연적으로 할 것이 없으니까요. 이런 면에서 교사가 아이의 성숙도를 정확하게 진단할 수 있는 신호가 있어요. 도형을 채우는 평행선들의 규칙성, 눈을 감은 채로 사포 글자들을 인식하는 정도, 단어를 조합할 때 보여 주는 안정감과 준비성을 잘 관찰해야 합니다. 글씨를 쓰도록 직접적으로 간섭하기 전에 아이가 자발적으로 쓸 수 있을 것이라는 희망을 가지고 최소한 일주일은 기다리는 편이 좋습니다. 아이가 자발적으로 글씨를 쓰기 시작하면 교사는 진행 속도를 조절하기 위해 간섭해도 괜찮아요. 교사가 줄 수 있는 첫 번째 도움은 아이가 글씨를 쓸 때 규칙성과 적절한 크기를 유지하게 해 주는 거예요. 두 번째는 글자 쓰기 실력이 아직 완전하지 않은 아이를 직접적으로 교정하기보다는 사포 글자를 따라가며 반복하도록 지도하고, 쓰기를 준비하는 활동을 반복적으로 하는 게 좋습니다. 칠판에 글씨를 완벽하게 쓰고 싶어했던 아이에게 사포 글자 카드들을 가져다주었던 기억이 있습니다. 글씨를 쓰기 전에 아이가 쓰고 싶어한 단어의 알파벳들을 두세 번 만져 보게 했어요. 이후 아이는 자기가 쓴 글자가 완벽해 보이지 않으면 그 글자를 지우고 다시 쓰기 전에 카드에 있는 글자를 다시 만졌습니다.

우리가 가르치는 아이들은 실제로 글씨를 쓸 수 있게 된 지 1년이 지난 후에도 이 3단계 연습 활동들을 계속해서 반복했어요. 그래서 아이들은 글씨를 실제로 쓰지 않으면서도 글씨를 잘 쓰게 되었지요. 아이들에게 실제로 글씨를 쓰는 것은 하나의 시험일 뿐입니다. 글씨 쓰기는 내적 동기에서 우러나는 것이지 연습에 의한 것이 아닙니다. 기도를 통해서 영혼이 완성되는 것처럼, 문명의 가장 수준 높은 표현인 문자 언어는 '쓰기와 유사하지만 쓰기가 아닌 활동'을 통해 습득되고 향상됩니다.

3단계 연습 활동을 하는 아이도, 글씨를 쓰게 된 지 한 달이 지난 아이도 모두 매일 같은 연습을 반복한다는 사실이 아이들을 동등하게 하나로 묶어 줍니다. 초보인 아이와 숙련된 아이 사이의 구분이 없습니다. 모든 아이들은 색연필로 도형 안을 채우고, 사포 글자 카드를 만지고, 알파벳을 조합하여 단어를 만듭니다. 큰 아이들은 작은 아이들을 도와줍니다. 글씨 쓰기를 준비하는 아이와 글씨 쓰기를 완성하는 아이 모두 같은 길을 가고 있어요. 인생도 마찬가지입니다. 어떤 사회적 구별보다 더 깊은 곳에 평등이 자리 잡고 있고 모든 사람이 형제와 같지요.

아이들은 글씨 쓰기를 아주 빨리 배웁니다. 교사가 다른 아이들에게 알려 주는 것에 자발적으로 관심을 기울이는 아이나, 다른 아이들이 몰두하고 있는 모습을 보면서 글쓰기에 대한 열망을 보이는 아이 먼저 가르치기 때문이지요. 따로 지도를 받지 않고 다른 아이들에게 가르쳐 주는 내용을 듣기만 해도 배우는 아이들이 있어요. 대체적으로 네 살배기 아이들은 글쓰기에 강한 관심을 보입니다. 세 살 반이 되었을 때 시작하는 아이들도 있어요. 특히 아이들은 사포 글자 카드의 글자를 만지는 것을 아주 좋아합니다.

4세 아이의 경우, 준비 연습을 시작하고 처음으로 단어를 쓰기까지 평균 한 달에서 한 달 반 정도 걸립니다. 5세 아이는 좀 더 빠른데, 20일만에 배운 아이도 있었어요. 두 달 반 정도 지나면 4세 아이들은 어떤 단어라도 받아 적을 수 있고, 공책에 연필로 쓰는 단계로 진행할 수 있어요. 우리가 가르치는 아이들은 대개 3개월 정도면 글씨 쓰기를 모두 익힙니다. 초등학생 아이들이 6개월 정도 걸리는 것과 비교되지요. 실제로 쓰기는 아이들이 할 수 있는 활동들 중에서 가장 쉬우면서 가장 즐거운 활동입니다. 성인들도 6세 미만 아이들처럼 쉽게 배울 수 있다면 문맹을 없애는 것은 간단한 문제일 거예요. 문맹이 쉽게 사라지지 않는 것은 아마도 중대한 두 가지 문제 때문으로 예상됩니다. 하나는 근육 감각의 마비이고 다른 하나는 말하기에 결함이 있는 경우를 들 수 있을 거예요. 특히 말하기는 쓰기로 변환되어야 하는데 말하기에 문제가 있으면 쓰기에도 영향을 줄 수 있어요. 이 방향으로 연구를 해 보지는 않았지만, 1년 정도 학교 생활을 하면 문맹자도 글을 쓰고 생각을 글로 표현할 수 있을 것이라 생각합니다.

우리 아이들은 글씨를 쓰기 시작한 순간부터 잘 씁니다. 둥글고 흘러가듯이 쓰인 모습이 사포 카드의 글씨 모양과 비슷해서 아주 놀랐어요. 초등학생들과 견줄 정도이지요. 12세 또는 13세의 학생들도 펜을 떼지 않고 전체 단어를 쓰는 것을 어려워합니다. 반면에 우리의 아이들은 펜을 떼지 않고 글자의 기울기와 간격을 유지하면서 전체 단어를 아주 안정감 있게 쓸 수 있어요. 방문객들은 이런 모습을 보고 탄성을 지르며, 직접 눈으로 보지 않았다면 결코 믿지 않았을 거라고 말합니다. 글씨체를 가르치는 것은 수준이 높은 수업입니다. 이미 습득되고 고정된 결함을 교정해야 하니까요. 시각적인 감각과 따라해야 하는 동작이 직접적으로 일치하지 않는 상태에서 아이들이 견본 글씨를 보면서 따라하는 것은 긴 작업이에요. 아이들은 글자를 손으로 만지면서 글씨체에도 집중하게 됩니다.

읽기

준비물

읽기 수업을 위한 교구는 단어 및 문장을 크고 명확한 글씨로 쓴 카드로 구성되어 있습니다. 이 카드 외에 다양한 장난감들도 활용합니다.

경험을 통해 쓰기와 읽기는 뚜렷이 구분되고 동시에 발생하지 않는다는 것을 알았습니다. 일반적인 생각과는 달리, 쓰기가 읽기보다 선행합니다. 아이는 소리를 기호로 옮겼던 것처럼, 기호를 소리로 변환합니다. 이런 과정을 통해 그 단어를 알게 되고 쓰면서 스스로 반복합니다. 읽어서 이해하는 것은 기호가 나타내는 개념을 아는 거예요. 단어를 읽을 수 있다면 단어를 보고 그 단어가 무엇을 의미하는지 말할 수 있어야 합니다. 아이는 글자 카드로 만들어진 단어를 눈으로 보고 그 단어의 뜻을 이해해야 해요. 아이가 읽은 단어는 아이가 들은 단어를 문자 언어로 옮긴 것과 같습니다. 읽기와 쓰기 모두 다른 사람이 전달한 언어를 수용하는 역할을 합니다. 그래서 문자로 쓰인 단어의 개념이 전달되어야 읽기가 완성됩니다.

쓰기는 심리적·신체적 기제가 작동하는 반면에 읽기는 순수하게 지적인 일이라고 말할 수 있어요. 쓰기는 글자들을 기계적으로 결합하여 만든 단어를 아이들이 해석할 수 있게 준비시킵니다. 아이가 단어를 글로 쓸 수 있다면 그 단어를 구성하는 소리도 읽을 수 있어요. 하지만 아이가 알파벳 카드를 이용하여 단어를 구성하거나 단어를 손으로 쓰기 위해서는 그 단어를 구성하는 기호들을 선택하기 위해 생각할 시간이 필요하다는 것을 명심해야 해요. 단어를 쓰는 것은 똑같은 단어를 읽을 때보다 훨씬 많은 시간이 필요합니다.

글씨를 쓸 줄 아는 아이는 읽고 해석해야 하는 단어 앞에서 오랫동안 침묵을 유지하면서 천천히 단어를 구성하는 소리들을 읽어요. 이때, 단어를 분명한 강세로 발음해야만 그 단어의 의미가 분명해집니다. 음성학적 강세를 주기 위해 아이는 해당 단어를 알고 있어야 해요. 즉, 그 단어가 나타내는 개념을 알고 있어야 합니다. 아이가 읽기 위해서는 수준 높은 지적 능력이 개입되어야 하고, 이런 이유로 읽기 활동에서 다음과 같은 방법을 진행합니다. 이미 모두 잘 알겠지만, 구식 교육 방식은 배제합니다.

평범한 종이로 만든 작은 카드들을 준비해요. 각 카드에 이미 잘 아는 단어를 큰 글씨로 씁니다. 아이들이 이미 여러 번 소리 내어 읽었고, 잘 아는 물건을 나타내는 단어이지요. 아이들 앞에 놓인 물건을 가리키는 단어라면 그 물건을 아이들의 눈 바로 아래에 놓습니다. 단어를 해석하는 데에 도움이 될 거예요. 이 놀이에 사용된 물건들은 대부분 어린이의 집에 있는 장난감들입니다. 인형의 집, 공, 인형, 다양한 동물들, 양철 병정, 기찻길, 그리고 여러 가지 도형 같은 것들이지요.

만약 쓰기가 언어 사용을 위한 기계적인 방식을 지도하고 완성하는 역할을 한다면 읽기는 생각의 발달을 돕고 생각을 언어의 발달과 연결하는 역할을 합니다. 사실 쓰기는 생리학적 언어를 보조하고 읽기는 사회적 언어를 보조합니다.

우리가 잘 아는 물건들의 이름을 읽는 것부터 시작합니다. 쉽거나 어려운 단어로 시작하는 것은 문제가 아닙니다. 왜냐하면 아이는 이미 어떤 단어이든 읽을 줄 아니까요. 쓰여 있는 단어를 천천히 소리로 변환하게 합니다. 아이가 잘 읽으면 "더 빠르게"라고만 말해 줍니다. 아이는 더 빠르게 읽지만, 그 단어를 완전히 이해하지는 못한 상태입니다. 아이에게 "더 빠르게"라고 다시 말합니다. 아이는 매번 더 빠른 속도로 읽으면서 똑같은 소리들을 반복합니다. 마침내 그 단어가 아이의 의식에서 터져 나옵니다. 아이는 마치 친구를 알아본 듯이 단어를 바라봅니다. 만족감이 아이의 얼굴에 퍼지는 게 보여요. 이 활동은 읽기 연습을 보충해 줍니다. 수업은 아주 빠르게 흘러갑니다. 이 활동은 쓰기를 통해 이미 준비된 아이들에게만 진행해요. 우리는 지루하고 쓸모없는 ABC 입문서를 치워 버렸어요. 아이가 그 단어를 읽었다면 그 단어가 나타내는 물건을 나타내는 카드를 놓으면서 이 놀이는 마무리합니다.

아이들이 단어들을 읽을 수 있는 게임을 만드는 중에 흥미로운 발견을 하였어요. 다양한 장난감과 장난감 이름을 적은 카드를 함께 탁자 위에 펼쳐 놓았습니다. 그리고 이 카드들을 접어서 바구니에 담고 섞었습니다. 글씨를 읽을 수 있는 아이들에게 바구니 안에 있는 종이 카드를 순서대로 뽑게 했어요. 아이들은 각자 뽑은 카드를 가지고 자기 책상으로 돌아와서 조용히 카드를 열고 주변 사람들에게 보이지 않게 마음속으로 단어를 읽습니다. 그리고 다시 접어야 합니다. 카드에 적힌 내용은 비밀로 유지되어야 하니까요. 잘 접은 카드를 손에 들고 탁자로 다가갑니다. 그러고 나서 장난감의 이름을 명확하게 발음하면서 카드를 교사에게 보여 주고, 교사는 아이가 발음한 단어가 맞는지 확인해요. 단어를 정확하게 발음하고 물건을 정확하게 가리키면 아이는 그 장난감을 가지고 갈 수 있습니다.

모든 아이들이 활동을 마치면 교사는 첫 번째 순서의 아이를 불러서 다른 바구니에서 카드를 뽑게 합니다. 이번에는 카드를 뽑아 그 자리에서 읽습니다. 이 카드에는 글씨를 아직 읽지 못해서 장난감을 갖지 못한 친구들의 이름이 적혀 있어요. 친구의 이름을 소리 내어 읽은 아이는 가지고 놀던 장난감을 친구에게 줍니다. 우리는 친구에게 장난감을 줄 때 고개를 숙여 인사하면서 품위 있고 정중하게 건네라고 가르쳤어요. 이런 식으로 계급 구분에 대한 개념을 없애고 축복받지 못한 사람들에게 친절을 베풀도록 가르쳤습니다. 읽기 놀이는 아주 환상적인 방식으로 진행되었어요. 멋진 장난감을 잠시나마 가질 수 있었던 아이들의 행복감은 쉽게 상상이 되지요. 그런데 놀라운 점은 아이들이 종이 카드를 잘 읽고 나서도 장난감을 가져가지 않았다는 거예요. 아이들은 장난감을 가지고 놀면서 시간을 낭비하고 싶지 않다고 말했어요. 읽고 싶은 욕구가 아직 채워지지 않았던 거예요.

아이들이 사랑하는 것은 바보 같은 놀이가 아니라 지식이었다는 것을 깨닫자, 저의 마음은 놀라움으로 채워졌고 인간의 영혼이 얼마나 위대한 것인지 생각하게 되었습니다. 그래서 장난감을 옆으로 치우고 아이들의 이름, 도시 이름, 물건의 이름, 색깔 이름, 그리고 감각으로 느낄 수 있는 특징들을 적은 쪽지를 수백 개 준비했어요. 이 종이 쪽지들을 상자에 담아서 아이들이 자유롭게 사용할 수 있는 곳에 두었습니다. 아이들은 상자를 비우면서 읽기 놀이를 했습니다. 그래도 아이들의 욕구는 채워지지 않는 것 같았어요.

하루는 탁자와 의자들을 테라스로 옮긴 후에 야외에서 수업하는 것을 보았습니다. 많은 아이들이 햇살 속에서 놀고 있었지만, 사포 글자 카드와 알파벳 카드가 있는 탁자에 둥글게 앉아 있는 아이들도 있었어요. 교사는 종이 카드를 담은 상자를 무릎에 올려놓은 채로 조금 떨어져 앉아 있었습니다. 상자의 가장자리를 따라서 종이 카드를 꺼내기 위한 아이들의 손이 보였어요. 교사는 "믿기지 않으시겠지만 이 놀이를 시작한지 한 시간이 넘었어요. 아이들이 아직 만족할 줄 모르네요"라고 말했습니다. 공과 인형 같은 장난감도 아이들의 지식에 대한 즐거움 앞에서는 무용지물이었습니다. 이런 놀라운 결과를 본 뒤, 저는 아이들을 시험해 보기 위해 교사에게 종이 카드에 적은 단어들을 인쇄해서 가져오게 했어요. 그런데 아이들이 우리를 막았습니다. 교실 안에는 많은 단어가 명확한 활자로 인쇄되어 있는 달력이 있었어요. 읽기 놀이에 흠뻑 빠져 있던 아이가 이 달력을 보더니 달력에 적힌 단어뿐만 아니라 고딕체로 인쇄된 것들까지 모두 읽기 시작했지요. 말로 표현할 수 없을 정도로 놀랐습니다. 책을 주는 것 말고는 할 수 있는 게 남아 있지 않았어요. 더 이상 아이들에게 무엇을 해 줘야 할지 몰랐습니다.

아이들의 발달은 가정에서도 확인할 수 있었습니다. 엄마들은 아이들의 주머니에서 빵, 소금 등의 단어가 적힌 종이들을 발견했어요. 아이들은 엄마를 위해 장보기 목록을 만들었던 거예요. 아이들이 길거리에서 뛰지 않고 멈춰 서서 가게의 간판을 읽는다고 말하는 엄마들도 있었습니다. 가정에서 같은 방식으로 교육받은 네 살짜리 아이는 우리를 깜짝 놀라게 했어요. 아이의 아빠는 평소 많은 편지를 받았습니다. 그는 아이가 읽기 활동을 한 지 두 달 정도 되었다는 것을 알고 있었지만 크게 관심을 두지 않았습니다. 사실은 이 교육법에 큰 기대를 하지 않았던 겁니다. 어느 날 하인이 들어와서 방금 도착한 편지들을 탁자 위에 올려놓자, 아이의 관심이 이 편지들로 향했습니다. 아이는 편지를 손에 쥐고 주소를 큰 소리로 읽었는데, 아이의 아빠에게 이것은 기적처럼 보였습니다.

읽고 쓰는 법을 배우는 데 필요한 평균적인 시간은 얼마나 될까요? 지금까지 경험에 의하면 아이가 글씨를 쓰는 순간부터 시작해, 그림으로 된 글자들을 인식하는 낮은 단계의 시기를 거쳐서 읽기 수준까지 평균 2주 정도가 걸렸습니다. 하지만 글자를 쓸 수 있게 되는 것보다 안정감 있게 읽는 수준까지 도달하는 것이 훨씬 더 오래 걸립니다. 멋지게 글씨를 쓰는 아이들도 읽는 것은 어려워하는 경우가 많아요. 같은 나이의 아이들이라도 읽기와 쓰기가 같은 속도로 발달하지는 않아요. 우리는 아이에게 강요하지 않을 뿐만 아니라, 어떤 식으로든 아이가 원하지 않는 일을 하도록 유도하지 않습니다. 음성 언어가 완성되었을 때가 문자 언어를 시작할 수 있는 적합한 때인지는 확신할 수 없어요. 더 폭넓은 경험이 필요합니다. 우리 교육법으로 가르친 아이들은 대개 4세에 쓰기를 시작해요. 5세 아이들은 최소한 초등학교 1학년을 마친 아이들만큼 읽고 쓸 수 있어요. 이 아이들은 초등학교에 빨리 입학해도 될 정도입니다.

문장 읽기 놀이

제 친구들은 아이들이 글을 읽을 수 있다는 것을 보자마자 그림책을 선물하였습니다. 저는 요정이 나오는 동화책을 훑어본 후에 아이들이 내용을 이해하지 못할 것이라는 확신이 들었어요. 아이들의 능력을 완전히 믿고 있던 교사들은 제가 틀렸다는 것을 증명하려고 노력했습니다. 그들은 초등학교 2학년을 마친 아이들보다 더 완벽하게 읽을 수 있을 것이라고 주장했지요. 하지만 저는 동의하지 않았고 두 가지 실험을 했습니다.

우선 교사가 아이들에게 이야기 중 하나를 들려주고 아이들이 자발적으로 흥미를 갖는지 관찰했어요. 몇 마디를 들은 후, 아이들은 산만해졌습니다. 저는 교사가 아이들의 주의를 환기시키지 못하게 했어요. 그러자 웅성거리는 소리가 교실 안에 조금씩 퍼졌습니다. 교사의 이야기를 듣지 않는 아이들이 각자 하던 일로 돌아갔기 때문이지요. 아이들은 책을 즐겁게 읽는 것처럼 보였지만 의미를 읽는 것에는 재미를 느끼지 못하는 것이 분명했습니다. 물론 아이들은 시각적 신호를 단어의 소리로 바꾸는 것을 좋아했어요. 하지만 그것은 기계적인 능력일 뿐입니다. 실제로 아이들은 종이 쪽지에 쓰인 것들을 읽을 때와 같은 정도의 꾸준함을 보여 주지 못했습니다. 책에는 모르는 단어들이 많이 등장하니까요.

두 번째 실험은 아이들 중 한 명이 저에게 책을 읽어 주게끔 하는 것이었습니다. 교사는 아이가 읽고 있는 이야기를 잘 이해하게 도와주려고 했고, 저는 그런 교사의 설명에 간섭하지 않았어요. 교사는 다음과 같은 말을 하면서 아이를 도와주었습니다. "잠깐만 멈춰 보자. 이해가 되니? 무엇을 읽었지? 작은 소년이 큰 마차에 뛰어들어갔다고? 책에서 말하는 것에 주의를 기울여 보자."

저는 아이에게 책을 주고 친근하게 옆에 앉았습니다. 그리고 친구처럼 물었어요. "아까 읽던 것들이 이해가 되니?" 아이는 "아니요"라고 대답했어요. 아이의 표정은 왜 그런 것을 묻는지 설명해 달라는 것 같았습니다. 여러 단어들을 읽으면서 다른 사람의 복잡한 생각을 이해하는 것은 우리 아이들이 미래에 성취해야 할 목표입니다. 아주 놀랍고 즐거운 사건이 되겠지요. 책은 논리적인 언어에 의존합니다. 아이가 책을 이해하고 즐겁게 읽기 전에 논리적인 언어가 먼저 형성되어야 하지요. 단어를 발음하는 법과 말을 하는 법 사이에 존재하는 간극은 단어를 읽는 법과 그 의미를 읽는 법 사이에도 똑같이 존재합니다. 그러므로 아이들에게 책을 읽게 하는 것을 멈추고 기다리기로 했어요.

하루는 자유로운 대화 시간 도중에 네 명의 아이들이 동시에 일어나더니 기쁨에 찬 얼굴로 칠판으로 달려가서 다음과 같은 문장을 적었습니다.

"Oh, how glad we are that our garden has begun to bloom!(우리 정원에 꽃이 피기 시작해서 아주 기쁩니다!)"

저는 깜짝 놀랐을 뿐만 아니라 깊은 감명을 받았습니다. 이 아이들은 자발적으로 첫 단어를 썼을 때처럼 스스로 작문을 할 수 있게 되었으니까요. 때가 무르익으면 논리적인 언어가 문자언어에서도 폭발하듯이 터져 나옵니다.

이제 문장 읽기를 진행해야 할 때가 왔다는 생각이 들었습니다. 아이들이 사용하던 도구에 의존하기로 했어요. 그래서 칠판에 적었습니다. "Do you love me?(당신은 나를 사랑합니까?)" 아이들은 문장을 천천히 큰 소리로 읽었습니다. 마치 생각을 하는 것처럼 잠시 조용해지더니 "네! 네!" 하며 외쳤습니다. 저는 이어서 적기 시작했어요. "Then make the silence, and watch me.(그러면 조용히 나를 바라봐요.)" 아이들은 거의 외치듯이 큰 소리로 읽더니, 바로 엄숙한 침묵이 흘렀습니다. 아이들이 조용히 앉기 위해 의자의 위치를 바로잡는 소리만이 들릴 뿐이었어요. 비로소 아이들과 문자 언어로 소통할 수 있게 되었습니다. 아이들은 글로 생각을 전달하는 것에 강한 흥미를 느꼈고 글쓰기의 가치를 조금씩 알게 되었습니다. 사실 시각적인 언어는 단어를 소리 내어 발음할 필요가 없어요. 음성 언어와는 완전히 별개로 그 의미를 이해할 수 있으니까요. 읽기를 소개한 후에는 다음과 같은 놀이를 했는데, 아이들은 이 놀이를 굉장히 좋아했습니다. 이 놀이에서는 카드 위에 아이들이 수행해야 할 동작들을 묘사하는 긴 문장을 적어 놓지요.

예시)

1. 창문 블라인드를 닫는다. 앞문을 연다. 그런 다음 잠시 기다렸다가 처음과 같이 정리한다.

2. 여덟 명의 친구들에게 의자에서 일어나 교실 중앙에 두 줄로 선 후에 발끝을 이용해 조용히 앞뒤로 걸어 보라고 아주 정중하게 말한다.

3. 노래를 잘 부르는 친구들 세 명에게 교실 가운데로 나와 줄 수 있는지 묻는다. 친구들과 나란히 서서 직접 고른 노래를 친구들과 함께 부른다.

쓰는 것을 마치자마자 아이들은 카드를 들고 자리로 돌아가서 읽었습니다. 완벽한 침묵이 흐르기 시작했어요. 아이들에게 "잘 알겠어요?"라고 묻자 아이들은 "네"라고 대답했고, 저는 "그러면 카드에 적힌 대로 해 봐요"라고 말했습니다. 저는 아이들이 빠르고 정확하게 행동하는 것을 보고 기뻤습니다. 교실에는 엄청난 일이 벌어졌지요. 창문 블라인드를 닫았다가 다시 여는 아이들이 있었고, 친구들을 발끝으로 걷게 하는 아이들, 칠판에 글씨를 쓰는 아이들, 선반에서 물건을 가져오는 아이들도 있었어요. 놀라움과 호기심으로 약간의 침묵이 흘렀고 강렬한 관심 속에서 수업은 진행되었습니다. 마치 지금까지 알려지지 않은 활동을 자극하는 어떤 마법과 같은 힘이 생긴 것 같았어요. 이 마법은 문자 언어입니다. 문명의 가장 위대한 산물이지요. 그러면 아이들은 문자 언어의 중요성을 얼마나 깊이 이해하고 있을까요? 제가 앞으로 나서자 아이들은 제 주변으로 모였습니다. 그리고 감사와 애정이 넘쳐나는 얼굴로 "고맙습니다"라고 말했어요.

경험을 통해 작문은 논리적인 읽기보다 앞서야 한다는 것을 알게 되었습니다. 글쓰기가 단어를 읽는 것보다 앞서니까요. 아이에게 개념을 받아들이도록 가르치고자 한다면 읽기는 음성적인 것이 아니라 정신적인 것이라는 것도 알게 되었습니다. 소리 내어 읽기는 말하는 것과 문자 기호를 훈련시키는 것을 의미하기 때문에 복합적인 과제입니다. 어른이 신문을 읽을 때, 어려운 내용을 스스로 잘 이해하기 위해 소리 내어 읽지요. 이처럼 소리 내어 읽기는 어려운 지적 활동입니다. 그러므로 개념을 해석하면서 읽기를 시작하는 아이는 정신적으로 읽어야 해요.

어린이의 집에서의 교육이 이 정도까지 가능하다면, 초등학교 교육은 완전히 바뀌어야 합니다. 초등학교 저학년 교육 과정을 어떻게 개혁할지는 여기에서 다룰 수 없는 중대한 문제입니다. 다만 현재 초등학교 1학년에서 가르치는 것들은 이미 우리의 유아 교육법에 있는 과정이기 때문에 사라질 수도 있다고 말하고 싶어요. 미래의 초등학생들은 자유를 통해 스스로의 주인이 되고, 발전할 수 있고, 읽고 쓸 줄 알 뿐만 아니라 논리적인 언어를 시작할 수 있는 능력을 갖추어야 합니다. 이런 아이들은 분명한 발음으로 말할 수 있고 손을 단단히 쥐고 우아한 동작으로 글을 쓸 수 있어요. 또한 주변 환경을 참을성 있게 관찰하고, 지적인 자유를 통해 자발적인 추론을 할 수 있는 힘을 갖추고 있습니다. 우리는 이런 아이들을 수용할 수 있는 초등학교를 세워야 하고, 아이들이 인생과 문명의 길을 따라 성장할 수 있도록 안내해야 해요. 아이의 자유를 존중하고 아이들이 스스로 성장할 수 있게 하는 교육 원칙을 따르는 학교를 만들어야 합니다.

Vogliamo augurare
la buona Pasqua all'in-
gegnere Edoardo Talamo
e alla principessa Maria?
Diremo che conducano
qui i loro bei bambini.
Lasciate fare a me:
Scriverò io per tutti
7 Aprile 1909.

5세 아이가 쓴 펜글씨
에도아르도 탈라모(Edoardo Talamo) 아저씨와 마리아
(Maria) 공주님이 즐거운 부활절을 보내길 바라요. 예쁜
아이들과 함께 여기로 오세요. 저에게 맡겨 주세요. 모
두를 위해 글을 씁니다. 1909년 4월 7일.

Chapter

__ 3 __

유아기의 언어

문자 언어는 쓰기와 읽기로 구성되어 있고, 청각 통로, 중추 신경 통로, 운동 통로 등 완벽한 작동 기제를 포함합니다. 그러므로 문자 언어는 두 가지 관점에서 생각해야 해요.

1. 자연스러운 언어에 사회적 중요성을 더하여 새로운 언어를 습득하는 것입니다. 이것은 문자 언어에 공통적으로 주어지는 문화적인 의미이지요. 학교에서 음성 언어와의 관계를 고려하지 않고 가르치지만, 문자 언어는 사회적 존재로서 필요한 도구입니다.

2. 문자 언어를 활용하여 음성 언어를 완성하는 것과 문자 언어에 신체적인 중요성을 부여하고자 합니다.

음성 언어가 사람이 사회적 목적을 위해 사용하는 도구인 것처럼,

문자 언어도 그 형성 과정에서 신경계에 확립된 새로운 작동 기제의 총체이자 사회적 목적을 위해 사용될 수 있는 도구로 볼 수 있어요. 문자 언어가 처음에 어려워 보이는 이유는 문자 언어를 비이성적인 방식으로 가르쳐 왔을 뿐만 아니라 습득하자마자 높은 수준의 기능을 수행하도록 노력해 왔기 때문입니다.

우리가 얼마나 비이성적인 방법을 사용해 왔는지 생각해 보세요. 우리는 알파벳을 쓰기 위해 필요한 신체 동작들을 분석하는 대신에 문자 기호를 분석해 왔습니다. 문자 기호를 습득하는 것이 어려운 일이라는 것은 고려하지 않았지요. 연습과 습관을 통해 문자 언어를 사용할 수 있는 능력을 미리 준비해야 해요. 글씨를 직선과 곡선으로 분석하는 것은 아무런 의미가 없습니다. 아이들의 자발적인 관심과 동기를 이끌어 낼 수 없으니까요. 따라서 이런 인위적인 활동은 아이들에게 지루함과 고통을 주고 결국 아이들은 금방 지치게 됩니다. 여기에 필기도구를 잡고 조작하는 데 필요한 동작을 연습하는 것까지 더해집니다. 아이들은 오류투성이의 불완전한 기호를 만들어 내고, 교사들은 이런 오류들을 바로잡아 줍니다. 잘못을 계속 지적받으면서 아이들은 더 위축되지요. 아이들에게 노력을 강요하는 동안 교사는 아이들의 사기를 북돋기보다는 억압하게 됩니다. 이런 잘못된 방식이 계속 이어졌고, 아이들은 아주 고통스럽게 문자 언어를 배웠음에도 불구하고 사회적 목적을 위해 즉시 활용해야 합니다. 여전히 불완전하고 미성숙한 상태에서 언어의 문법적인 구성과 정신을 표현해야 하지요.

언어의 발달은 2단계를 거칩니다. 하위 단계는 신경 통로를 준비합니다. 운동 통로와 관련된 감각 통로를 발달시켜야 해요. 상위 단계는 이미 형성된 언어 작동을 통해 구체화되는 높은 인지 활동이 필요해요.

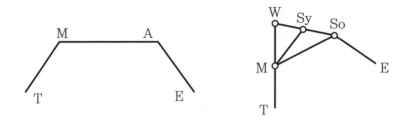

쿠스마울Kussmaul은 언어의 작동 체계를 확립했어요. 이 체계에 의하면 음성 언어가 최초로 확립되는 순수한 작동 기제를 구분해야 해요. 예를 들면, E는 귀를 나타내고 T는 발음 기관으로, 여기서는 혀를 뜻합니다. A는 청각 기관이고 M은 운동 기관입니다. EA와 MT는 주변 통로인데 전자는 소리 정보가 모이는 구심점이고, 후자는 소리가 발음 기관을 통해 밖으로 나가는 원심점이에요. AM은 중앙 연결 통로입니다. 단어의 청각적 이미지를 가지고 있는 A는 소리(So), 음절(Sy), 단어(W)로 나누어집니다.

소리와 음절을 위한 하부 구조가 만들어질 수 있어요. 중추감각에 장애가 생기면 소리만 발음하거나 기껏해야 소리와 음절 수준에서 발음이 가능합니다. 어린아이들도 초기에는 언어의 단순한 소리에 민감해요. 실제로 엄마들은 아이들을 보살피면서 소리로 아이들의 관심을 유도하고 나중에는 아이들에게 "ba, ba, punf, tuf"처럼 음절로 말하지요.

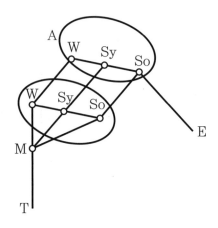

결론적으로 아이들의 관심을 끄는 것은 2음절로 된 단순한 단어예요. 운동 기관을 위해서는 같은 동작이 반복되어야 해요. 아이는 처음에는 엄마가 인사하는 표현들처럼 간단한 소리를 말하고 나중에는 ga, ba처럼 1음절 단어들을 말합니다. 그리고 mama처럼 2음절 단어들을 말하지요. 대개는 입술 소리 단어들을 먼저 말합니다.

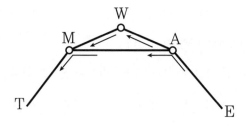

우리는 아이가 발음한 단어가 어떤 개념을 의미할 때 아이의 음성

언어가 시작되었다고 봐요. 예를 들면 엄마를 보고 "mamma"라고 말할 때처럼 말이지요. 언어가 지각과 관련하여 확립될 때 언어가 시작되었다고 생각하지만 언어 자체는 여전히 아주 기초적입니다. 언어의 기계적 형성이 여전히 무의식적인 상태에서 단어를 인식하게 됩니다. 단어를 인식하고 단어가 나타내는 사물과 연결될 때 말을 하기 시작했다고 할 수 있지요. 이 수준에서는 단어를 구성하는 소리를 청각기관을 통해 더 잘 인식함에 따라 언어가 완성되는 과정이 계속되고 발음을 위한 심리-운동 통로에 더 잘 스며들어요. 음성 언어는 이렇게 시작되고 발달하면서 감각기관을 통해 언어의 원시적인 작동을 완성합니다. 이 단계에서 형성된 언어는 나중에 자신의 생각을 표현하는 수단으로 발달하지요. 그리고 이 언어가 한번 형성되면 성인이 되어서 교정하는 것이 아주 어렵습니다. 불완전한 언어가 형성되기 때문에 자기 생각을 아름답게 표현하지 못하지요.

언어의 기초는 2세에서 7세 사이에 발달합니다. 아이의 관심이 저절로 외부로 향하는 인식의 시기이고 기억력은 특히 발달하지요. 또한 정신-운동 통로가 발달하면서 근육 작동 기제가 형성되는 운동성의 시기예요. 이 시기에는 청각 통로와 음성 언어의 운동 통로 사이에 신비로운 결합이 발생합니다. 청각적인 인식은 발음 기관을 움직이게 하는 힘이 있어요. 마치 잠자고 있던 유전자를 깨우는 것처럼, 말하기는 이러한 자극 이후에 본능적으로 발달합니다. 언어의 모든 음성적 특징들을 습득할 수 있는 것은 이 시기에만 가능하다는 것은 잘 알려져 있어요. 이 시기가 지나면 습득하기가 어렵습니다. 모국어는 유아기에 형성되기 때문에 발음이 잘 되지만, 어른이 되어서 새로운 언어를 배우면 반드시 외국어의 특징이 생기게 됩니다. 7세 이전에 다양한 언어를 배우면 발음과 관련된 모든 특징들을 모국어처럼 수용하고 표현할 수 있어요. 그래서 유년기에 방언이나 나쁜 습관에 의해 만들어진 언어적 요소는 어른이 되어서도 지울 수 없어요. 이후에 발달하는 상위 언어는 더 이상 언어의 작동 기제가 아니라 지적 발달에 그 기원이 있습니다. 말하는 언어는 기계적인 움직임을 연습하고 풍부한 인지에 의해 발달하지만 상위 언어는 언어를 구성하는 법칙과 지적 발달을 통해 풍부해집니다.

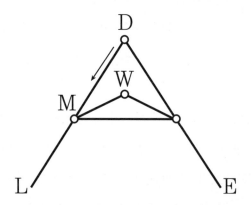

언어 작동 체계도에서 언어의 문법적 기관인 언어상자(D)를 볼 수 있어요. 언어는 지적 발달과 함께 조금씩 풍부해지고, 규칙에 의해 완성됩니다. 문자 언어는 문화를 습득하고 언어를 문법적으로 분석하고 구성하는 수단이라는 선입견이 있었어요. '소리로 말한 단어는

날개가 있다'라는 말이 있어요. 이것은 지적인 활동은 안정적이고 객관적이면서 분석이 될 수 있는 문자 언어로만 가능하다는 뜻이지요. 이런 편견 때문에 우리는 문자 언어의 개념을 지금까지 문자 언어가 독점적으로 수행해 온 기능과 분리할 수 없었습니다. 그래서 아직 단순한 인식과 운동성 발달 단계에 있는 아이들에게 복잡한 문자 언어를 가르치는 오류를 범하고 있지요. 이런 편견을 지우고, 문자 언어 그 자체를 정신 및 신체적 기제로 재구성해 봅시다. 그러면 음성 언어의 정신 및 신체적 기제보다 훨씬 단순하고 훨씬 더 직접적으로 접근할 수 있어요.

쓰기는 아주 놀라울 정도로 단순합니다. 받아쓰기를 한번 생각해 볼까요? 움직이는 동작은 들리는 말소리와 일치해야 해요. 들리는 소리와 말하는 소리에 신비한 유전적 관계가 존재하는 건 아니에요. 그러나 쓰기를 위한 움직임들은 말하기를 위해 필요한 움직임들보다 훨씬 더 단순하지요. 우리 교육 방법은 쓰기를 위해 필요한 동작들을 직접적으로 준비시킵니다. 말소리를 들으면서 이미 형성된 운동 통로가 활성화되고 쓰기 행위가 나타납니다.

정말로 어려운 것은 문자 기호를 해석하는 거예요. 우리는 아이들이 '인식의 시기'에 있다는 것을 기억해야 합니다. 감각과 기억, 원시적 연상은 자연적 발달의 진행과 정확히 관련되어 있어요. 아이들은 이미 다양한 감각 훈련과 문자 기호의 개념을 체계적으로 구성하고 연결시키는 활동들로 훈련되어 있습니다. 삼각형을 보고 삼각형이라고 부를 수 있는 아이는 s자를 보고 s가 나타내는 소리를 인식할 수 있어요. 아주 명확합니다. 이는 조기 교육에 관한 이야기가 아닙니다. 쓰기에 대한 편견을 버리세요. 아이들이 자연스럽게 발달하는 경험에 관심을 가져 봅시다. 아이들은 물건과 문자 기호를 연결하는 것을 분명히 좋아합니다. 이 전제를 가지고 두 종류의 언어 사이에 있는 관계를 고려해 봅시다.

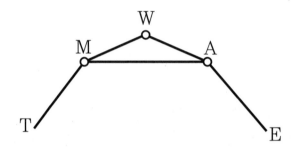

3~4세의 아이들은 이미 오래 전에 언어 활동을 시작했어요. 음성 언어의 작동 기제가 완성되는 것과 동시에 지각 능력도 습득하고 있습니다. 아이는 자기가 발음하는 단어 안에 있는 모든 소리들을 완벽하게 듣지는 못할 거예요. 만약에 완벽하게 들었다고 해도 잘못 발음했을 수도 있고, 결과적으로 청각적인 인식에 오류가 남을 수도 있지요. 아이들은 말하기를 위한 운동 능력을 연습하면서 완벽한 발음을 위해 필요한 움직임들을 형성해야 합니다. 잘못된 움직임들이 고착되어 결함이 만들어지면 교정할 수 없어요.

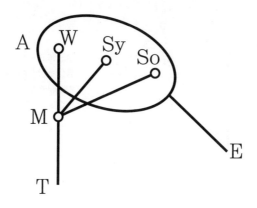

　이런 목적으로 말하기를 분석할 필요가 있어요. 언어를 완벽하게 사용하기를 바란다면 작문을 먼저 시작하고 나서 문법 교육을 해야 합니다. 문체를 완성하고 싶다면 문법을 먼저 가르치고 나서 문체를 분석해야 합니다. 말하기를 완성하고 싶다면 말을 먼저 하고 나서 그것을 분석하는 것이 타당합니다. 그러므로 아이의 말하기 작동 기제가 고정되기 전에 분석해서 완벽하게 만들어야 해요.

　우리의 쓰기 교육법의 세 번째 단계는 말의 구성을 포함하고 있어요. 단어를 문자 기호뿐만 아니라 단어를 구성하는 소리로 분석합니다. 문자 기호는 소리를 변환한 거예요. 아이는 소리를 듣고 전체적으로 단어로 인식하고, 의미와 함께 그 단어를 소리와 음절로 나눕니다.

　다음 그림을 보세요. 쓰기와 말하기라는 두 가지 작동 기제를 해석한 그림입니다.

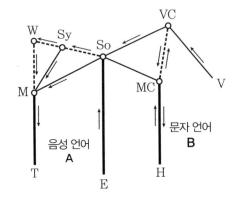

굵은 실선: 주변 통로
점선: 연상의 중심 통로
얇은 실선: 청각의 발달과 관련하여
연결되는 것들

E(귀): 소리를 듣는 기관

So(소리): 소리를 인식하는 청각 정보가 모이는 지점

Sy(음절): 음절을 인식하는 청각 정보가 모이는 지점

W(단어): 단어를 인식하는 청각 정보가 모이는 지점

M(운동): 말하기 동작 정보가 모이는 지점

T(혀): 외부적 발화 기관

H(손): 외부적 쓰기 기관

MC(운동): 쓰기 운동 정보가 모이는 지점

VC(시각): 문자 기호의 시각 정보가 모이는 지점

V(시각): 시각 기관

　음성 언어의 발달에서 단어를 구성하는 소리는 불완전하게 인식
될 수 있어요. 반면, 소리와 일치하는 문자 기호를 가르칠 때 아이는
분명하게 들리는 소리를 인식할 뿐만 아니라, 운동 정보와 문자 기
호의 시각 정보도 인식합니다. 예를 들면, 아이에게 단어를 정확하게

발음해 줍니다. 그리고 사포 글자 카드를 제시하면서 보고 만지게 하는 식으로 가르칩니다.

VC-MC-So의 삼각형은 말하기 분석과 관련된 3가지 감각을 나타냅니다. 아이는 글자를 손으로 만지고 눈으로 봅니다. 단어를 소리 내어 읽어 주면 E-So, H, MC, So, V, VC 통로가 작동합니다. 아이가 그 단어를 발음하면 외부 자극이 V를 통해 인식되고 V, VC, So, M, T, Sy, M, T 통로가 작동합니다. 문자 기호의 시각적 자극을 제시하면 정보를 연결하는 통로가 형성되고 그에 상응하여 말하기 동작이 작동할 수 있어요. 그리고 결함들을 하나씩 분석할 수 있습니다.

발음을 작동시키는 문자 기호의 시각 자극과 교사가 발음하는 청각적 자극을 연결하면 발음이 완성될 수 있어요. 시각 자극에 의해 발음이 시작되고 발음 기관이 반복적으로 움직이는 동안에 청각 자극은 단어를 구성하는 개별적인 소리 또는 음절을 완성하는 데 기여해요. 아이가 소리를 문자 기호로 변환하여 받아쓰기를 할 때 이미 아이는 귀로 들은 단어를 소리로 분석하고 이미 형성된 근육 감각을 이용하여 시각적 기호로 바꾸는 것입니다.

교육을 받지 못해 생기는 언어의 결함들

언어의 결함과 불완전성은 부분적으로 신경계의 변형과 같은 이유 때문에 발생하지만, 언어 형성기에 습득한 기능적인 결함과 관련이 있기도 합니다. 단어의 발음을 잘못 배웠거나 나쁜 언어 습관을 가진 아이들에게서 주로 발견되지요. 방언이 대표적인 예이며, 언어의 결함을 자연스럽게 지속시키는 습관이나 주변 사람의 독특한 말버릇을 모방해서 생기는 습관도 여기에 해당합니다.

아이들의 말에서 발견되는 결함들은 발음 기관들이 올바르게 기능하지 않을 때 생깁니다. 감각 기관을 통해 들은 소리를 정확하게 발음하지 못하는 거예요. 단어를 발음하기 위해 필요한 동작들은 서서히 형성됩니다. 그래서 아이들은 불완전한 소리로 말하게 되지요. 말을 더듬는 것이 여기에 해당하고, 아이가 혀를 잘 움직이지 못하는 경우도 마찬가지입니다. 예를 들면 혀끝을 윗잇몸 뒤쪽에 가까이 이동한 후에 바람을 불면 s의 소리가 나오는데 혀를 잘못 사용하면 올바른 소리가 나오지 않습니다. 말을 하면서 혀를 습관적으로 말면 r과 l 발음에 문제가 생깁니다. g는 혀의 뒷부분이 목구멍을 막아야 나오는 소리이고 b와 m은 입술을 붙여야 발음할 수 있어요. 이런 발음 기관들의 근육이 발달해야 올바른 소리를 낼 수 있습니다. 자음뿐만 아니라 모음도 잘못된 소리를 듣고 틀리게 발음하면서 오류가 발생합니다. 이런 결함은 성인이 되어서도 지속되는 경향이 있는데, 쓰기에도 영향을 주기 때문에 성인이 되어서도 잘못된 철자를 쓰거나 방언의 철자를 쓰게 되지요.

언어의 중요성을 생각할 때, 올바르게 발음하지 못하는 사람은 열등하다고 생각될 수도 있어요. 따라서 올바른 언어를 완성하는 것에 특별한 주의를 기울이지 않는다면 교육이 그 역할을 제대로 하고 있다고 말할 수 없습니다. 우리는 말더듬과 같은 심각한 결함을 교정하는 교육적 방법을 이제 겨우 시작했어요. 하지만 인간을 아름답게 완성시키기 위한 보편적인 언어 교육은 아직 학교에 도입되지 않고 있습니다. 아이들 사이에 말더듬 증상이 널리 퍼져 있다는 통계 연구가 있습니다. 그래서 언어 장애 학교 교사들은 다양한 형태의 말더듬 증상을 교정하기 위한 연습을 초등학교에 도입하려고 노력 중입니다. 이 연습은 발음 기관을 움직이게 하면서 개별적인 모음과 자음을 반복해서 연습하는 내용으로 구성되어 있어요. 이 연습 활동을 하면서 호흡 운동도 함께 합니다. 이 연습법은 시간이 오래 걸리고 인내심이 많이 필요한데, 일반적인 학교의 교육법과는 맞지 않기 때문에 자세히 설명할 수는 없어요. 하지만, 우리의 교육법에도 언어를 교정하기 위한 활동이 있습니다.

1. 침묵 연습: 새로운 자극을 완벽하게 수용할 수 있도록 언어의 신경 통로를 준비합니다.
2. 수업:
- 교사는 구체적인 개념이 연상되는 단어들을 명확한 소리로 발음합니다.
- 교사는 분명하고 완벽한 언어 자극을 반복하고, 아이는 단어가 나타내는 대상의 개념을 생각합니다. 즉, 대상을 인식합니다.
- 아이가 발음을 시작합니다. 아이는 개별적인 소리들을 발음하면서 큰 소리로 그 단어를 반복하여 말합니다.
3. 문자 언어 연습

발음되는 소리를 분석하고 소리를 개별적으로 반복합니다. 아이가 알파벳의 개별 글자들을 배울 때 그리고 단어를 만들거나 받아 적을 때 소리 내어 읽기를 반복합니다.

4. 발음 기관 운동

이 활동에서는 호흡 운동과 발음 기관의 움직임을 단련합니다. 미래의 학교에서는 언어의 결함을 교정하는 개념이 사라질 거라고 믿어요. 어린이의 집에서 미리 아이들의 언어 교육에 더 신경을 써야 언어적 결함을 막을 수 있습니다. 언어는 유아기 동안에 형성되니까요.

Chapter

4

숫자 가르치기: 산수의 시작

3세 아이들은 어린이의 집에 들어오기 전에 이미 둘이나 셋까지는 셀 줄 알기 때문에 물건의 수를 세는 것은 아주 쉽게 배웁니다. 숫자를 세는 것은 다양한 방법으로 가능해요. 일상생활에서도 기회가 많아요. 예를 들면, 엄마가 아이에게 "옷에서 단추 두 개가 떨어졌구나", "식탁에 접시가 세 개 더 있어야겠다"처럼 말할 수 있지요. 저는 돈을 세는 연습을 먼저 합니다. 거스름돈을 세는 것은 아이들의 관심을 끌 수 있는 매력적인 놀이거든요. 아이들에게 동전을 한 개, 두 개, 네 개씩 주면서 10까지 세는 법을 가르칩니다. 아이들이 동전과 친해지게 하는 것보다 더 실용적인 교육은 없고, 거스름돈을 세는 것보다 더 유용한 연습도 없습니다. 일상생활과 밀접하게 연결되기 때문에 아이들의 관심도 강해집니다.

일상생활 경험을 바탕으로 숫자를 세는 연습을 하고 좀 더 체계적인 방법으로 넘어갑니다. 감각 교육을 할 때 이미 사용한 블록 세트 중에서 열 개의 나무 막대를 사용할 수 있어요. 이 막대 세트는 길이의 개념을 가르칠 때 사용했지요. 가장 짧은 막대가 10센티미터이고, 가장 긴 것은 1미터의 길이입니다. 막대 중간에는 10센티미터 간격으로 마디가 표시되어 있고, 빨간색과 파란색이 번갈아 칠해져 있어요.

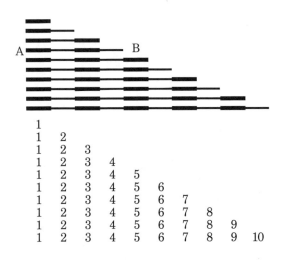

```
1
1   2
1   2   3
1   2   3   4
1   2   3   4   5
1   2   3   4   5   6
1   2   3   4   5   6   7
1   2   3   4   5   6   7   8
1   2   3   4   5   6   7   8   9
1   2   3   4   5   6   7   8   9   10
```

아이가 막대를 길이 순서대로 정리하고 나면 빨간색과 파란색을 세어 보게 합니다. 작은 것부터 세어 올라갑니다. 예를 들면, [1], [1, 2], [1, 2, 3] 이렇게요. 그러고 나서 10에서 1까지 다시 돌아옵니다. 각 막대에 표시된 마디의 수에 따라 가장 짧은 것에서 가장 긴 것까지 막대에 이름을 정해요. 그림처럼 계단이 올라가는 대로 B면에 있는 막대를 손으로 만집니다. 그러면 결과적으로 가장 긴 막대를 셀 때에는 막대에 구분된 마디의 수를 1, 2, 3, 4, 5, 6, 7, 8, 9, 10까지 세게 되지요. A면에서 막대를 셀 때 막대의 개수도 가장 긴 막대에 표시된 마디의 수와 같다는 것을 알 수 있어요. 세 면이 모두 열 개인 삼각형을 보고 아이는 숫자의 개념을 확인할 수 있을 뿐만 아니라 이 놀이를 재미있게 여러 번 할 수 있습니다.

이제 길이를 인식하는 감각 놀이와 숫자 놀이를 결합할 수 있어요. 막대를 바닥에 섞어 놓은 후에 교사가 막대 하나를 골라서 아이에게 보여 주고 막대에 표시된 마디의 수를 세어 보게 합니다. 예를 들면 5번 막대를 보여 주고, 한 개 더 긴 막대를 찾게 하는 거지요. 아이는 눈으로 막대를 선택하고 교사는 아이에게 그 선택이 맞았는지 확인하게 합니다. 두 막대를 나란히 놓고 마디의 수를 세어 봅니다. 이런 연습은 아주 다양한 방식으로 반복할 수 있어요. 아이는 길이에 따라서 각 막대에 특정한 이름을 부여하는 것을 배우지요. 각 막대를 1번 막대, 2번 막대 등으로 부를 수 있습니다. 수업 시간에는 간략하게 "일, 이, 삼…"이라고 불러도 되겠지요.

숫자의 기호 배우기

이때 아이가 이미 글씨 쓰는 법을 알고 있다면 사포로 만든 숫자 카드를 활용할 수 있어요. 숫자 카드를 활용하는 방법은 글자를 가르칠 때와 동일합니다. "이것은 1이야", "이것은 2야", "1을 가져올래?", "2를 가져올래?", "이 숫자는 몇 번이지?" 아이에게 이렇게 말해 주고, 아이는 글자를 배울 때처럼 숫자의 모양을 손끝으로 느끼면서 인식합니다.

숫자 놀이: 숫자와 양을 연결하기

각각 다섯 개의 칸이 있는 쟁반을 두 개 만들었어요. 각 칸마다 뒤쪽에 숫자 카드를 놓았습니다. 첫 번째 쟁반에는 0, 1, 2, 3, 4가 있고 두 번째 쟁반에는 5, 6, 7, 8, 9가 있습니다. 이 놀이는 간단합니다. 각 칸에 있는 카드에 적힌 숫자에 일치하는 수만큼 물건을 그 칸 안에 놓습니다. 다양한 물건들을 준비하여 수업의 내용을 다채롭게 만들 수 있어요. 아이 앞에 물건들을 펼쳐 놓으면 아이가 카드에 있는 수대로 물건을 배분합니다. 숫자 1이 적힌 카드에는 물건 한 개를 놓는 거지요. 아이가 활동을 마치면 교사에게 쟁반을 보여 주고 확인을 받습니다.

0의 개념

아이가 0번 카드가 있는 칸을 가리키며 "여기에는 무엇을 놓아야 해요?"라고 물을 때까지 기다립니다. 아이의 질문에 교사는 "아무것도 놓지 않아도 돼요. 0은 아무것도 없다는 뜻이에요"라고 알려 줍니다. 하지만 이 정도로는 부족하지요. 아무것도 없다는 게 무슨 의미인지 아이가 느껴야 합니다. 그래서 재미있는 놀이를 이용합니다. 숫자 놀이를 한 아이를 향해 "나한테 와 봐요. 0번만큼 와 봐요"라고 말합니다. 이렇게 하면 아이는 높은 확률로 저에게 다가오고 나서 다시 자리로 돌아갑니다. "아니에요. ○○(아이 이름)은 한 번 왔다 갔어요. 나는 0번만큼 오라고 했어요." 그러면 아이는 "그럼 어떻게 해야 해요?"라고 묻습니다. 이때 "아무것도 하지 않아요. 0은 아무것도 없는 거예요"라고 설명해 줍니다. 아이가 "어떻게 아무것도 안 할 수 있지요?" 물으면 "그냥 어떤 것도 하지 말아요. 가만히 있으면 돼요. 나에게 오지 말아요. 그게 0번이에요"라고 대답해 줍니다. 아이들이 이해할 때까지 이 놀이를 반복해요. 그러면 아이들은 0번 오라고 할 때 가만히 있는 것을 재미있어 합니다. 그리고 "0은 아무것도 없어!"라고 외칩니다.

숫자를 기억하는 놀이

아이들이 숫자를 보고 숫자의 값을 인식하면 다음 활동들을 합니다.

낡은 달력에서 숫자를 오려 낸 다음, 종이에 싸서 상자에 담아요. 아이들이 종이를 뽑아서 자기 자리로 돌아간 후에 펼쳐 보고 다시 접습니다. 비밀을 지켜야 하니까요. 그러고 나서 종이 쪽지는 자리에 두고 한 명씩 또는 그룹을 지어서 교사의 책상으로 갑니다. 교사의 책상에는 다양한 물건들이 놓여 있어요. 아이들은 자기가 뽑은 숫자가 나타내는 양만큼 물건을 선택합니다. 아이들이 이동하는 동안 숫자는 자리에 수수께끼처럼 접힌 채로 남아 있어요. 그러므로, 이동하고 물건을 고르고 개수를 하나씩 세는 동안에도 숫자를 기억해야 해요. 아이들이 숫자를 기억하는 능력을 관찰하는 것은 아주 흥미롭습니다. 아이들은 물건들을 가지고 자리로 돌아와서 탁자 위에 2열로 세워 놓습니다. 짝이 맞지 않으면 마지막 남은 물건은 다음 그림처럼 맨 아래에 놓습니다.

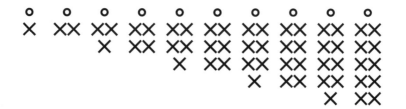

　가위표는 물건들을 나타내고, 동그라미는 종이 안에 있는 숫자입
니다. 물건들을 배열하고 나면 아이는 교사의 확인을 받아요. 교사
는 종이 쪽지를 펼쳐서 숫자를 큰 소리로 읽고 개수를 셉니다. 이 놀
이를 처음 진행했을 때에는 아이들이 카드 위에 있는 숫자보다 더
많은 물건을 가지고 옵니다. 이는 꼭 숫자를 기억하지 못해서가 아니
라 더 많은 물건을 가지고 싶은 욕심 때문에 생기는 현상이기도 해
요. 교사는 아이들에게 정확한 개수만큼 가져오는 것이 이 놀이의
규칙이라고 설명해 주어야 해요.

　아이들은 이런 개념을 조금씩 깨닫지만 생각만큼 쉽지는 않아요.
정해진 한도 내에서 숫자만큼만 선택하는 것은 스스로를 절제하는
노력이 필요해요. 다른 아이들이 더 많이 가져가는 것을 보면서 주
어진 개수를 지키는 것은 쉽지 않지요. 그래서 저는 이 놀이를 숫자
활동보다는 의지력을 키우는 활동이라고 생각합니다. 0을 가지고 있
는 아이는 자리에서 움직이면 안 되겠지요. 그 아이는 친구들이 물
건들을 자유롭게 가져가는 것을 지켜봐야 합니다.

　0을 가지고 있는 아이들의 얼굴 표정을 보는 것도 흥미롭습니다.

아이들의 성격 차이가 드러나거든요. 실망을 감추기 위해 냉담한 자세를 유지하는 아이도 있고, 어쩔 줄 몰라 하는 자세로 실망감을 표현하는 아이도 있어요. 자신이 처한 특별한 상황 때문에 미소를 드러내고 친구들의 호기심을 불러일으키는 아이들도 있지요. 질투에 어린 표정으로 친구들의 움직임을 따라가는 아이들도 있는 반면에 상황을 즉시 받아들이는 아이들도 있어요. 0을 가지고 있다는 것을 확인할 때 가장 볼만합니다. 교사가 "아무것도 안 가져왔니?"라고 물으면 아이는 "0이에요"라고 대답합니다. 아주 간단한 답이지만, 표정과 목소리는 아주 다양한 감정을 드러냅니다. 이런 즐겁지 않은 사실을 즐겁게 말하는 아이들은 아주 드물어요. 대부분의 아이들이 기분이 안 좋은 내색을 하거나 낙담합니다. 그래서 아이들에게 이 놀이의 의미를 잘 설명해 주어야 해요. "0을 골랐을 때 가만히 있는 것은 참 어렵지요. 다른 사람들이 보지 못하게 종이를 특히 더 꼼꼼히 접어야 해요"라고 말해 줍니다. 그러면 가만히 있는 것이 매력적으로 보입니다. 0이 적힌 종이를 골랐을 때 비밀을 지키는 것에 대한 만족감이 아이들의 얼굴에 나타납니다.

더하기, 빼기, 곱하기, 나누기

산수 연산을 처음 할 때에는 숫자 놀이에 사용한 교구를 이용합니다. 길이가 다른 나무 막대 세트를 활용하여 십진법에 대해 알아가게 하는 거예요. 각 막대는 나타내는 숫자로 부릅니다. "일, 이, 삼…" 이렇게요. 길이 순서로 배열하는데, 이는 숫자의 순서이기도 합니다.

첫 번째 연습은 작은 막대들을 모아서 10을 만드는 거예요. 가장 쉬운 방법은 가장 작은 막대부터 한 개씩 더해서 9까지 올라가는 것이지요. 예를 들면, "1을 가져와서 거기에 9를 더하자. 2를 가져와서 거기에 8을 더하자, 3을 가져와서 거기에 7을 더하자, 4를 가져와서 거기에 6을 더하자." 이런 식으로 네 개의 막대로 10을 만드는 연습을 합니다. 여덟 개의 막대를 사용하고 이제 5번 막대가 남았네요. 5를 10으로 만들기 위해서는 5가 끝나는 부분에서 막대를 한번 길게 뒤집어 줍니다. 그러면 10과 길이가 똑같아지기 때문에 5를 두 번 더하면 10이 된다는 사실을 쉽게 이해할 수 있지요. 이런 연습을 반복하면서 아이에게 기술적인 용어를 아래 예시처럼 조금씩 가르칩니다. 아이가 글씨를 쓸 수 있으면 더하기, 곱하기, 등호 기호를 가르칠 수 있어요.

$9 + 1 = 10$ (9 더하기 1은 10)

$8 + 2 = 10$ (8 더하기 2는 10)

$7 + 3 = 10$ (7 더하기 3은 10)

$6 + 4 = 10$ (6 더하기 4는 10)

$5 \times 2 = 10$ (5 곱하기 2는 10)

아이들이 이 모든 것을 잘 배우고 종이에도 잘 적을 수 있으면 스스로 해낸 것들을 살펴보게 합니다. 그리고 10을 만들기 위해 흩어졌던 막대들을 원래 위치로 돌려놓게 해요. 이제 뺄셈을 해 볼 차례예요. 이렇게 보여 줍니다. 10에서 4를 가져가면 6이 남아요. 3을 가져가면 7이 남아요. 2를 가져가면 8이 남아요. 1을 가져가면 9가 남아요. 그리고 나서 아래 예시처럼 가르쳐 줍니다. 역시 5가 남네요. 5는 10의 절반이지요. 가장 긴 막대를 정확히 반으로 나누면 5와 길이가 같은 막대 두 개가 됩니다. 즉, 10을 2로 나누는 거지요.

10 − 4 = 6 (10 빼기 4는 6)

10 − 3 = 7 (10 빼기 3은 7)

10 − 2 = 8 (10 빼기 2는 8)

10 − 1 = 9 (10 빼기 1은 9)

10 ÷ 2 = 5 (10 나누기 2는 5)

아이들이 이 활동을 완전히 익히고 나면 다양하게 응용할 수 있어요. 예를 들면 3을 계산하기 위해 2가지 방식을 제시할 수 있어요. 1을 2 뒤에 놓으면 아이들은 2 + 1 = 3을 생각해 낼 거예요. 또 다른 방식은 숫자 4를 이용하는 것입니다. 그러면 막대 두 개를 이용해서 4를 만들어 볼까요? 1번 막대와 3번 막대를 사용해야 합니다. 3에 1을 더하면 4가 되고, 3 + 1 = 4 로 쓸 수 있지요. 이때 4에서 3을 빼면 1이 되므로 4 − 3 = 1로 쓸 수 있습니다. 결국 4에서 1을 빼면 3이 되고 4 − 1 = 3이 되겠군요.

2번 막대로 4를 만들 때에는 5번 막대로 10을 만든 것과 같은 방식입니다. 4번 막대를 정확하게 반으로 자르면 두 개가 됩니다. 2번 막대를 2번 사용하면 4가 되지요. 그래서 4 ÷ 2 = 2와 2 × 2 = 4를

계산할 수 있습니다. 그러면 가지고 있는 막대로 이런 계산을 몇 개
나 더 할 수 있을까요? 아래 예시를 보세요.

$4 \div 2 = 2$ $2 \times 2 = 4$

$6 \div 2 = 3$ $3 \times 2 = 6$

$8 \div 2 = 4$ $4 \times 2 = 8$

$10 \div 2 = 5$ $5 \times 2 = 10$

숫자 기억하기 놀이를 여기에 응용할 수 있습니다.

그림에서 보면 어떤 숫자들이 2로 나누어지는지 바로 알 수 있어
요. 맨 아래에 나머지가 없는 숫자들입니다. 이 숫자들은 짝을 이룰
수 있기 때문에 짝수입니다. 2를 곱하거나 2로 나눌 수 있지요. 각
줄에 있는 가위표의 개수가 나눗셈의 몫입니다. 원래 숫자를 다시
계산하려면 두 줄을 재조합하면 됩니다. 예를 들면, $6 \div 2 = 3$에서
몫은 3입니다. 3에서 6을 계산하려면 2가 3번 있으면 됩니다. 즉, 2
$\times 3 = 6$이 되지요. 이 정도는 5살 된 아이들에게 어렵지 않아요.

하지만 같은 것을 계속 하면 지루하지요. 이 활동은 아주 쉽게 변

형이 가능해요. 다시 막대 세트를 사용합니다. 이제 1번 막대를 10번 뒤에 놓습니다. 마찬가지로 9번 뒤에 2번을 놓고, 8번 뒤에 3번을 놓아요. 그러면 길이가 10번보다 길어집니다. 이 길이를 우리는 11이라고 부르고, 계속해서 12, 13을 지나 20까지 배울 수 있어요. 10까지 배우면 20까지 진행하는 것은 어렵지 않지만, 십진수를 배우는 것은 별도의 수업이 필요합니다.

십진수 배우기: 10을 넘어선 계산

숫자 10이 큰 활자로 인쇄된 여러 개의 정사각형 카드들과 정사각형의 절반 크기이면서 1에서 9까지의 한 자리 숫자가 적힌 직사각형 카드 여러 장이 필요합니다. 숫자를 1부터 10까지 한 줄로 놓습니다. 10 이상의 숫자는 없기 때문에 1부터 다시 시작해서 놓습니다. 여기서 1은 9보다 높은 숫자입니다. 막대 세트를 길이에 따라 배열하면 계단처럼 보입니다. 계단을 따라 9까지 세고 나면 마디가 하나 남는데, 더 이상 숫자가 없으므로 다시 1로 지정하는 거지요. 그러나 이렇게 지정된 1은 맨 앞에 놓인 1보다 높은 수입니다. 첫 번째 1과 구별하기 위해 바로 옆에 아무런 값이 없는 기호인 0을 추가합니다. 그래서 10이 됩니다. 숫자 0이 놓인 자리를 1부터 9까지 적힌 직사각형 카드로 덮으면 11, 12, 13, 14, 15, 16, 17, 18, 19의 순서로 카드가 만들어지는 것을 볼 수 있지요. 10번 막대에 1번 막대부터 9번 막대까지 붙이면 아주 긴 막대가 만들어집니다. 번갈아 나오는 빨간색과 파란색 마디를 모두 세면 열아홉 개가 됩니다.

10
11
12
13
14
15
16
17
18
19
20

교사가 아이에게 16을 나타내는 카드를 보여 주면 아이는 10번 막대 다음에 6번 막대를 놓을 거예요. 교사가 6번 카드를 빼고 8번 카드를 0위에 올려 놓으면 아이는 6번 막대를 8번 막대로 교체해서 18을 만듭니다. 10 + 6 = 16이 10 + 8 = 18로 바뀌는 거예요. 뺄셈도 같은 방식으로 진행합니다.

숫자가 아이에게 명확한 의미를 갖기 시작하면 다음 그림처럼 두 개의 숫자 열에 아홉 개의 숫자가 포함된 직사각형 카드를 만들 수 있어요. 그림 A처럼 10번 카드들을 정렬시킵니다. 두 번째 10부터 숫자 1을 다른 숫자 카드로 덮습니다. 그러면 그림 B처럼 보입니다. B 카드에서의 응용은 더 복잡합니다. 10씩 커지는 숫자들이 만들어졌으니까요. 아이들은 대부분 100까지 셀 줄 알아요. 숫자 100을 배울 때 아이들은 호기심 넘치는 반응을 보여 주었어요. 이제 더 이상 설명이 필요할 것 같지 않네요. 교사들은 아이들이 쉽게 다룰 수 있고 잘 나누어지는 물건들을 활용하여 사칙연산 놀이를 다양한 방식으로 진행할 수 있습니다.

A		B
10		10
10		20
10		30
10		40
10		50
10		60
10		70
10		80
10		90

5부

효과적인
교육을 위하여

활동의 순서

교육 방법을 효과적으로 적용하기 위해서는 활동들을 제시하는 순서를 알아 두는 것이 좋아요. 각 활동마다 정해진 진행 순서가 있지만, 우리 어린이의 집에서는 다양한 활동들을 동시에 진행했고, 교구를 전체적으로 나타내는 단계를 개발했어요.

교구를 이용한 활동의 단계

1단계

아이들은 어린이집에 오면 다음과 같은 활동을 시작합니다.

일상생활 연습: 조용히 이동하기, 끈 묶기, 단추 채우기, 옷 걸기 등

감각 훈련: 블록 맞추기 놀이

이 활동들 중에서는 블록 맞추기 놀이가 가장 유용해요. 아이들의 주의가 집중되거든요. 물건들을 비교하고 고르면서 판단하는 훈

련을 하기 때문에 지적 능력을 키울 수 있습니다. 블록 맞추기 놀이를 할 때에는 쉬운 것부터 어려운 것으로 진행합니다.

1. 높이가 같고 지름은 줄어드는 원기둥 블록 세트
2. 높이와 지름의 길이가 모두 줄어드는 원기둥 블록 세트
3. 높이만 줄어드는 원기둥 블록 세트

2단계

일상생활 연습: 자리에서 조용하게 앉고 일어서기와 줄서서 걷기

감각 훈련 : 입체적인 교구 다루기 (긴 계단, 큰 계단, 정육면체 등)

블록 세트 놀이처럼 크기를 인지하는 연습을 하는 활동이지만, 훨씬 큰 물건들을 다루어야 해요. 여기서는 아이들이 눈으로 차이점을 인식하고 오류를 찾아내는 것이 가장 명확한 특징입니다. 앞선 활동에서는 교구가 자체적으로 상황을 통제했습니다. 예를 들면 아이는 정해진 모양보다 큰 블록을 끼워 넣을 수 없었지요. 자리에 앉아서 작은 물건들을 손으로 배열하는 것이기 때문에 아이들의 동작도 단순했습니다. 이제 아이들은 좀더 복잡하고 어려운 동작들을 해야 하는데, 이는 신체의 근육을 발달시킬 수 있는 활동이기도 합니다. 탁자에서 카펫으로 이동하고, 일어서고, 무릎을 꿇고, 무거운 물건을 나릅니다.

아이들은 물건을 순서대로 배열하는 것을 배운 후에도 그 차이를 오랫동안 인식하지 못하기도 해요. 그래서 크기가 다른 것들을 계속

헷갈려 합니다. 사물들 사이에 크기의 차이가 동일한 경우에도 사물의 크기가 커지면 상대적으로 그 차이가 눈에 잘 띄지 않습니다. 예를 들면, 바닥이 2센티미터인 정육면체의 크기는 바닥이 1센티미터인 정육면체보다 2배 큽니다. 하지만, 바닥이 10센티미터인 정육면체는 바닥이 9센티미터인 정육면체와 비교하면 10분의 1밖에 차이 나지 않습니다. 그래서 이론적으로는 작은 것부터 시작하는 편이 좋습니다. 크기와 길이를 배울 때 사용했던 교구를 사용하면 됩니다. 정육면체로 탑을 쌓는 활동은 잠시 미뤄 두세요. 가장 큰 블록을 바닥에 깔아야 하니까요. 우리는 아주 어린 아이들이 탑 쌓기 놀이를 하는 광경을 자주 목격합니다. 아이들은 가장 큰 블록이 아닌, 두 번째로 큰 블록을 맨 아래에 놓고도 아주 즐거워하지요. 연습을 반복하다 보면 스스로 잘못된 것을 바로잡을 수 있고, 아이의 눈은 물건들의 아주 작은 차이도 구별해 냅니다.

세 개의 블록 세트 중에서 하나는 블록 조각들 간의 차이가 10센티미터씩이지만, 다른 두 세트는 1센티미터씩 차이가 납니다. 아이들은 블록 세트를 재미있어하면서도 많은 실수를 저지릅니다. 실수가 사라지기까지 긴 시간이 걸리지만 결국 아이들은 큰 계단을 완벽하게 만들어내지요. 계단 만들기는 크기를 가르치는 활동 중에서 가장 어려운 활동이에요.

이 정도 수준까지 도달한 아이들은 열 자극과 촉각 자극에 관심을 갖게 됩니다. 따라서 감각 자극 발달은 실제로는 이론적인 진행과 일치하지 않고, 생리학과 해부학에서 감각기관에 대해 설명하는 진행 방식을 따르지도 않습니다. 촉각은 가장 원시적인 감각이고 촉각 기관은 가장 단순하며 폭넓게 퍼져 있습니다. 촉각이 가장 단순한 감각임에도 불구하고, 우리는 감각 교육에서 아이의 관심을 끌 때 다른 감각을 먼저 제시합니다.

촉각 연습을 적절한 시점에 진행하면 아이들의 관심을 증가시킬 수 있어요. 예를 들면, 아이의 주의를 끌기 위해 표면이 거칠거나 매끄러운 물건을 제시할 수 있지요. 또한 손의 움직임과 관련된 놀이들은 글씨 쓰기의 기초가 되므로, 중요하다는 것을 기억해야 합니다.

앞서 설명한 연속된 두 가지 감각 훈련과 함께 색을 짝짓는 활동을 시작할 수 있어요. 즉, 두 색의 정체성을 인식하는 것입니다. 이것이 색감 훈련의 시작이에요. 입체감 훈련과 마찬가지로, 여기서도 판단에 개입하는 것은 아이의 시각뿐입니다. 첫 색감 훈련은 쉬워 보여도 아이가 흥미를 가지고 반복하려면 앞선 활동들을 통해 어느 정도의 주의력 집중 훈련이 되어 있어야 해요. 그동안 아이들은 음악을 들었고 박자에 맞춰 줄 위에서 걷기도 했어요. 아이들은 특정 동작과 함께 자연스럽게 리듬을 맞추는 법을 배웠습니다. 리듬감을 키우기 위해서는 다른 활동들과 마찬가지로 같은 연습을 반복해야 하지요. 침묵을 지키는 연습도 반복해야 합니다.

3단계

일상생활 연습: 스스로 씻고, 옷을 갈아입고, 청소하고, 다양한 물건들을 다루는 법을 배우기

감각 훈련: 아이가 촉각이나 색상 자극의 단계를 인식할 수 있게 도와주는 활동을 합니다. 아이가 스스로 자유롭게 활동할 수 있게 해야 해요.

청각을 자극하는 소리를 들려주고 무게감을 느낄 수 있는 자극을 제공합니다. 예를 들면 무게가 다른 작은 탁자를 사용할 수 있어요. 동시에 평면 도형 블록 세트를 단계별로 제시할 수 있습니다. 도형의 모양을 손으로 따라가는 활동을 하면서 손동작 훈련을 시작합니다. 이것도 촉각을 발달시키면서 글씨 쓰기를 준비할 수 있는 연습입니다.

나무로 만든 블록 세트를 아이가 완벽하게 인식한 후에, 도형 카드를 이용하여 글자의 기호를 학습하는 연습을 합니다. 아이는 구체적인 모양을 인식할 수 있습니다. 앞서 진행한 모든 활동들은 감각 훈련과 글씨 쓰기 사이를 연결하는 다리가 됩니다. 쓰기를 준비하다 보면 실제로 글씨를 쓸 수 있는 순간이 옵니다.

4단계

일상생활 연습: 점심식사를 위해 탁자를 깨끗이 정리합니다. 방을 정돈하고, 화장실을 깨끗하게 사용할 수 있습니다. 양치질을 잘할 수 있고, 손톱도 잘 깎습니다. 아이들은 줄 위에서 박자를 맞추는 연습을 하고 균형을 유지하면서 걷는 법을 배웠어요. 자신의 움직임을 통제할 수 있고, 조용히 할 수 있고, 다양한 물건들을 떨어뜨리거나 깨뜨리지 않으면서 조용히 나를 수도 있어요.

감각 훈련: 이 단계에서는 모든 감각 훈련을 반복합니다. 종을 이용하여 음감

을 발달시키는 활동도 합니다.

쓰기 연습

금속으로 된 평면 도형 세트를 준비합니다. 아이는 이미 도형의 모양을 따라가는 협응 동작이 가능합니다. 여기서는 손가락이 아닌 연필로 도형의 모양을 따라가면서 종이 위에 그림을 그립니다. 그러고 나서 글씨를 쓰는 것처럼 색연필을 손에 쥐고 도형 안에 색을 칠합니다. 동시에 사포로 만든 알파벳 글자를 손으로 만지면서 글자의 모양을 배웁니다.

산수 연습

감각 훈련을 반복하면서 계단 만드는 활동을 하는데, 지금까지와는 목적이 다릅니다. 아이에게 막대에 있는 파란색 마디와 빨간색 마디를 세어 보게 합니다. 마디가 하나인 것부터 열 개인 것까지 진행해요. 이렇게 시작해서 좀 더 복잡한 모양으로 넘어가요.

아이들은 계단 만들기 놀이를 하면서 막대 옆에 파란색 마디 및 빨간색 마디의 개수와 일치하는 숫자를 놓습니다. 숫자를 2열로 배열하고 홀수와 짝수의 개념을 잡아 주는 놀이도 함께 합니다. 이런 숫자 배열은 세갱의 활동에서 가져왔어요.

평면 도형 세트 놀이를 하고 나서 그림으로 그려진 숫자들을 인식하는 활동으로 진행합니다. 이런 활동은 감각 교육을 계속하면서 주변 환경을 관찰할 수 있게 도와줍니다.

5단계

앞에서 진행한 연습들을 계속하면서 좀 더 복잡한 활동을 시작합니다. 알파벳 카드를 이용해서 단어와 문장을 만드는 연습입니다.

1. 단어와 문장 쓰기를 동시에 진행
2. 교사가 준비한 종이 쪽지에 적혀 있는 단어 또는 문장 읽기

계단 만들기 활동을 이용하여 산수 놀이를 계속합니다. 이 단계의 아이들은 발달에 있어서 흥미로운 차이를 보여 줍니다. 학습 내용을 잘 따라가면서 놀라운 지적 성장을 보여 주거든요. 아이들이 스스로 가지고 있는 법칙에 따라 성장하는 것을 보는 것은 우리의 보람입니다. 씨앗을 뿌린 사람만이 큰 수확을 거둘 수 있다는 것을 보여 주니까요.

Chapter
2

품행 교육에 관한
일반적인 생각

40~50명으로 구성된 학급에서 우리의 교육 방식이 일반 학교보다 훨씬 효과적이라는 것은 경험적으로 증명되었어요. 이런 이유로 자유에 기초하고 있는 우리의 교육 방법을 분석해 보기로 했습니다.

잘 운영되고 있는 어린이의 집을 방문한 사람들은 아이들의 품행을 보고 깜짝 놀랍니다. 40명에 이르는 3세에서 7세 사이의 아이들이 자기가 할 일을 스스로 알아서 하기 때문입니다. 감각 연습을 하는 아이가 있는가 하면 산수 놀이를 하는 아이도 있습니다. 글자 놀이를 하는 아이가 있고, 그림을 그리는 아이도 있어요. 작은 나무틀을 가지고 바느질 연습을 하는 아이가 있고, 먼지를 털어내는 아이도 있지요. 탁자에서 작업하는 아이도 있지만 바닥에 앉아서 하기도 합니다. 아이들이 발끝으로 걷는 소리가 희미하게 들립니다. 즐거움의 환호성도 아주 크지 않아요. "선생님, 선생님!"이라고 외치는 다급한 목소리도 들립니다. "여기, 제가 한 것을 보세요." 각자 주어진 작업에 완전히 몰입하고 있습니다.

교사는 도움이 필요한 아이들이 있는지 조용히 살펴보면서 자신의 존재를 아이들에게 알려 줍니다. 아이들은 선생님이 곁에 있다는 것을 잘 알고 있어요. 한마디의 말도 없이 몇 시간이 흘러가는 경우도 있지요. 방문객들은 아이들을 '애어른들'이라고 부르기도 하고 '재판 중인 판사들'이라고 부르는 사람도 있어요.

팽팽한 긴장감이 흐르지만 물건을 서로 가지려고 다투는 경우는 결코 없습니다. 누군가의 성취는 다른 아이들에게는 선망과 즐거움의 대상입니다. 어느 누구도 다른 사람이 가진 것을 시기하지 않아요. 한 사람의 승리는 모두의 기쁨이니까요. 세 살배기 작은 아이가 일곱 살 큰 아이 옆에서 평화롭게 자기 일을 합니다. 작은 아이는 자기의 키에 만족하고 큰 아이를 부러워하지 않아요. 모든 것이 아주 평화롭게 진행됩니다.

아이들의 협동이 필요한 때에는 교사의 작은 목소리나 간단한 몸짓이면 아이들을 집중시키기에 충분합니다. 아이들의 시선이 교사를 향하고 교사의 말을 따를 준비가 되어 있어요. 교사가 칠판에 아이들이 해야 할 것을 적으면 아이들이 즐겁게 따르는 것을 보고 모두 놀랍니다. 그림을 그리는 아이에게 노래를 하게 하면 아이는 그림을 잠시 멈추고 노래를 부릅니다. 그러고 나서 다시 하던 일을 마무리합니다. 아이들이 억압되어 있다고 생각하는 사람이 있을 수 있지만 전혀 그렇지 않아요. 아이들은 교사의 무릎을 팔로 감싸고 교사의 얼굴에 입맞춤을 합니다. 이 작은 영혼들은 자신의 의지대로 자유롭게 성장하고 있어요.

로마 프란체스코 수녀원 학교: 저녁 식사 준비를 하고 있는 아이들

아이들이 식사 준비를 하는 모습을 보면 모두 깜짝 놀랍니다. 네 살짜리 꼬마 종업원들이 나이프와 포크를 가져와서 식탁 위에 배열합니다. 쟁반 위에 유리잔을 다섯 개씩 올려놓고 운반합니다. 그리고 뜨거운 수프를 담은 큰 그릇들을 이 식탁에서 저 식탁으로 나르지요. 단 한 번의 실수도 없습니다. 단 하나의 유리잔도 깨뜨리지 않고 수프 한 방울도 흘리지 않아요. 식사 내내 꼬마 종업원들은 식탁을 조심스럽게 지켜봅니다. 모든 아이들이 수프를 남기지 않고 접시를 비우면 기다리고 있던 꼬마 종업원들이 수프 접시를 신속하게 치웁니다. 울면서 손에 닿는 것들을 모두 깨뜨리고, 보살핌을 필요로

하는 보통의 네 살 아이들을 떠올린다면 이런 모습에 크게 감동받을 거예요. 어린아이들의 식사 모습을 보고 감동하여 눈물을 흘리는 분들을 본 적도 있으니까요.

뉴욕 태리타운(Tarrytown)에 있는 어린이의 집
왼쪽의 아이들은 큰 계단과 탑을 만들고 있다.
중앙에 있는 아이는 긴 계단을 만들고 막대 옆에 숫자를 놓고 있다.
오른쪽에 있는 아이는 사포로 만든 알파벳 카드의 글자 모양을 손으로 따라가고 있다.

아이들의 이런 정돈된 모습은 명령이나 설교처럼 일반적인 훈육 방법으로 가능한 것이 결코 아니에요. 이 아이들은 질서 정연하게 행동할 뿐만 아니라, 아이들의 삶 자체가 깊어지고 확장되었어요. 또한 이처럼 특별한 모습은 교사가 만들어 낸 것이 아니라 아이들의 내부에서 발생한 기적입니다. 아이들을 야단친다고 해서 가능한 일이 아니지요. 그런 방법은 처음에는 효과가 있는 것처럼 보이지만, 그저 허상일 뿐이고 참된 교육이 될 수 없어요. 밤은 낮을 이길 수 없으니까요.

진정한 품행 교육은 작업을 통해서 시작해요. 어느 순간 아이는 자신이 하는 것에 관심이 생기고, 강렬한 관심은 표정으로 나타나며 과업을 끈기 있게 해냅니다. 바로 아이의 교육이 시작되는 순간이지요. 감각 훈련이든, 단추를 채우는 연습이든, 끈을 묶거나 설거지를 하는 놀이든 모든 활동이 마찬가지입니다. '침묵의 교육'을 반복하여 이런 현상을 지속시킬 수 있어요. 멀리서 들려오는 소리에 귀 기울이도록 아이의 주의를 환기시킵니다. 의자나 탁자에 부딪히지 않게 조심하고 발끝으로 아주 조용히 이동하게 합니다. 이런 연습으로 아이가 몸과 마음을 정돈하는 준비를 하게 합니다. 일단 습관이 형성되면 세심하고 정확하게 살펴봐야 합니다. 아이의 발달을 위해 우리의 교육 원칙을 철저하게 적용해야 해요. 이것은 말로 되는 게 아닙니다. 다른 사람이 말하는 것을 들음으로써 스스로를 교육할 수 있는 사람은 없어요.

품행 교육은 온전한 행위를 계속하는 것이 필요하고 이미 정해진 대로 적용해야 합니다. 아이의 품행 교육은 실수를 비난하고 야단치는 대신에 자발적인 작업을 통해서 이루어져야 해요. 그래서 우리의 교육 방법이 의미가 있습니다. 아이들이 하고 싶어 하는 일을 제공하니까요. 아이의 마음속에 내재되어 있는 잠재성을 조금씩 끌어낼 수 있는 활동이어야 합니다. 그래야 아이가 가진 가능성의 문을 활짝 열 수 있지요. 예를 들면 아기는 아직 근육이 발달되지 않았기 때문에 스스로를 통제할 수 없고 움직임도 불안정하지요. 아기는 몸을 뒤척이면서 울기도 합니다. 이런 움직임들은 나중에 형성될 동작들을 위한 연습입니다. 아직 숨어 있는 능력을 끌어내기 위한 발버둥이지요. 아기는 신체의 다양한 근육을 제대로 움직일 수 없고 말도 하지 못합니다. 결국에는 다양한 동작들을 해내겠지만 원하는 것을 얻기 위해서는 힘든 시행착오의 시간을 보내야 합니다.

우리는 아이들이 자발적으로 발달할 수 있게 도와야 합니다. 아이들에게 모든 협응 동작을 가르치고, 아이들의 움직임을 가능한 많이 분석해서 서서히 발달할 수 있게 해야 합니다. 그래서 조용하게 움직이는 동작들을 단계별로 다양하게 가르칠 필요가 있어요. 예를 들면, 의자에서 일어났다 앉기, 걷기, 발끝으로 걷기, 바닥에 그려진 선을 따라서 꼿꼿한 자세를 유지하며 걷기 등이 있지요. 아이들은 물건 옮기기, 조심스럽게 놓기, 옷을 갈아입는 것과 관련된 복잡한 동작들까지 배워야 해요. 이런 동작을 하면서 교사는 아이의 움직임을 잘 관찰하고 분석해야 합니다.

아이는 스스로 성장합니다. "조용히 해"나 "가만히 있어"와 같은 관습적인 명령은 필요하지 않아요. 아이는 움직이면서 자연에 반응합니다. 목표를 향하는 이런 동작들은 더 이상 무질서한 모습이 아니라 과업을 수행하는 모습으로 나타나지요. 아이들의 품행 교육은 아이들의 수많은 성취와 함께 이루어집니다. 이렇게 교육된 아이들은 더 이상 수동적이었던 처음의 아이들이 아닙니다. 미래를 향해 크게 한 발짝 내디디며 스스로 성장하는 진정한 인간으로 다시 태어납니다.

　아이의 좋은 품행은 모두 행동으로 나타납니다. 좋은 사람들은 자기 발전과 질서 있는 행위로 구성된 선善을 향해 나아가는 사람들이니까요. 아이와 함께하는 노력에서 외적 행위는 내적 발달을 자극하는 수단이고, 두 요소는 밀접하게 얽혀 있어요. 과업은 아이들의 마음을 발달시킵니다. 내적으로 발달된 아이는 주어진 일도 더 잘 합니다. 과업을 성공적으로 수행하면 아이는 기뻐하고 마음도 계속 발달하지요. 아이는 이 길을 따라 가면서 좋은 행동의 추상적인 개념을 이해하게 됩니다. 다른 모든 것보다 아이가 분명한 목표를 가진 활동들을 수행하면서 간접적으로 마음이 정돈되고 아이는 이런 성취에 큰 기쁨을 느낄 수 있습니다. 아이의 마음은 올바른 행동의 달콤함으로 가득 찬 보물 창고가 됩니다.
　휴식은 자연의 숨겨진 법칙을 따르는 것입니다. 인간은 지적인 존재이기 때문에 휴식이 더 필요합니다. 아이가 무질서하고 단절된 방식으로 움직일 때 아이의 신경은 큰 부담을 받습니다. 반면에 아이의 신경 에너지와 자신감이 증가하면 아이는 스스로를 극복할 수 있습니다. 이런 신경 에너지의 증가는 생리학적으로 분석이 가능합니다. 이성적인 활동에 의해 신체기관이 발달하면서 혈액순환이 좋아지고 세포가 빠르게 활성화되는 과정입니다. 신체가 발달하고 생리적으로 건강하다는 것을 보여 주는 요소들이지요. 몸과 마음은 함께 발달하니까요.

　하루는 두 살 반 정도 되는 아이를 본 적이 있습니다. 아이는 환하게 웃으면서 삽으로 자갈을 퍼서 양동이를 채우기 위해 노력하고 있었지요. 깔끔하게 차려 입은 간호사가 아이를 애정으로 보살피는 것처럼 보였어요. 집에 갈 시간이 되자 간호사는 아이에게 작업을 멈추게 하고 아이를 유모차에 태우려고 했어요. 하지만 아이가 말을 듣지 않자, 간호사는 자신이 직접 양동이에 자갈을 채우고 양동이와 아이를 유모차에 태웠습니다. 아이가 원하는 것을 만족시켰다고 확신하는 것처럼 보였어요. 저는 아이의 울음소리에 깜짝 놀랐습니다. 폭력과 부당함에 대한 저항이 얼굴에 그대로 나타났어요. 얼마나 많은 잘못된 행위들이 이제 싹트는 지성을 짓누르고 있는지 보이나요?
　아이가 원한 것은 양동이에 자갈을 채우는 것이 아니었습니다. 아이는 양동이를 채우는 활동을 완수하고 성취감을 느끼고 싶었던 것이지요. 아이의 무의식적인 목적은 돌로 가득 채운 양동이가 아니라 자기 성장입니다. 외부 세계가 제공하는 생생한 매력은 공허한 환영일 뿐이고, 삶에서의 욕구는 현실입니다. 만약 아이가 양동이를 끝까지 채웠다면 아마도 양동이를 비우고 내적인 만족감이 채워질 때까지 양동이를 다시 돌로 채웠을 거예요. 이런 만족감 때문에 몇 분 전까지 아이의 얼굴에 미소가 가득했던 것입니다.

이런 흔한 에피소드는 아이들에게 자주 발생합니다. 어른들은 성인의 기준으로 판단하기 때문에 아이들이 원하는 것을 이해하지 못합니다. 어른들은 아이들이 원하는 것은 어떤 눈에 보이는 물건을 가지는 것이라고 생각하고 아이들을 도와줍니다. 하지만 아이들은 스스로 성장하고 싶어 하는 무의식적 욕구를 가지고 있습니다. 그래서 아이는 이미 얻은 것은 꺼리고 아직 이루지 못한 것을 추구하고 싶어 하지요. 예를 들면, 아이는 옷을 잘 차려 입은 상태보다 스스로 옷을 입는 행위를 더 좋아합니다. 또한 깨끗한 상태보다 스스로 몸을 씻는 행위를 더 좋아하지요. 집을 가지고 있는 것보다 혼자 힘으로 집을 만들고 싶어 합니다.

우리는 아이가 지식을 소유하고 싶어 한다고 오해할 때 비슷한 실수를 반복합니다. 우리는 아이가 단편적인 지식을 이해하도록 돕지만 이는 결국 자기 성장을 방해하는 것입니다. 아이는 비참함을 느끼게 되겠지요. 일반적으로 학교에서는 '무언가를 배우는 것'이 만족감을 얻는 방법이라고 믿습니다. 하지만 우리는 아이들을 자유롭게 두면 아이들이 자연스럽게 자발적으로 성장할 수 있다는 것을 분명하게 경험하였습니다. 무언가를 배운다는 것은 아이들에게는 그저 출발점일 뿐입니다. 아이들은 어떤 활동의 의미를 이해하면 그것을 즐기면서 끊임없이 반복합니다. 반복을 통해 정신적으로 발달하게 됩니다. 이런 사실을 알게 되면 결과적으로 오늘날 많은 학교에서 행해지고 있는 교육을 비판적으로 바라보게 되지요.

예를 들면, 학생들에게 질문을 할 때, 교사는 대답하고 싶은 사람에게 이렇게 말합니다. "아니야. 너는 안 돼. 너는 이미 알고 있으니까." 그러고는 답을 모를 것 같은 학생에게 질문을 돌립니다. 모르는 사람은 대답을 강요당하고, 대답하고 싶은 사람은 침묵을 강요당합니다. 이런 일은 '무언가 아는 것'을 행위의 최종 목표라고 생각하는 습관 때문에 발생해요. 우리는 가장 잘 알고 있는 것, 가장 아끼는 것, 그리고 우리 안에 존재하는 어떤 살아 있는 힘이 반응하는 것을 일상생활에서 아주 많이 반복합니다. 우리는 익숙한 노래를 부르는 것을 좋아합니다. 우리의 삶의 일부분이니까요. 이미 잘 알고 있고 전혀 새로운 것이 아닌 이야기를 반복하기를 좋아합니다. 하지만 이렇게 반복하기 위해서는 반복해야 하는 개념이 존재해야 해요. 이 개념을 정신적으로 이해하는 것이 무엇인가를 반복하게 만드는 필수 조건이지만, 생명을 발달시키는 활동은 반복이지 개념에 대한 단순 이해가 아닙니다. 아이가 어떤 활동을 반복하는 단계에 이르렀다면 자기 성장의 길에 들어선 거예요.

　이런 현상이 언제나 발생하는 것은 아니며, 모든 나이대의 아이들이 동일한 활동을 반복하는 것도 아닙니다. 반복은 필요에 상응하는 것이고 실험적인 교육 방법에는 단계가 있습니다. 아이가 필요로 하는 활동을 제공해야 해요. 만약 발달의 시기를 놓친다면 그 시기에 이루어야 하는 것을 온전하게 익힐 수 없고, 아이는 불완전하게 발달할 거예요.

작업을 수행하기 위해 필요한 시간과 관련된 것들을 관찰하는 것도 매우 흥미롭습니다. 아이들이 어떤 행동을 처음 할 때에는 아주 느려요. 어린아이들은 옷 갈아입기, 방 청소하기, 스스로 씻기, 식탁 차리기, 먹기 등과 같은 여러 복잡한 동작들을 천천히 그리고 끈기 있게 해냅니다. 아이들은 인내심을 가지고 마주친 어려움들을 극복하지요. 하지만 우리는 아이들이 쉬운 일을 대해 힘들어하고, 시간을 허비하고 있다고 생각하기도 합니다. 그래서 아이에게 옷을 입히고, 씻기고, 아이가 좋아하는 물건을 손에서 뺏고, 아이의 그릇에 수프를 부어 주고, 아이에게 밥을 먹이고, 아이를 위해 식탁을 차려 줍니다. 아이의 입장을 배려하여 대신 해 주는 실수를 범하지요. 행위의 완성이 최종 목표라는 잘못된 생각을 버려야 합니다. 우리는 아이들에게 "참을성이 없다"고 말하지만, 사실은 우리가 참을성이 부족한 거예요. 아이들은 우리와는 다른 시간의 법칙을 따른다는 것을 알아야 해요.

감각 교육에서도 마찬가지입니다. 아이들의 목표는 사물의 색깔, 형태 및 다양한 특성을 아는 것이 아니라 주의 집중, 비교, 판단을 통해 감각을 정교하게 훈련하는 거예요. 이런 연습들은 지적 능력을 단련시키는 활동입니다. 다양한 장치를 사용하여 신체를 단련시키는 체조처럼, 아이의 지능 형성을 도와주는 훈련이지요. 아이는 외부 자극을 통해 다양한 감각을 개별적으로 훈련하고, 이를 통해 주의 집중력과 정신력을 기를 수 있습니다. 감각 훈련뿐만 아니라 조화롭게 균형 잡힌 지능 발달을 준비하는 것이지요. 아이들은 주변을 둘러싼 세계에서 새로운 발견을 했을 때 강렬한 기쁨을 느낍니다. 그리고 새로운 것에 대해 곰곰이 생각하면서 의식이 발달하고 내적으로 성숙하게 됩니다. 아이의 내부에서 자연스럽게 발생한 성장이 밖으로 드러난 결과물이 바로 읽기와 쓰기입니다.

얼마 전 만났던 두 살짜리 아이에 대해 이야기해 볼게요. 이 아이는 병원에서 함께 일하던 동료 의사의 아들입니다. 아이는 엄마에게서 벗어나서 아빠의 책상으로 몸을 던졌어요. 책상 위에는 직사각형 공책, 잉크병의 뚜껑 등 자질구레한 것들이 놓여 있었지요. 아이는 그런 것들에 관심을 쏟았고, 저는 아이의 행동을 보고 감동받았습니다. 스스로 기억하기 위한 활동들을 반복하고 있었기 때문이지요. 아이는 이 즐거운 활동을 멈추지 않을 것처럼 보였어요. 부모는 아이를 꾸짖으면서 "아이가 가만히 있지를 못해요. 말썽꾸러기지요"라고 말했어요. 우리는 아이들이 이것저것 만지기 때문에 야단맞는 모습을 아주 자주 봅니다. 손으로 물건을 잡으려 하고 도형의 모양을 인식하려고 하는 것은 아이의 자연스러운 본능입니다. 아이의 이런 행동은 미래에 이 아이가 성취할 승리를 위한 준비입니다. 예를 들어, 이런 본능을 잘 지도하고 발달시키면 나중에 아이가 자발적으로 글씨를 쓰는 경험을 할 수 있지요.

주변에 있는 물건들을 잡으려고 하는 아이의 행위는 항상 자기보다 강한 사람에 의해 좌절됩니다. 자신의 절박함이 좌절된 아이는 실패를 경험하게 되지요. 아이가 지능 체계의 기초를 만들기 위해 노력하는 것을 보고 말썽을 피우는 것처럼 말하는 것은 부모의 실수이고 착각입니다. 우리 학교의 아이들은 자유롭게 도형들을 꺼내고 제자리에 되돌려 놓습니다. 자기 개발을 위한 욕구를 충실하게 채우고 있지요. 아이들은 눈과 손을 이용하여 스스로 언어를 배우고 있습니다. 대부분의 우리 아이들은 이러한 활동을 하면 신경계가 안정되기 때문에 차분해집니다. 그러면 우리는 아이들이 조용하고 착하다고 말하지요. 하지만 조용한 것과 자기 절제는 비슷해 보이면서도 아주 달라요. 여기에서 말하는 아이들의 상태는 겉으로는 조용한 것처럼 보이지만, 실제로는 아이들의 내부에서 발달한 자기 절제가 밖으로 나타난 현상입니다.

아이가 어떤 일을 알아서 하게 하기 위해 우리는 아이에게 명령만 하면 된다고 생각합니다. 이것 역시 잘못된 선입견입니다. 우리는 아이에게 어떤 행동을 강요하면서 마치 아이가 자발적으로 행동한 것처럼 생각합니다. 그리고 아이가 복종했다고 믿습니다. 강요된 행동은 자발적인 복종이 될 수 없지요. 복종은 삶의 일부라는 것을 자연스럽게 알려 주어야 해요.

어린아이들이 반항하는 모습에 사람들이 걱정하는 것은 놀라운 일이 아닙니다. 하지만 복종의 개념은 심리적으로 복잡합니다. 복종하고 싶어야 할 뿐만 아니라 어떻게 복종해야 하는지도 알아야 하니까요. 어떤 일을 하라는 명령이 주어졌을 때, 우리는 명령을 적극적으로 따르거나 그렇지 않을 것을 가정합니다. 그래서 순종은 의지와 마음이 따라야 합니다. 우리의 교육 방법은 활동을 통해 아이들에게 순종을 간접적으로 가르칩니다. 이 책의 많은 활동들은 아이의 의지력을 위한 활동들입니다. 아이들이 과업을 완수하면서 활동의 목표를 향해 나아가고 이런 활동을 반복하면서 긍정적인 의지력을 키웁니다. 아주 다양한 활동을 통해 아이들의 마음에는 자제력이 만들어집니다. 예를 들면, 조용히 하는 연습을 할 때 아이들은 꽤 오랫동안 많은 행동을 자제해야 합니다. 교사가 이름을 부를 때까지 기다려야 하고, 이름이 불렸을 때에는 큰 소리로 대답하며 신나게 뛰어오지 않고 아주 조용히 그리고 조심스럽게 이동해야 해요. 의자나 책상을 넘어뜨리지 않고, 소리를 내지 않는 것은 아이들에게는 아주 어려운 일입니다.

숫자 놀이를 할 때에도 마찬가지입니다. 앞에 펼쳐져 있는 수많은 물건들 중에서 제비뽑기로 뽑은 쪽지에 적힌 숫자만큼 물건을 가져오는 활동은 가능한 많이 갖고 싶은 욕구를 조절할 수 있어야 가능하지요. 게다가 숫자 0을 뽑으면 빈손으로 참을성 있게 앉아 있어야 합니다.

의지력은 다른 모든 활동과 마찬가지로 체계적인 연습을 통해 발달합니다. 의지력을 위한 모든 활동들도 역시 실용적입니다. 아이들의 활동을 무심코 바라보면 우아하게 움직이고, 감각을 익히고, 읽고 쓰는 것을 배우는 것처럼 보이지만 실제로는 훨씬 더 심오합니다. 아이들은 스스로 자신의 주인이 되는 방법과 단호한 의지력이 있는 사람이 되는 법을 배우고 있으니까요.

아이를 위한 최고의 교육은 어른의 뜻에 따르는 법을 배우는 것이므로 아이들의 의지를 꺾어야 한다고 말하는 소리를 종종 듣습니다. 모든 폭압은 부당하다는 사실을 제외하더라도 이런 생각은 터무니없습니다. 아이들은 가지고 있지 않은 것을 포기할 수 없으니까요. 이런 식으로 아이들의 의지력이 형성되는 것을 방해하는 실수는 크게 비난받아야 합니다. 아이들은 자기 자신의 힘과 한계를 스스로 시험할 시간과 기회가 없습니다. 어른들은 아이들을 꾸짖고 야단치면서 아이들을 방해하니까요.

결과적으로 유치한 소심함이 마음속에서 자라고, 유년 시절의 내적 특징으로 자리잡습니다. 이런 심리적 질병은 스스로 발달할 수 없는 의지에 의해 습득되고, 의식적이든 아니든 자기가 한 잘못을 은폐하는 도덕적 병폐가 되기도 합니다. 우리 어린이의 집에 있는 아이들은 결코 소심하지 않습니다. 우리 아이들은 사람들을 솔직하게 대합니다. 다른 사람들 앞에서 자신의 일을 계속하고 솔직하게 보여주면서 공감을 이끌어 냅니다.

모든 교육 회의에서 우리 시대의 가장 큰 위험은 아이들의 개성이 부족한 것이라고 말하는 사람들이 있습니다. 그런데 이런 사람들은 교육이 관리되는 방식, 특히 아이들의 의지력과 내적인 힘을 억압하는 교육 때문이라는 점을 지적하지 않습니다. 해결책은 간단합니다. 아이가 자연스럽게 발달할 수 있게 하면 됩니다.

의지력을 기르는 활동과 어떠한 일을 실행하는 능력은 아이의 마음 속에 있는 복종심과 복종하는 방법을 연결시키는 데에 영향을 미칩니다. 아이들의 성격이 형성되기 시작하면 아이의 복종심은 서서히 나타나기 시작해요. 아이가 어떤 활동을 시작했는데 갑자기 완벽하게 그 일을 완수합니다. 아이는 성공에 기뻐하며 다시 시도하지만 제대로 완수하지 못하기도 합니다. 그러고 나서 시간이 지나면 거의 매번 성공하는 때가 오지요. 그런데 다른 사람이 시키면 잘 못하는 경우도 있어요. 이런 외부적인 명령은 아직 자발적인 행위를 이끌지 못하는 것입니다. 하지만 아이가 그 활동을 아주 완벽하게 할 수 있게 되면 다른 사람의 명령에도 만족스럽게 그 일을 완수합니다. 아이들과의 경험을 통해서 보면 아이들의 심리적 발달에는 어떤 법칙이 존재한다는 것이 분명해 보이고 마침내 발달이 완성되는 시기가 나타납니다. 바로 어떤 과업을 수행할 수 있는 능력이 영원히 내재화되는 때인데, 이 시기는 3단계에 걸쳐서 발달합니다.

1단계의 시기는 아이의 마음이 혼란스러운 상태입니다. 질서는 무질서한 가운데에서 신비한 내적 충동에 의해 생겨납니다. 내적인 충동의 결과로 온전한 행위가 겉으로 나타나지만 의식의 밖에 있기 때문에 그 행위를 의식적으로 반복할 수 없어요. 2단계는 어떤 행위가 발달하고 형성되는 과정에 의지가 존재하는 때입니다. 3단계는 의지가 행위들을 일으키는 시기입니다. 그래서 다른 누군가의 명령에 대한 반응을 하게 되는 때입니다.

불복종도 비슷한 순서를 따릅니다. 1단계는 마음이 무질서한 시기입니다. 아이는 심리적으로 귀가 들리지 않는 것처럼 명령에 정확하게 반응하지 않아요. 그 다음은 아이가 명령에 따르려 하는 시기입니다. 명령을 이해하는 것처럼 보이고 반응을 하고 싶어 하지만 완벽하게 과업을 수행하지는 못하는 시기이지요. 시간이 흐르면서 과업에 대한 완성도가 높아집니다. 아이가 명령을 즐겁게 수행하고 새로운 성숙의 단계로 들어서는 때입니다. 교육의 모든 현상은 이런 발달 단계에 영향을 받습니다.

아이의 마음은 노력으로 획득한 것뿐만 아니라 사랑, 즐거움, 평화, 부드러움, 선 등 신이 준 선물들로 가득 차 있어요. 우리의 교육 방법은 아이를 비판하고 설교하기보다는 활동의 자유를 제공하고 다양한 활동을 통해 스스로를 통제할 수 있는 온전한 인간으로 성장하도록 도와줍니다.

맺음말

어린이의 집에 아이들을 통제하기 위해 소리치고 설교하는 구시대의 교사는 이제 없습니다. 아이들이 실수를 스스로 통제하고 스스로 성장하도록 돕는 교구가 이런 교사를 대신합니다. 우리의 교사는 아이들의 자발적인 활동을 감독하지만, 아이들을 수동적으로 만들지 않고 아이들 곁에서 조용히 지도합니다. 아이들이 각자의 과업에 각기 다른 방식으로 몰두하고 있을 때, 교사는 아이들을 관찰하면서 정보를 수집합니다. 과학적인 기준으로 수집된 정보는 아이들의 심리와 발달을 이해하는 도구가 될 것입니다. 저는 아이들을 과학적으로 가르치기 위한 교육법을 만들었다고 믿어요. 누구든 이 방법을 따르면 실험 교육학에 입문할 수 있습니다. 과학적인 작업을 통해서 오늘날 우리가 이야기하는 모든 교육 문제들에 대한 긍정적인 해결책을 찾아야 합니다. 자유, 자기 성장, 가정생활과 학교생활의 조화 등이지요.

우리는 아이들이 지식에 대한 사랑을 가지고 있다는 증거를 발견하였습니다. 우리는 그동안 아이들은 생각이 없고 무의미한 놀이에 집착한다고 오해해 왔습니다. 지식의 열망에 찬 아이들은 수백 년에 걸쳐 과학과 문명의 진보를 이룬 인류의 진정한 계승자라는 것을 스스로 보여 줍니다. 우리는 아이들에게 어리석고 수준 낮은 장난감을 주면서 아이들을 무시하고 잘못된 교육 방식으로 아이들의 잠재력을 억압해 왔습니다. 아이들도 자유 의지를 가진 고귀한 존재임을 명심해야 해요. 아이의 자유 의지를 부정하고 교육에서 인간성을 박탈함으로써 아이가 가지고 있는 학구열을 부정하는 실수를 범해서는 안 됩니다. 이런 실수는 감각 교육의 시기를 놓치는 더 큰 실수를 부르기 때문입니다. 인간의 삶은 주변 환경으로부터 정보를 수집하기 위해 감각 기관을 사용해야 합니다. 감각을 발달시키지 않으면 실생활에 문제가 발생하지요.

이 책은 비록 저의 경험을 정리한 것이지만 많은 사람들이 따를 수 있을 거라고 믿습니다. 우리의 방법으로 교육받은 아이들에 대한 개별 연구를 다른 교육자들이 이어서 할 수 있기를 바랍니다. 이런 연구들이 우리가 기다리고 있는 미래의 교육학이니까요.

실용적인 측면에서 우리의 교육 방법은 한 공간에서 다양한 연령대의 아이들을 가르칠 수 있다는 장점이 있습니다. 우리 어린이의 집에는 2~3세 정도의 어린아이들부터 5~6세 정도의 아이들이 함께합니다. 2세 정도의 아이들은 아직 간단한 감각 훈련 활동조차도 하지 못합니다. 하지만 이 아이들은 개별적인 존재로서 자신의 능력에 맞게 스스로 성장합니다.

이런 교육 방법은 시골에 있는 학교에서 더 쉽게 활용할 수 있어요. 학생 수는 적지만 아이들의 나이대가 다양한 학교에서 특히 유용하지요. 그런 학교에서는 교사를 여러 명 채용할 수 없으니까요. 우리는 한 명의 교사가 다양한 발달 단계에 있는 아이들을 지도할 수 있다는 것을 경험했어요. 그리고 문자 언어를 가르칠 수 있다는 것은 굉장한 장점입니다. 문맹을 없애고, 모국어를 더 풍부하게 사용하도록 북돋을 수 있습니다.

교사는 다양한 발달 단계에 있는 아이들 곁에서 지치지 않고 종일 함께 있어야 합니다. 마치 엄마가 여러 아이들과 함께 있는 것과 같습니다. 아이들은 주어진 일을 스스로 하고, 적극적인 자기 교육과 일상 생활에서의 성취를 통해 독립적인 존재로 성장합니다. 매일 매일 성취하면서 지적인 능력도 함께 발달합니다. 교사는 아이의 신체적인 발달뿐만 아니라 지적인 발달과 도덕적인 발달도 함께 관찰합니다. 우리의 교육 방법을 통해 아이들은 하나의 온전한 인간으로 성장할 수 있습니다.

우리는 그동안 아이들의 자연스러운 교육은 신체에만 적용된다고 생각해 왔지만 마음도 함께 교육하고 성장시킬 수 있다는 것을 알았습니다. 그래서 아이의 자발적인 심리 발달도 고려하고 있고, 아이들을 돕기 위해 주의 깊게 관찰합니다. 신체적인 활동을 통해 아이들이 건강하게 성장할 수 있다면 지적이고 도덕적인 활동은 아이에게 정신적인 기쁨을 줍니다. 아이들은 세상에는 놀라운 것들이 기다리고 있다는 것을 알게 됩니다. 이상적인 인간으로 성장하는 것은 이런 즐거운 활동을 통해서 가능하고, 이와 같은 기쁨은 유아기의 교육에 꼭 필요합니다.

　우리 아이들은 회색 벽에 둘러싸여 자란 아이들과는 분명하게 다릅니다. 아이들은 평온하고 행복합니다. 자기가 스스로 주인이라고 느끼는 사람의 솔직함과 친근함도 가지고 있어요. 종종 아이들은 방문객 옆에 조용히 앉아서 자기 이름을 쓰고 감사의 말을 더합니다. 마치 방문객이 자기 마음속에 있는 애정 어린 감사함을 느끼길 바라는 것처럼 말이지요. 무엇보다도 아이들이 배운 것들에 몰입하고 그 활동들을 즐기는 것을 보면 작은 아이들의 영혼과 접촉하는 것 같은 기분이 들기도 합니다. 우리 어린이의 집은 모든 사람들의 영혼에 영향을 주는 것 같습니다. 이곳을 방문한 많은 사람들은 불편한 옷을 벗는 것처럼 자신의 짐을 내려 놓고, 모든 것을 잊은 채 아이들을 바라봅니다.

유아이북스의
몬테소리 책 소개

자존감을 높이는
엄마표 몬테소리 놀이

실비 데스클레브 지음 | **안광순** 옮김

실제 프랑스 몬테소리 학교에서 시행되는 놀이법으로, 발달 과정에 맞춰 놀이를 할 수 있으며, 아이는 다양한 놀이를 통해 평생을 좌우하는 자존감을 확립할 기회를 갖게 된다.

부모를 위한
몬테소리 교육법

잔느 마리 페이넬, 비올렌느 페로 지음 | **김규희** 옮김

구글 창업자 등 유명인들이 경험한 몬테소리 교육철학을 100가지 주제로 설명한다. 몬테소리 놀이에 꼭 필요한 환경을 이야기하며, 육아에 있어 고민될 법한 주제도 소개하고 있다.

집에서 하는
몬테소리 감각 놀이

마자 피타믹 지음 | **오광일** 옮김

30년 경력의 영국 몬테소리 교사인 저자가 엄선한 놀이법이 담겨 있다. 소리 맞히기, 색깔 분류하기 등 감각과 관련된 놀이뿐 아니라 생활과 직결된 놀이로 아이의 실질적 성장을 돕는다.

숫자도 익히는
몬테소리 영어 놀이

마자 피타믹 지음 | **오광일** 옮김

아이가 주체적으로 흡수할 수 있는 영어와 숫자 놀이를 담아냈다. 단계별로 정리된 책 속의 놀이를 통해 아이들은 즐겁게 알파벳과 숫자를 이해하며 학습의 토대를 다질 수 있다.

집에서 하는
몬테소리 놀이 150

실비 데스클레브, 노에미 데스클레브 지음 | **안광순** 옮김

프랑스에서 몬테소리 학교를 설립해 운영하고 있는 저자들의 교육 경험과 몬테소리 교육 철학을 반영한 150가지 놀이를 소개한다. 아이의 자신감과 집중력, 사회성을 길러 줄 수 있다.

유아이북스의
홈스쿨링 도서

공부머리가 쑥쑥
자라는 집안일 놀이

지에스더 지음

초등특수교사이자 두 남매의 엄마인 저자는 '집안일 놀이'의 중요성을 말한다. 수(數) 감각과 독해력 등 공부머리는 물론, 정서 및 신체적 발달까지 도와준다는 집안일 놀이에는 과연 어떤 비밀이 숨어 있을까?

공부머리를 키우는
가족 놀이 100

이진영 지음

초등 교사이자 아버지인 저자가 직접 고안한 놀이법이 담겨 있다. 최신 교육과정에서 추구하는 자기 관리 역량, 지식정보처리 역량, 창의적 사고 역량, 심미적 감성역량, 의사소통 역량, 공동체 역량을 키워줄 수 있다.

동생과 친해지는
가족 놀이 70

조미나 지음

둘째를 괴롭히는 첫째, 첫째를 싫어하는 둘째. 어떻게 하면 아이들의 우애를 길러줄 수 있을까? 책에 소개되는 70가지 놀이는 모두 음악치료사인 저자가 고민을 거듭해 만들고, 직접 적용해 본 것들이다.

하브루타
아기 놀이

오희은 지음

유대인의 교육법으로 널리 알려진 하브루타를 아기의 눈높이에 맞추어 해석한 '놀이 하브루타'를 소개한다. 놀이 하브루타를 통해 아이는 바른 성장을 맞이하고, 엄마는 육아의 자신감을 얻을 수 있다.

함께 읽으면 좋은 책들

유대인 유치원에서 배운 것들

우웨이닝 지음 | **정유희** 옮김

오래전부터 유대인의 교육 방침은 유명했다. 유명한 데에는 이유가 있는 법! 이 책은 자녀 교육의 모범 답안이라는 유대인의 교육법을 '동양인'의 시선으로 바라본 책이다.

엄마의 감정수업

나오미 스태들런 지음 | **이은경** 옮김

이 책은 이상론이 아닌 실제 이야기를 전면에 내세운 육아서이다. 육아 분야 베스트셀러 작가이자 심리 치료사인 저자가 운영하는 토론 모임에서 나온 많은 엄마들의 이야기가 공감을 불러일으킨다.

엄마도 모르는 영재의 사생활

주디 갤브레이스, 짐 덜릴 지음 | **정수민** 옮김

영재 학생들이 겪게 되는 다양한 상황과 문제를 영재의 편에서 이야기한다. 영재 아이를 어떻게 가르쳐야 할지 몰라 답답했던 부모와 교사는 물론, 고민이 많은 영재 아이들에게 도움을 줄 만한 책이다.

성적 좋은 아이가 왜 실패하는가

트레멘 뒤프리즈 지음 | **오광일** 옮김

인공지능 시대에 중요한 것은 사람만이 가능한 창조성, 문제 해결력, 비판적 사고다. 이 책에는 앞서 이야기한 능력들을 키우는 특별한 방법이 담겨 있다.

화면 속에 갇힌 아이들 구하기

션 허먼 지음 | **안세라** 옮김

페이스북, 유튜브는 아이들에게 과연 어떤 영향을 미칠까? 두 아이의 아버지이자 글로벌 SNS 사업가인 저자가 디지털 시대 아이들의 거취와 더불어, 길잡이로서 부모가 해야 할 역할을 소개한다.

서로를 사랑하지 못하는 엄마와 딸

호로이와 히데아키 지음 | **박미정** 옮김

저자는 심리학 전공 교수로, 실제 상담 사례를 통해 갈등을 겪고 있는 모녀들의 문제를 해결해 나가는 과정을 보여 주는 책이다.

우리 아이에게 정말 필요한 것은

문중호 지음

교사이자 두 아이의 아빠인 저자의 특별한 교육 철학이 담겨 있다. 매주 학부모와 소통하는 그는 아이들에게 진정으로 필요한 교육은 무엇일지 이 책을 통해 묻고 있다.

결혼 수업

송성환 지음

정신과 전문의가 쓴 책으로, 국내 최고 부부 심리 전문가들이 강력 추천한 책이다. 결혼 전 불안을 겪는 연인부터, 황혼 이혼을 고민하는 부부까지 행복한 결혼 생활을 지속하기 위한 심리 레시피를 제공한다.

신화로 읽는 심리학

리스 그린, 줄리엣 샤만버크 지음 | **서경의** 옮김

그리스 로마 신화부터 히브리, 이집트, 북유럽 신화 등 총 51가지 신화를 소개한다. 인간의 성장 과정에 맞춰 내용을 구성하였으며 신화에 담긴 교훈을 심리학적으로 살펴볼 수 있다.

삶의 뿌리 인문학

다이애나 홍 지음

저자는 역사적인 위인과 그 인물에게 영향을 끼친 인문학을 통해 새로운 시각을 제시하고 있다. 이 책을 통해 인문학은 우리의 삶과 결코 뗄 수 없는 학문이라는 사실을 깨닫게 된다.

무엇을
가르칠 것인가

허버트 스펜서 지음 | 유지훈 옮김

영국의 대표적인 사상가 허버트 스펜서의 교육 사
상을 다룬 저서로 국내 최초 번역물이다. 그는 부
자연스럽고 억압적인 교육 체제에 반대하며 개인
과 사회 모두가 번영할 수 있는 교육의 길을 제시
하였다.

꿈을 키우는
교실 밖 이야기

문중호 지음

아이들에게 꼭 필요하지만, 학교나 학원에서는 가
르쳐 주지 않는 감동적인 이야기들을 담아냈다. 현
직 교사인 저자의 애정 어린 조언은 아이들에게
있어 삶의 길잡이가 되어 줄 수 있다.

세종처럼 읽고
다산처럼 써라

다이애나 홍 지음

옛 선현들의 독서와 글쓰기 습관에서 자기계발의
답을 찾는다. 독서를 통한 자기계발을 전문으로 하
는 저자 다이애나 홍은 20년 이상의 경력을 가진
독서 디자이너다.

증광현문의 지혜

한주서가 엮음

증광현문은 《명심보감》, 《채근담》과 함께 동양의 3
대 격언집으로 꼽히는 책이다. 이 책은 증광현문에
서 엄선한 365가지 구절에 다양한 이야기를 더해
특별한 깨달음을 전한다.

상처를
넘어설 용기

나영채 지음

심리상담 전문가인 저자는 자신의 경험과 여러 상
담 사례를 통해 독자들에게 삶에 대한 질문을 던
진다. 앞으로의 삶을 주도적으로 살 수 있도록 힘
을 주는 따뜻한 이야기를 담고 있는 책이다.

내 표정이
그렇게 안 좋은가요?

허윤숙 지음

조급한 삶을 벗어나 내 안의 행복감을 높이는 법
에 대해 말하는 책이다. 나 자신에 대한 느낌과 표
정을 효율적으로 관리하는 방법을 통해 보다 당당
한 삶을 살고 싶은 이들에게 도움을 줄 수 있다.

몬테소리가 말하는
몬테소리 교육

1판 1쇄 인쇄 2022년 6월 20일
1판 1쇄 발행 2022년 6월 25일

지은이 마리아 몬테소리
옮긴이 오광일
펴낸이 이윤규

펴낸곳 유아이북스
출판등록 2012년 4월 2일
주소 서울시 용산구 효창원로 64길 6
전화 (02) 704-2521
팩스 (02) 715-3536
이메일 uibooks@uibooks.co.kr

ISBN 979-11-6322-074-9 03370
값 16,000원